海口统计年鉴

HAIKOU STATISTICAL YEARBOOK

2018

总第(23)期

海 口 市 统 计 局
国家统计局海口调查队 编

中国统计出版社
China Statistics Press

图书在版编目（CIP）数据

海口统计年鉴. 2018 / 海口市统计局, 国家统计局海口调查队编. -- 北京 : 中国统计出版社, 2018.8
ISBN 978-7-5037-8642-6

Ⅰ. ①海… Ⅱ. ①海… ②国… Ⅲ. ①统计资料－海口－2018－年鉴 Ⅳ. ①C832.661-54

中国版本图书馆CIP数据核字(2018)第197337号

海口统计年鉴-2018

作　者/ 海口市统计局 国家统计局海口调查队
责任编辑/ 陈越月
装帧设计/周春寿
出版发行/ 中国统计出版社
地　址/ 北京市丰台区西三环南路甲6号 邮政编码/100073
电　话/ 邮购（010）63376909 书店（010）68783171
网　址/ http://csp.stats.gov.cn
印　刷/ 海南鑫汇亚印务有限公司
经　销/ 新华书店
开　本/ 890mm × 1240mm 1/16
字　数/480千字
印　张/ 25
版　别/ 2018年8月第1版
版　次/ 2018年8月第1次印刷
定　价/320元

如有印装差错，由本社发行部调换。

《2018——海口统计年鉴》编辑部工作人员

主　　编：王善来　林志岩

副 主 编：林家雄　陈文海　谢式金　李云中　李　蕊　祖恩普

　　　　　王　蕙　黄昌涛　王尤祥

责任编辑：周春寿

编　　辑：(按姓氏笔划排名)

　　　　　云昌宏　邓宁坤　叶剑华　田瑞娟　陈洛宁

　　　　　陈荣香　何声望　宋春许　杨　梅　周春寿

　　　　　林秀茹　柯瑞玲　黄钟雄　曾德夫　王方圆

　　　　　唐　磊　唐甸德　王　璞

责任校对：汪彦伶　潘昕宇

编者说明

一、《海口统计年鉴—2018》是一部信息密集的资料工具书。本书通过大量、翔实的统计数据，全面客观地反映了2017年及历史主要年份海口经济和社会发展变化情况，是社会各界人士认识海口、了解海口的重要窗口。

二、《海口统计年鉴—2018》全书内容包括：特载；综合；国民经济核算；人口；从业人员和劳动报酬；农业；工业；固定资产投资和建筑业；交通运输邮电通讯；批发和零售业；住宿、餐饮和旅游；能源和水消费；对外经济贸易；财政、金融和保险；物价；科技、教育、卫生、文化和体育；城市建设、海洋开发和环境保护；人民生活；35个大中城市主要经济指标等十八部分。

三、本年鉴所列各项统计指标，除《政府工作报告》、《关于海口市2017年国民经济和社会发展计划执行情况与2018年国民经济和社会发展计划草案的报告》、《关于2017年海口市和市本级预算执行情况及2018年海口市和市本级预算草案的报告》和《海口市2017年国民经济和社会发展统计公报》使用的统计数据为年报快报数外，其他均为正式年报数。凡与本年鉴不符的，一律以本年鉴为准。

四、本年鉴编辑入的统计数字，以2017年为主，为了方便读者使用，主要指标还列入了2013年以来有关年度的主要统计数字。

五、资料中所用的度量单位均采用国际统一标准计量单位。

六、本年鉴表中的符号使用说明："#"表示其中的主要项；"……"表示数据不足本表最小计量单位；"空格"表示该统计指标不详或无该项数据。

七、《海口统计年鉴》受到社会各界的关心和支持，并提出宝贵意见，对此我们深表谢意。竭诚欢迎广大读者对年鉴的不足之处给予批评和指正，帮助我们进一步提高年鉴的编辑水平。

统计图表

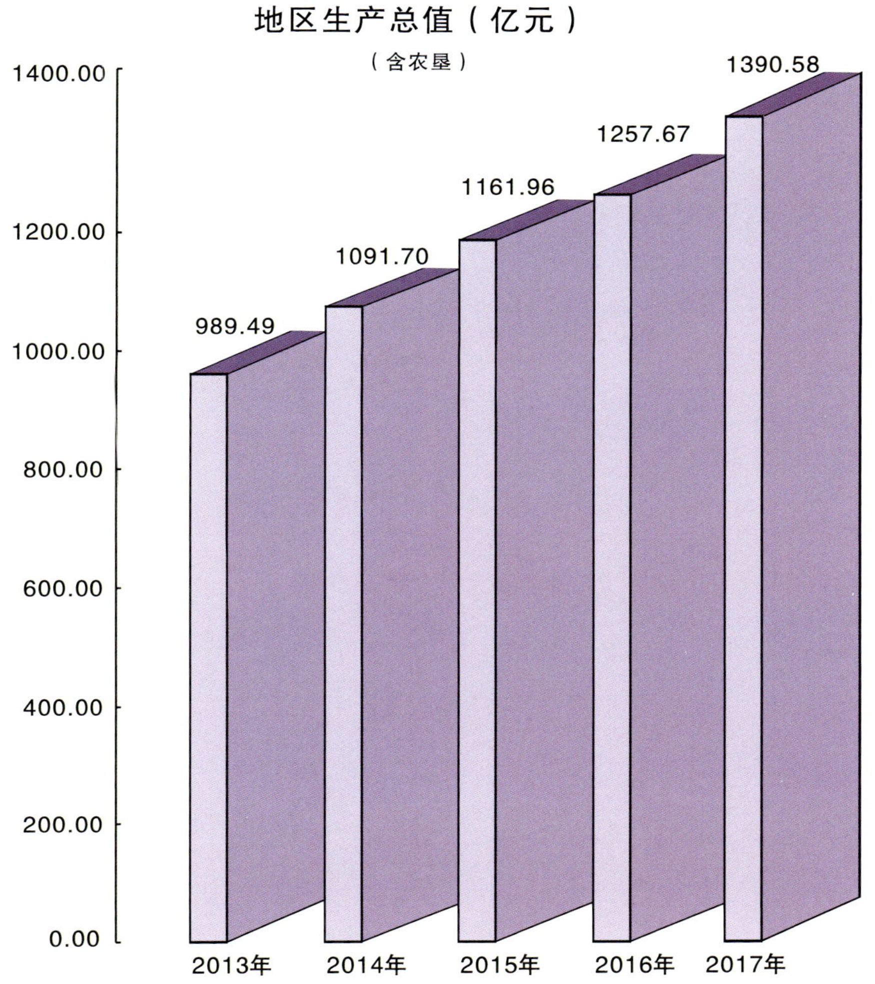
地区生产总值（亿元）
（含农垦）
1400.00
1200.00
1000.00
800.00
600.00
400.00
200.00
0.00
989.49
1091.70
1161.96
1257.67
1390.58
2013年
2014年
2015年
2016年
2017年

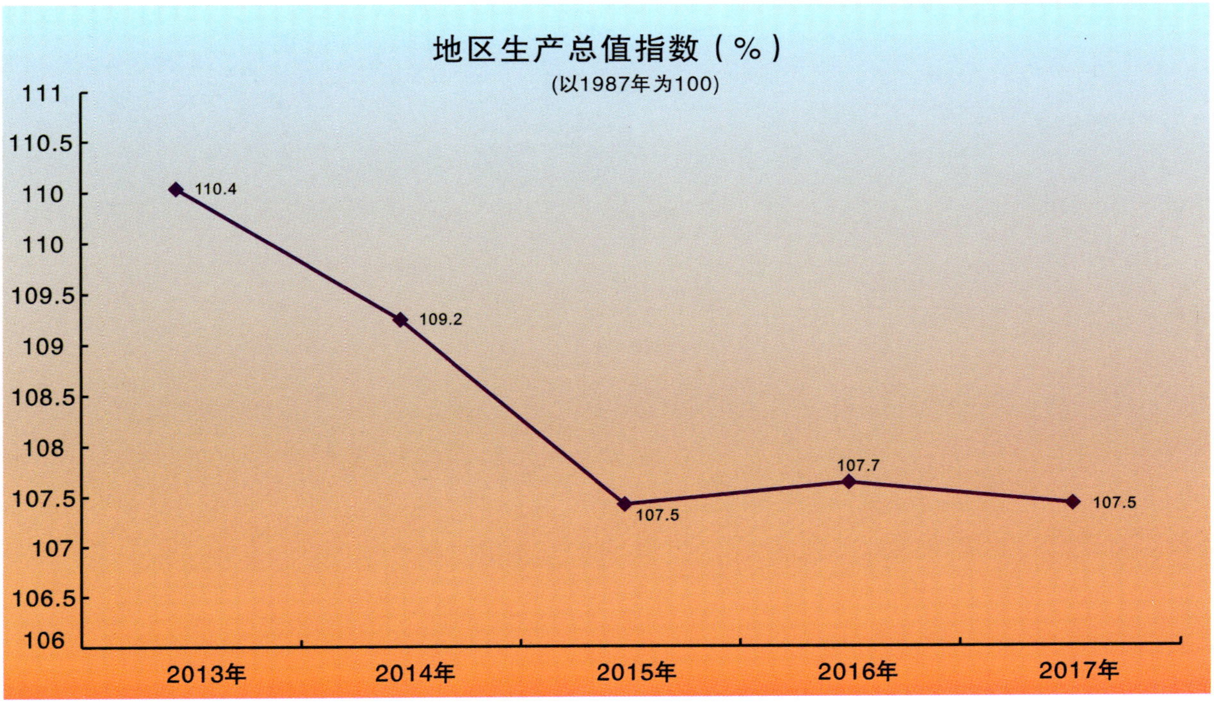
地区生产总值指数（%）
(以1987年为100)
111
110.5
110
110
109.5
109
108.5
108
107.5
107
106.5
106
110.4
109.2
107.5
107.7
107.5
2013年
2014年
2015年
2016年
2017年

地区生产总值构成(%)

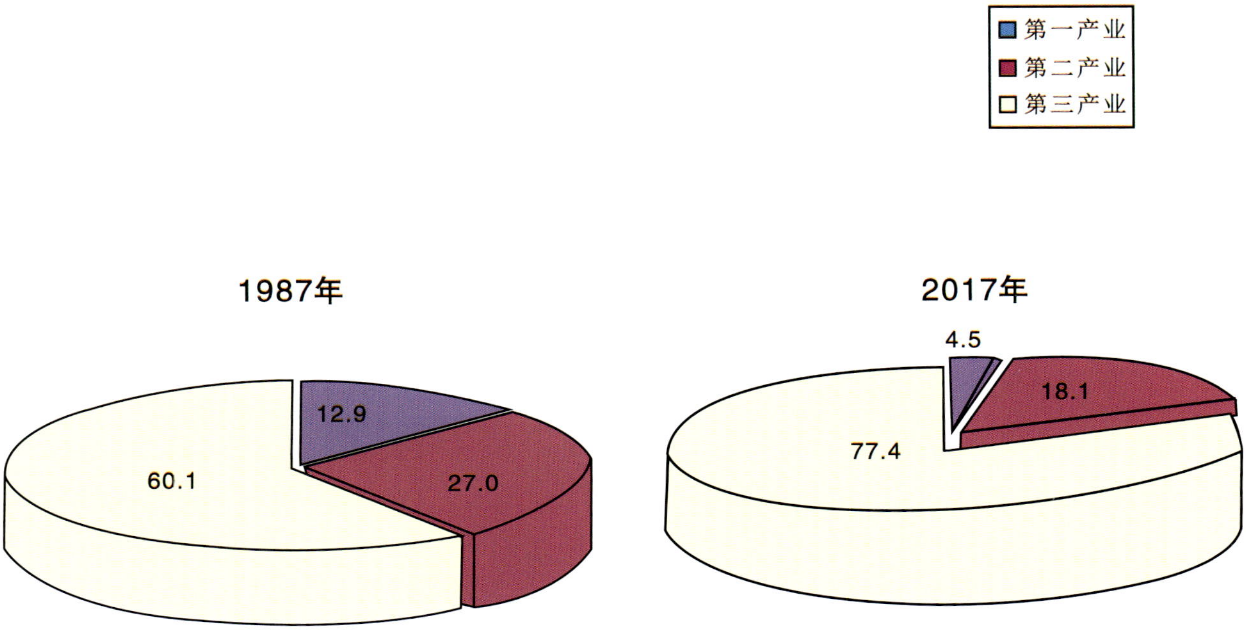

人均生产总值（元）

（含农垦）

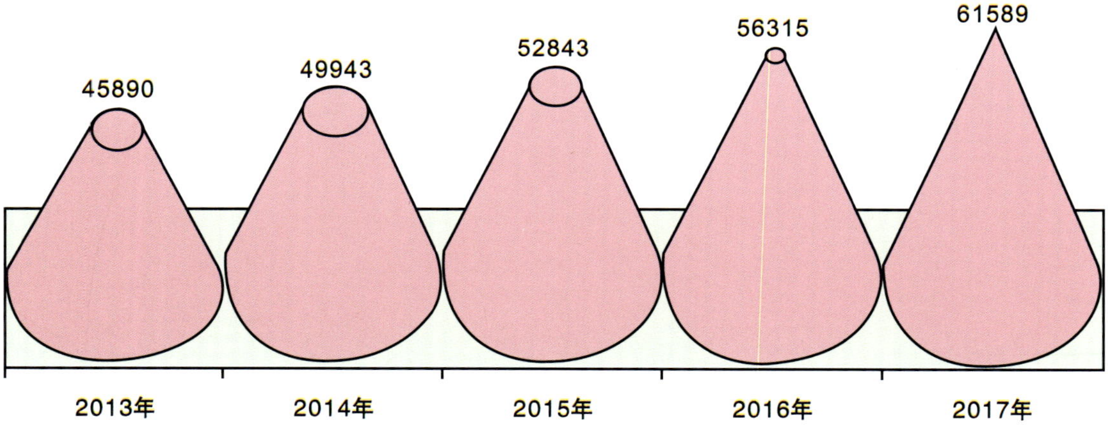

注：按常住人口计算。

人口（万人）

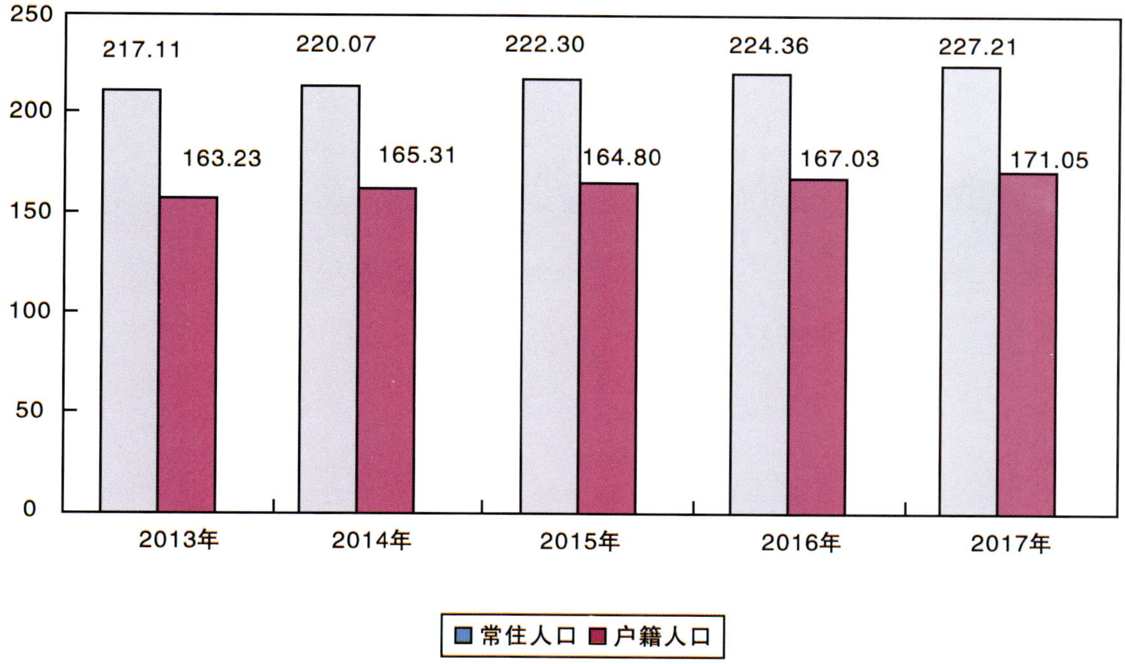

人口出生率、死亡率、自然增长率（‰）

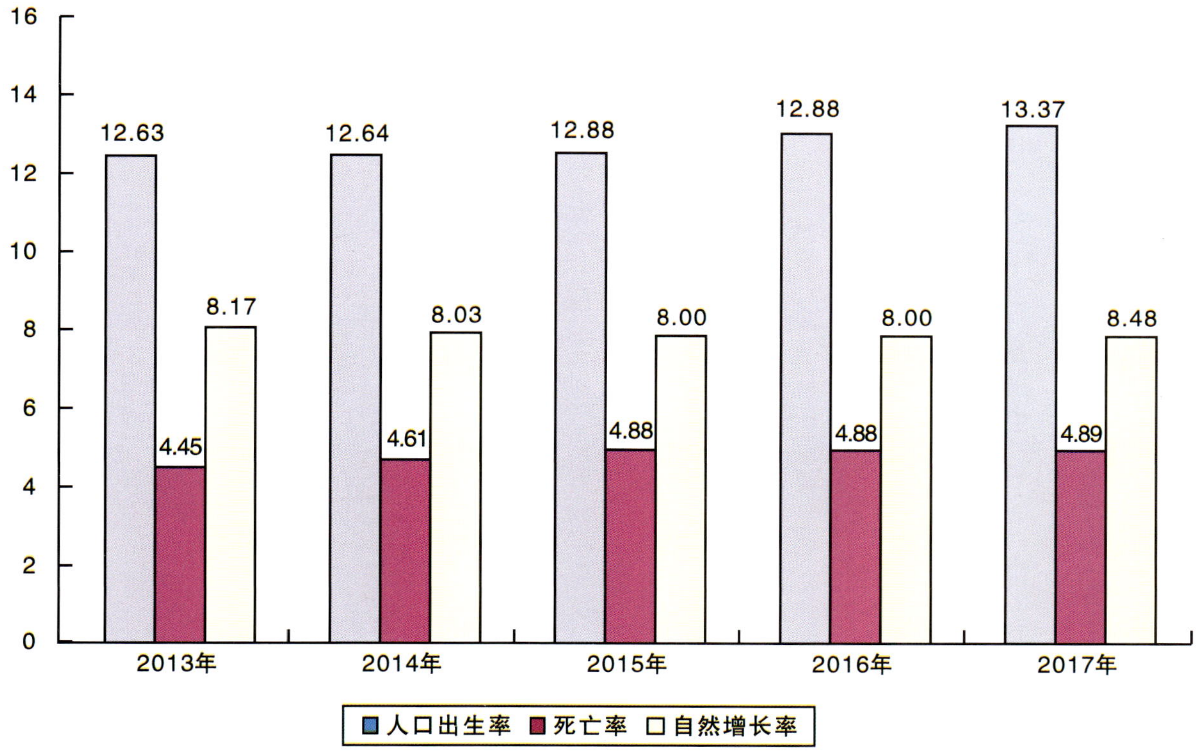

社会从业人员（万人）

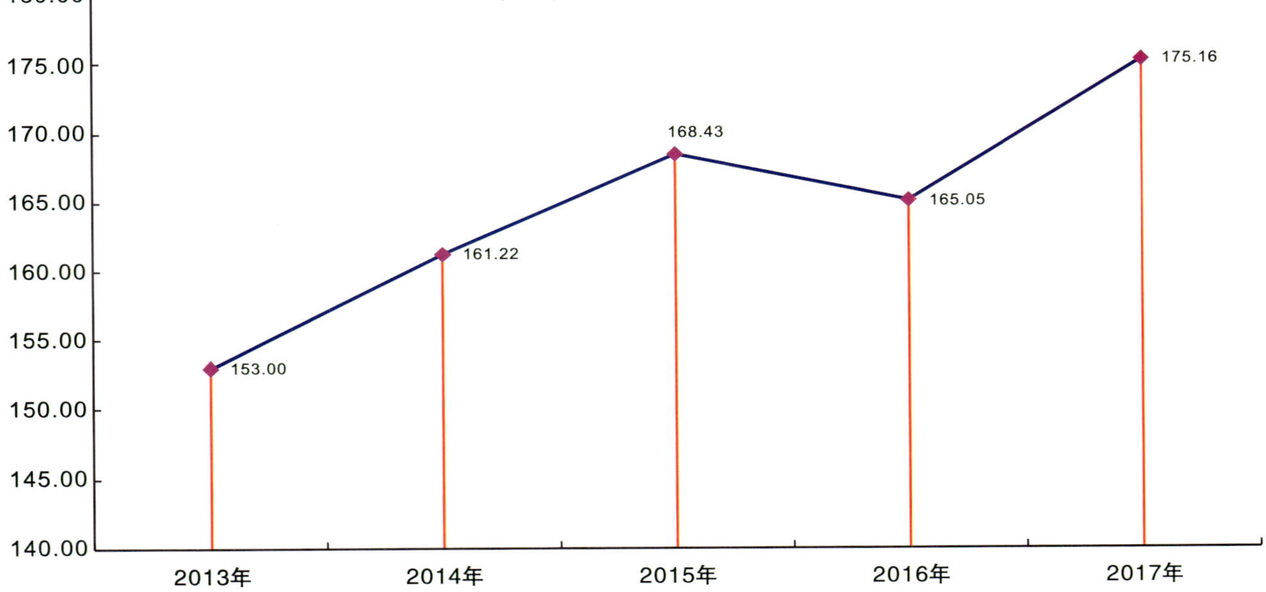

在岗职工工资总额（亿元）

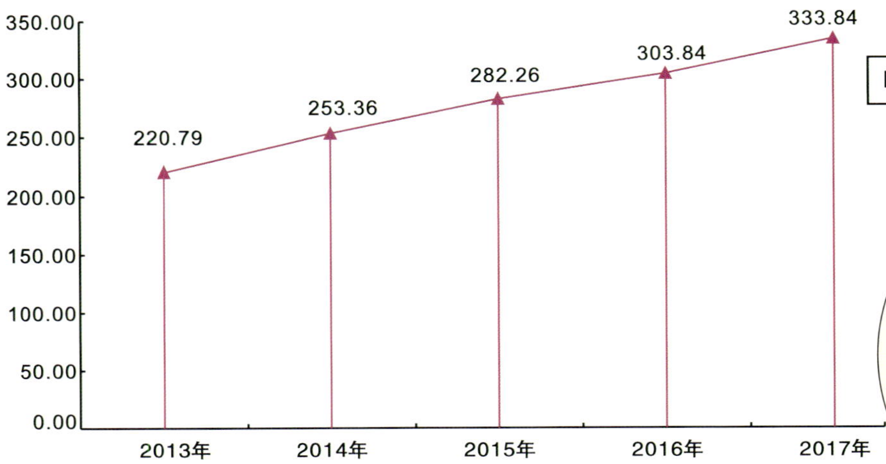

三次产业从业人员构成(%)

（2017年）

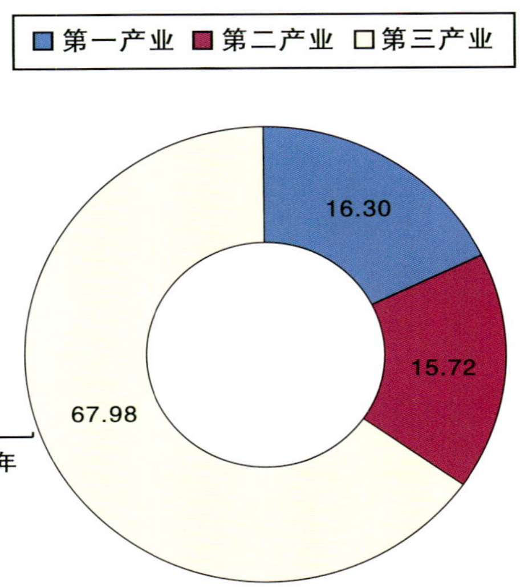

在岗职工平均工资（元）

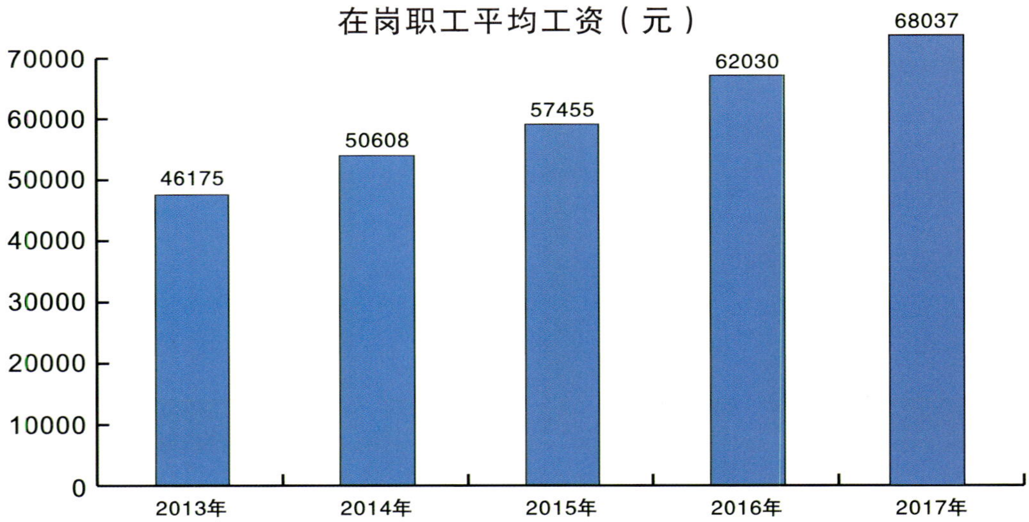

全部工业总产值（亿元）

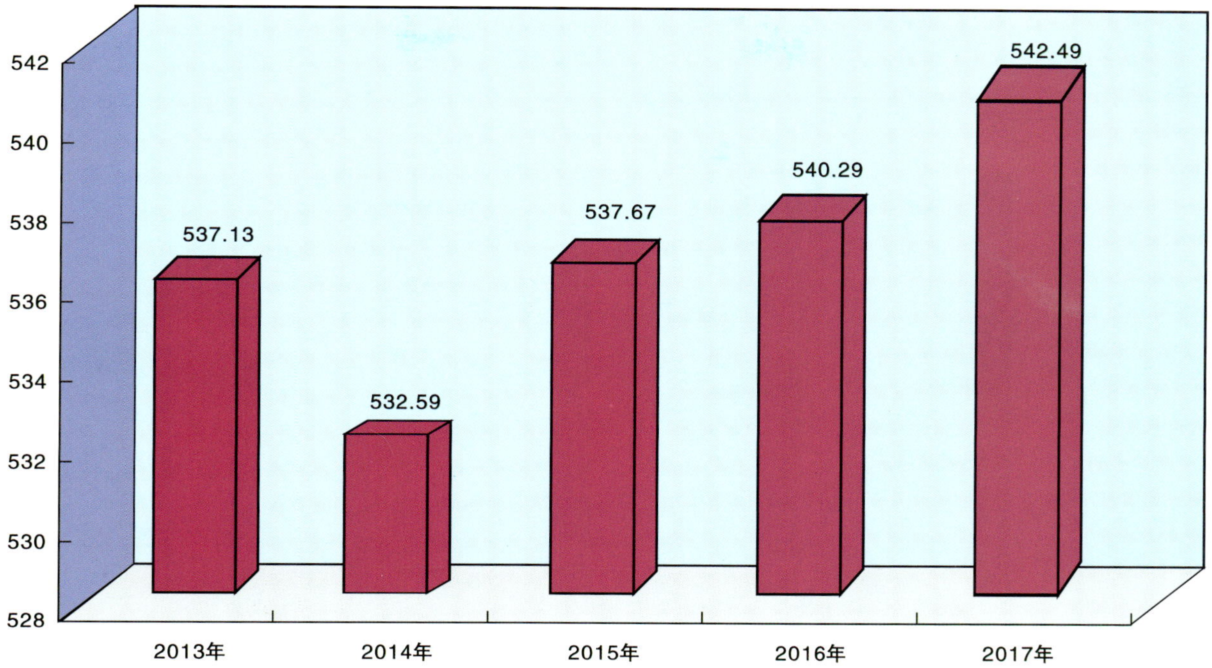

规模以上轻重工业构成（%）

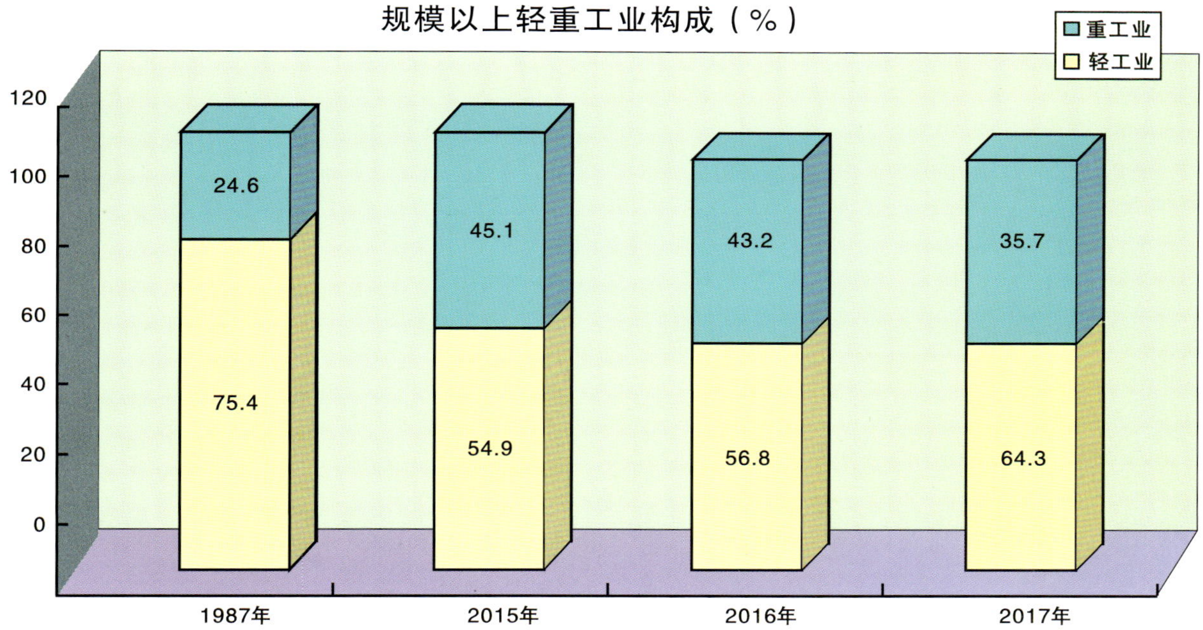

1987年所有制构成（%）

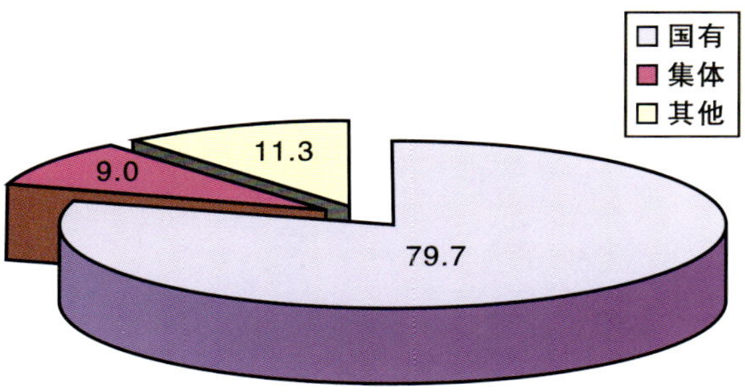

2017年所有制构成（%）

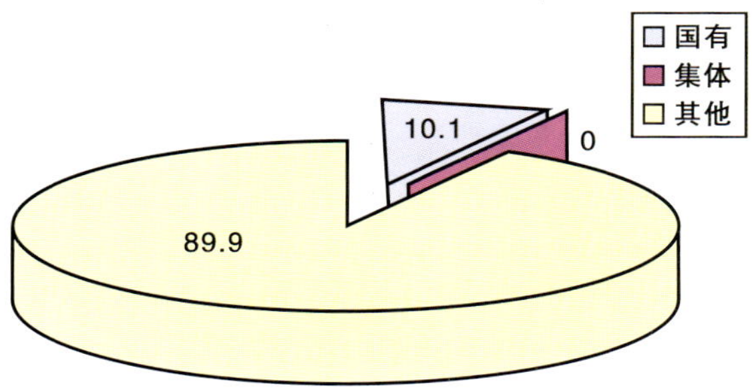

主要工业品产量

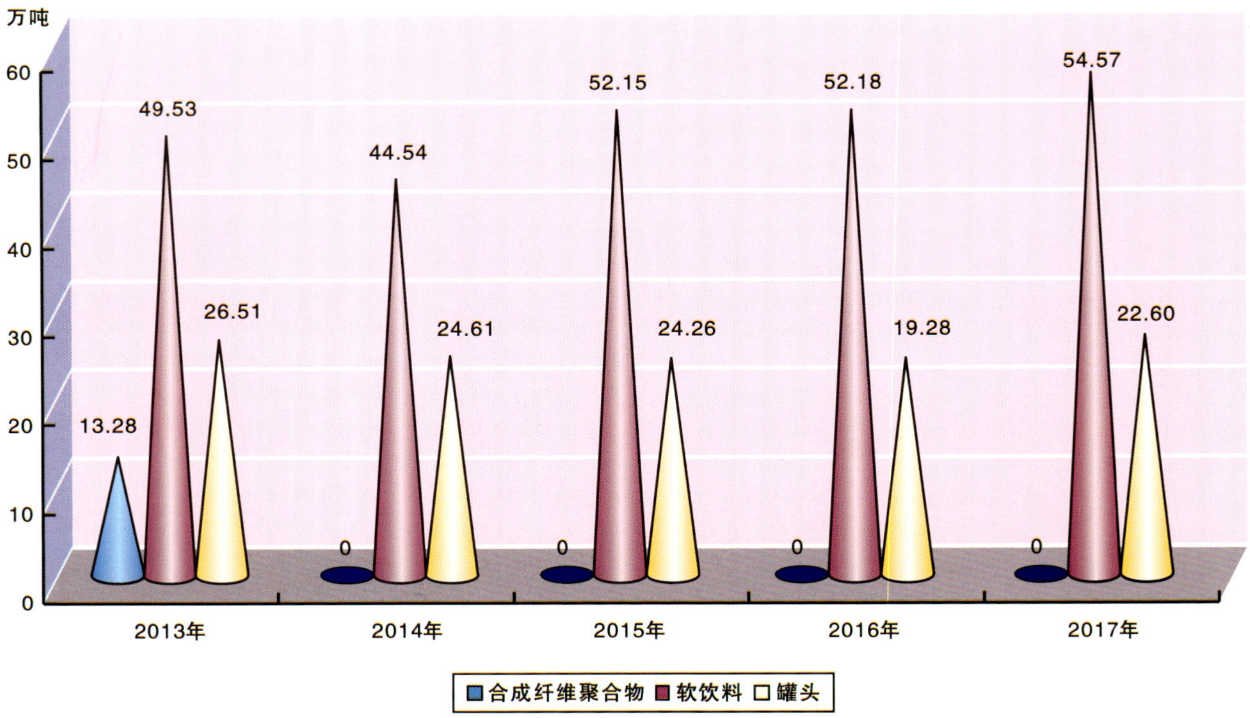

汽车产量

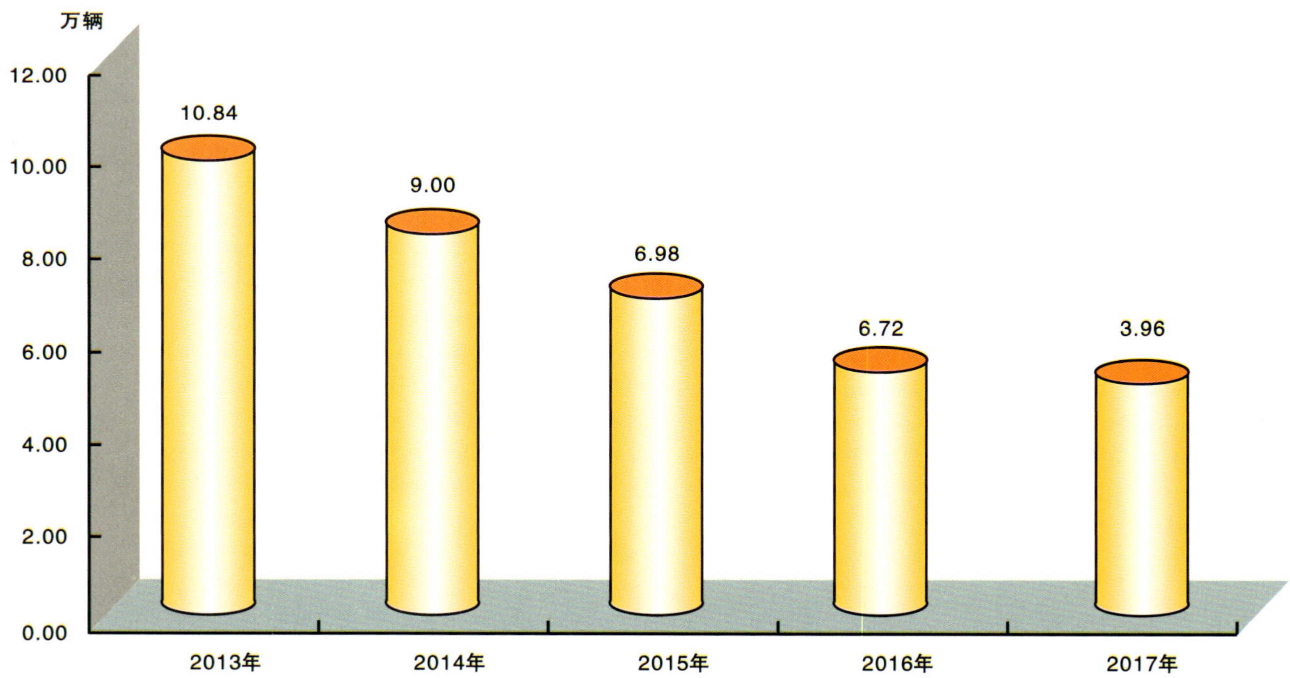

农业总产值（亿元）

（按当年价格）

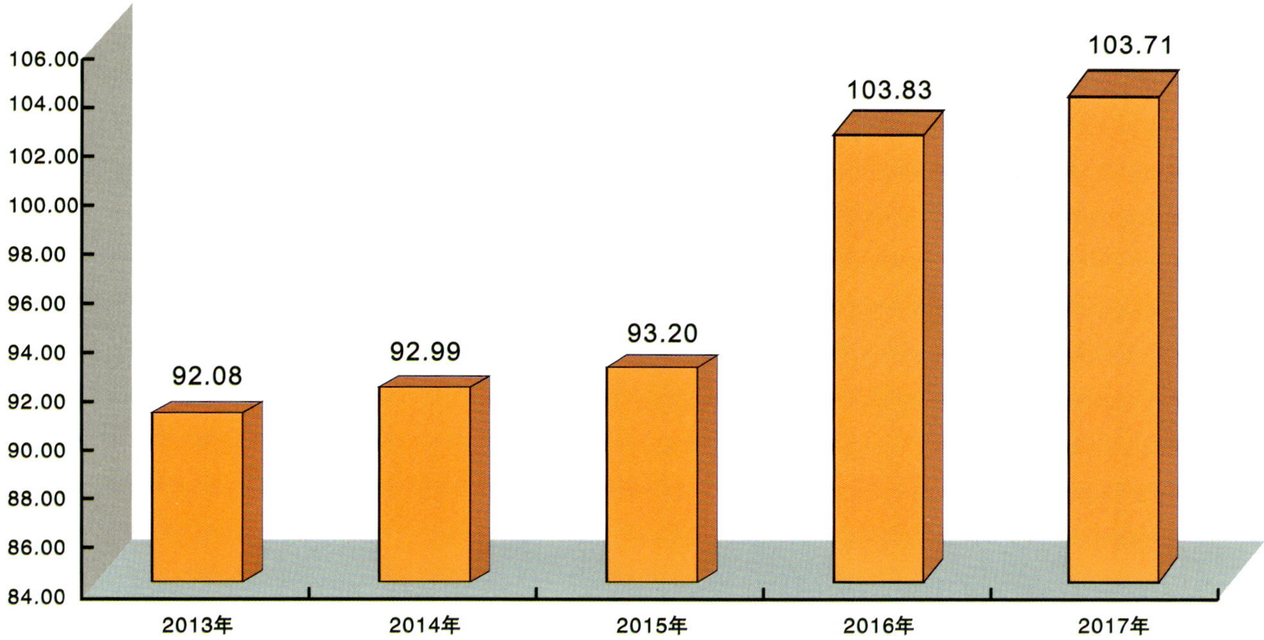

农业总产值构成（%）

(2017年)

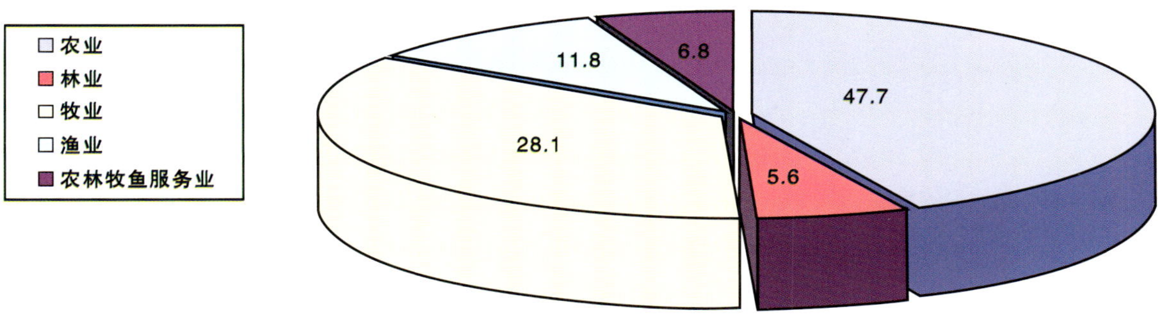

主要农产品产量（万吨）

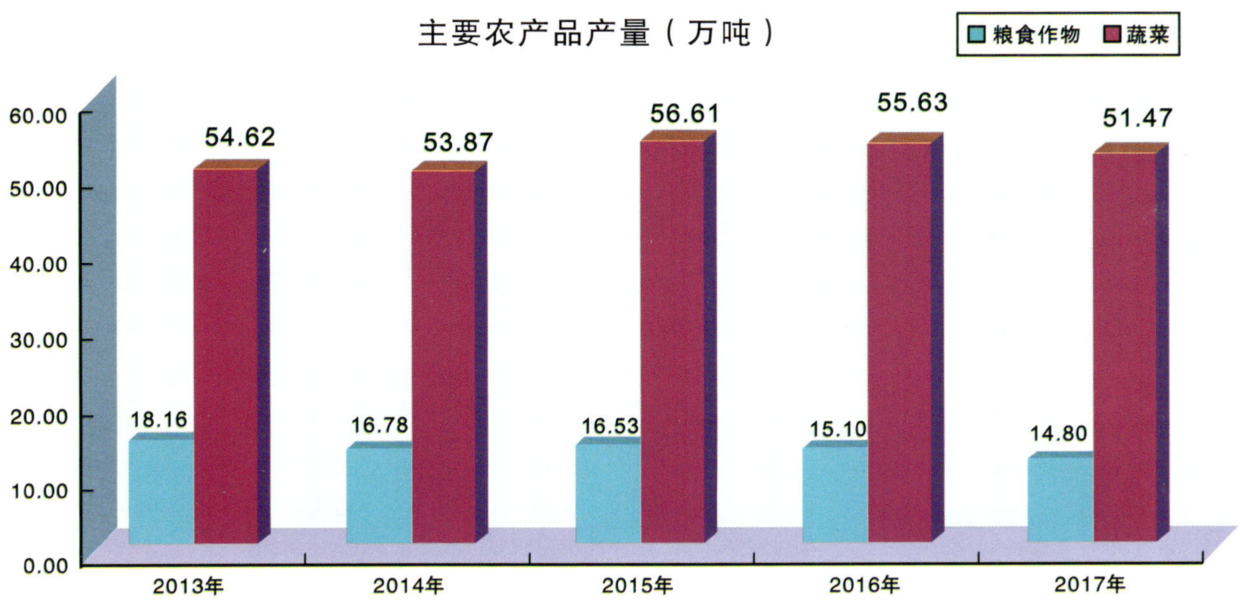

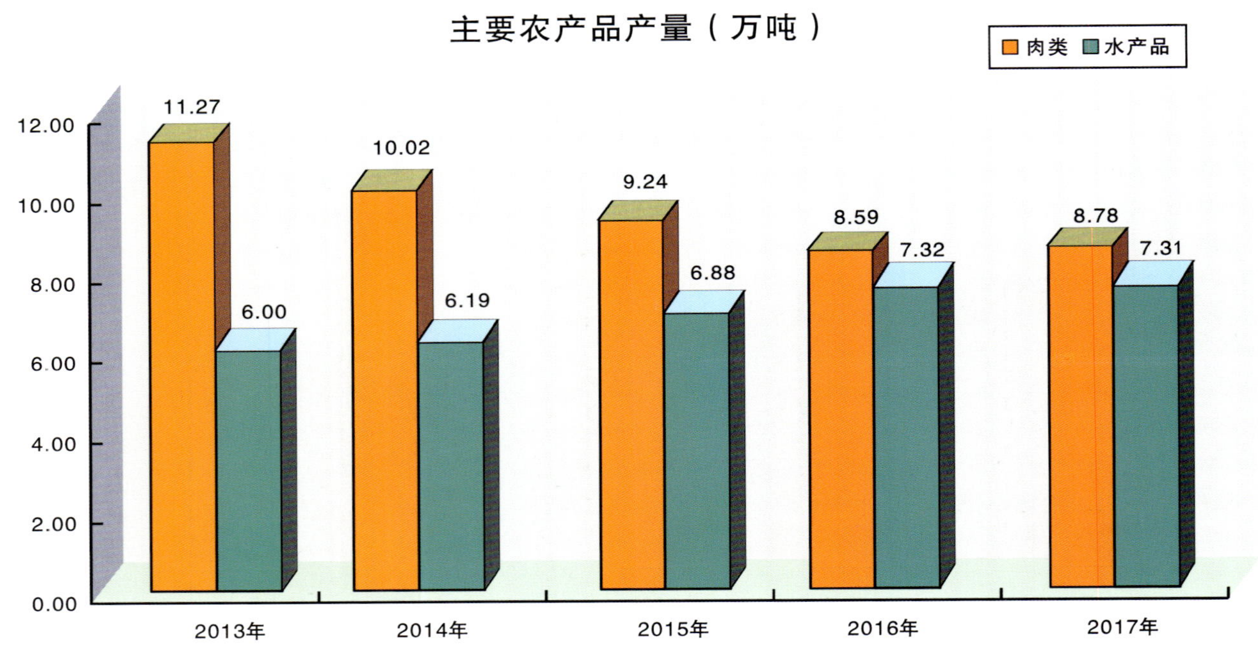

主要农产品产量（万吨）
肉类
水产品
12.00
10.00
8.00
6.00
4.00
2.00
0.00
11.27
6.00
10.02
6.19
9.24
6.88
8.59
7.32
8.78
7.31
2013年
2014年
2015年
2016年
2017年

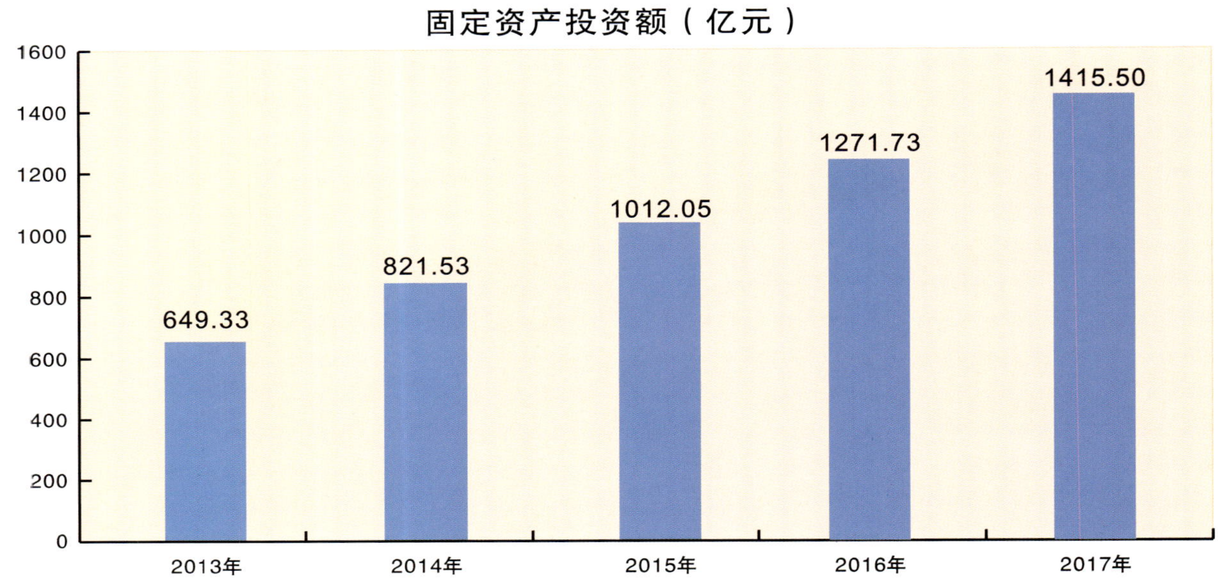

固定资产投资额（亿元）
1600
1400
1200
1000
800
600
400
200
0
649.33
821.53
1012.05
1271.73
1415.50
2013年
2014年
2015年
2016年
2017年

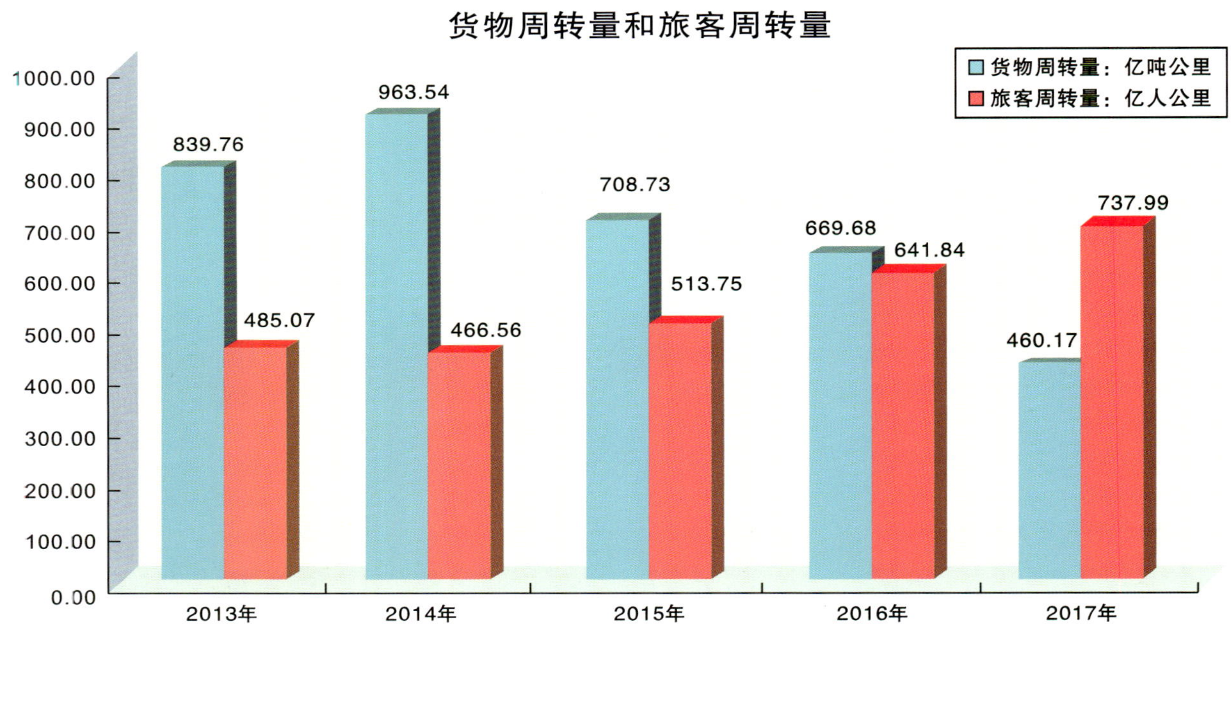

货物周转量和旅客周转量
货物周转量：亿吨公里
旅客周转量：亿人公里
1000.00
900.00
800.00
700.00
600.00
500.00
400.00
300.00
200.00
100.00
0.00
839.76
485.07
963.54
466.56
708.73
513.75
669.68
641.84
460.17
737.99
2013年
2014年
2015年
2016年
2017年

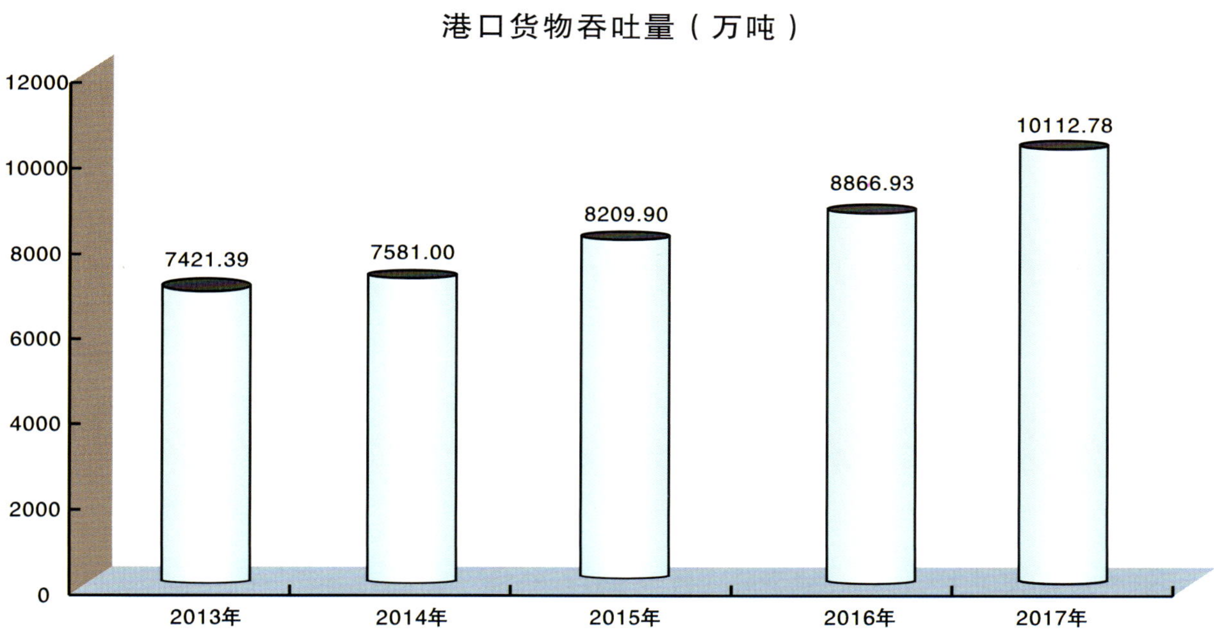
港口货物吞吐量（万吨）
12000
10000
8000
6000
4000
2000
0
7421.39
7581.00
8209.90
8866.93
10112.78
2013年
2014年
2015年
2016年
2017年

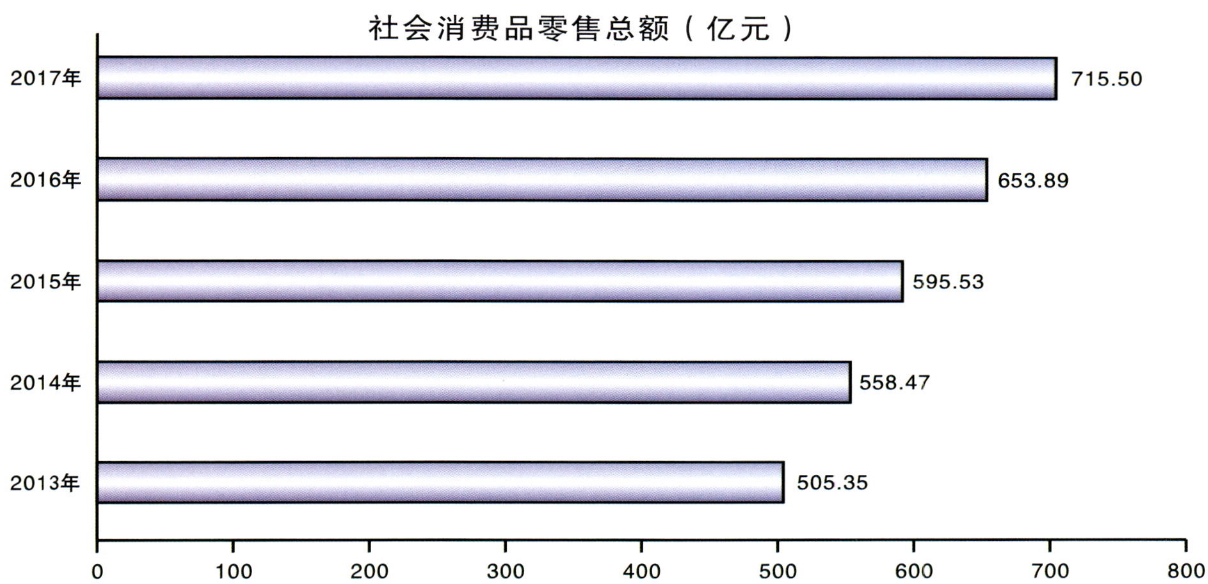
社会消费品零售总额（亿元）
2017年
715.50
2016年
653.89
2015年
595.53
2014年
558.47
2013年
505.35
0
100
200
300
400
500
600
700
800

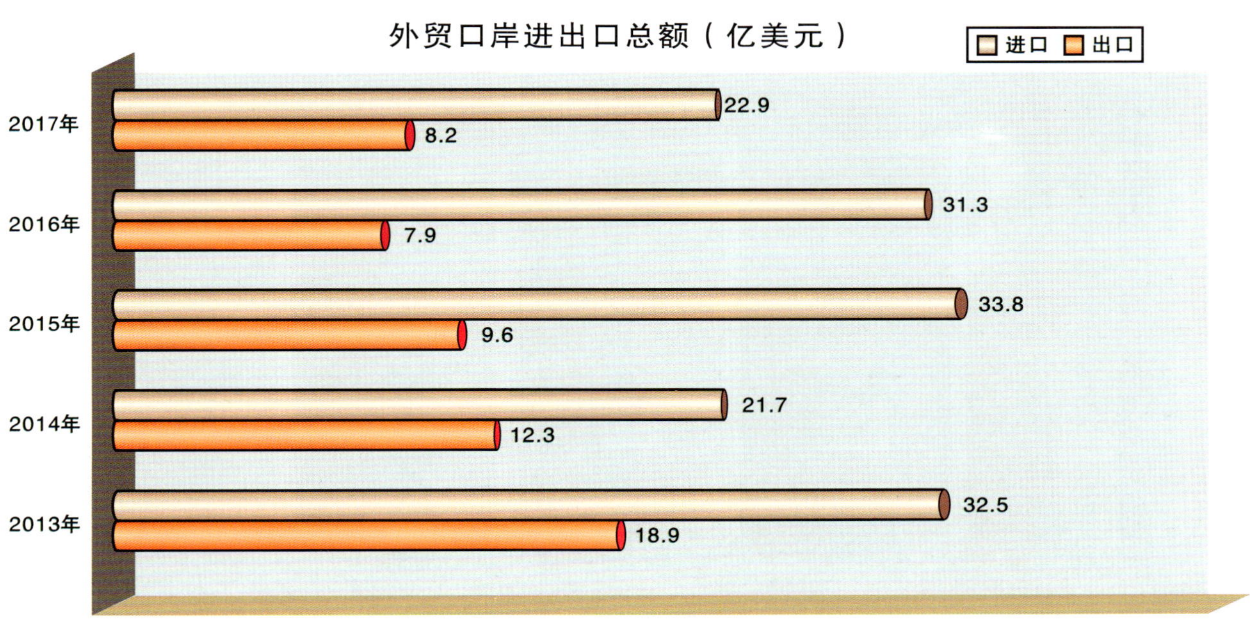
外贸口岸进出口总额（亿美元）
进口
出口
2017年
22.9
8.2
2016年
31.3
7.9
2015年
33.8
9.6
2014年
21.7
12.3
2013年
32.5
18.9

外商直接投资（亿美元）

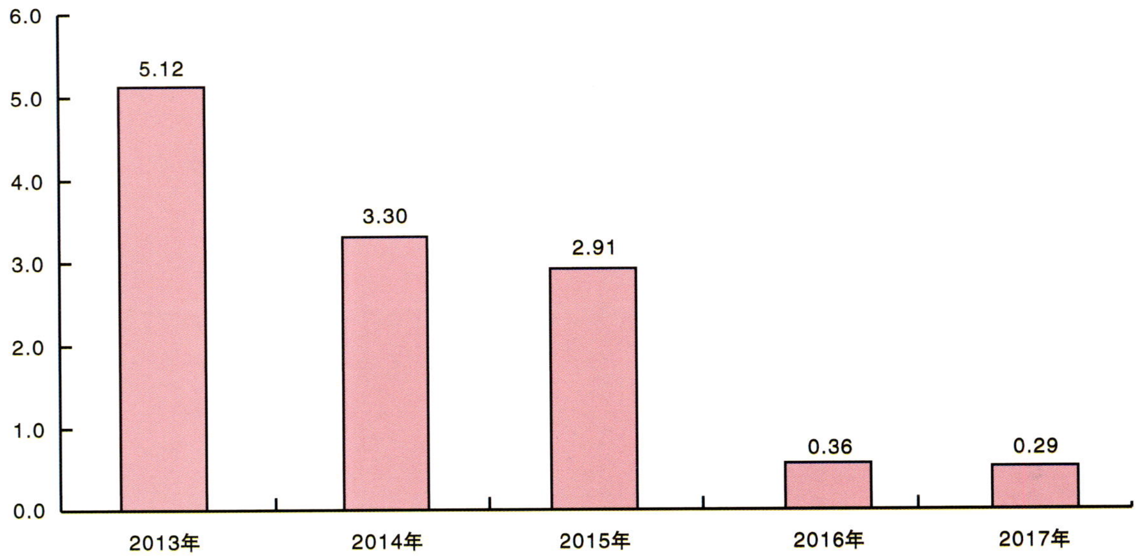

旅游饭店接待境外游客（万人次）

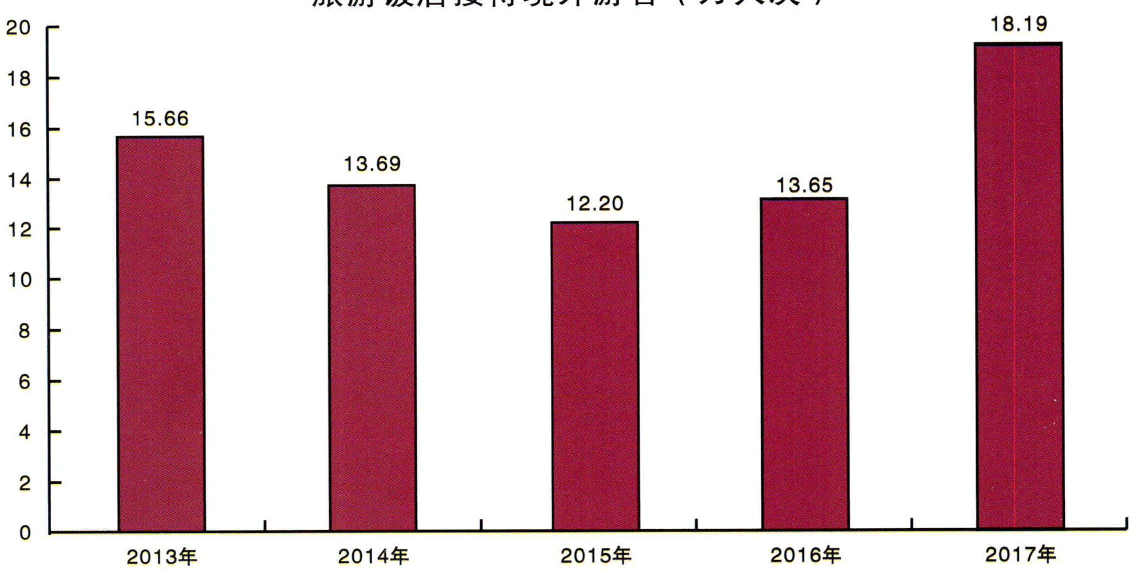

地方财政收支（亿元）

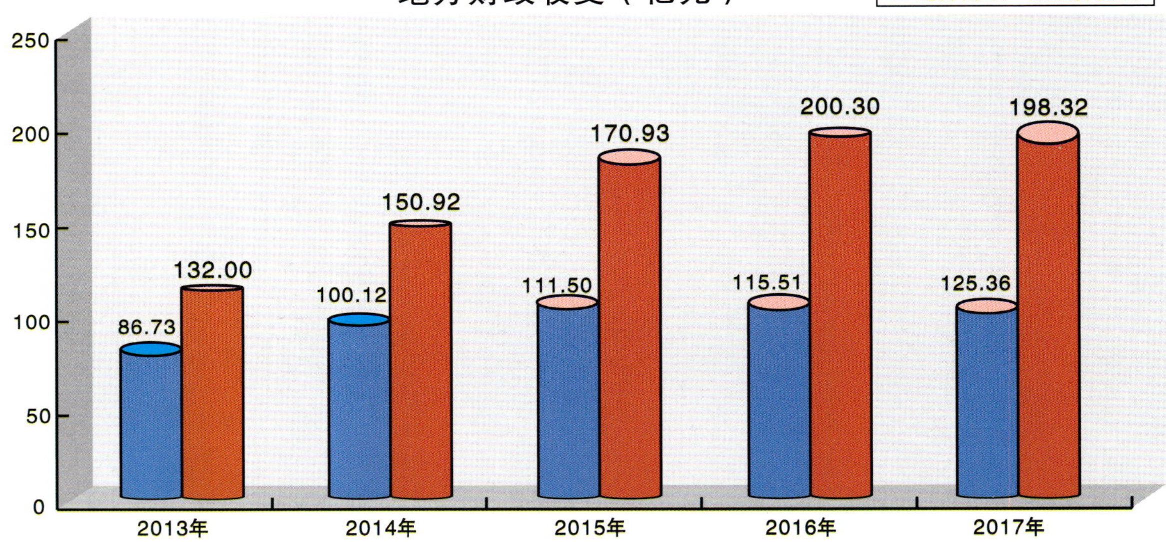

金融机构年末人民币存、贷款余额（亿元）

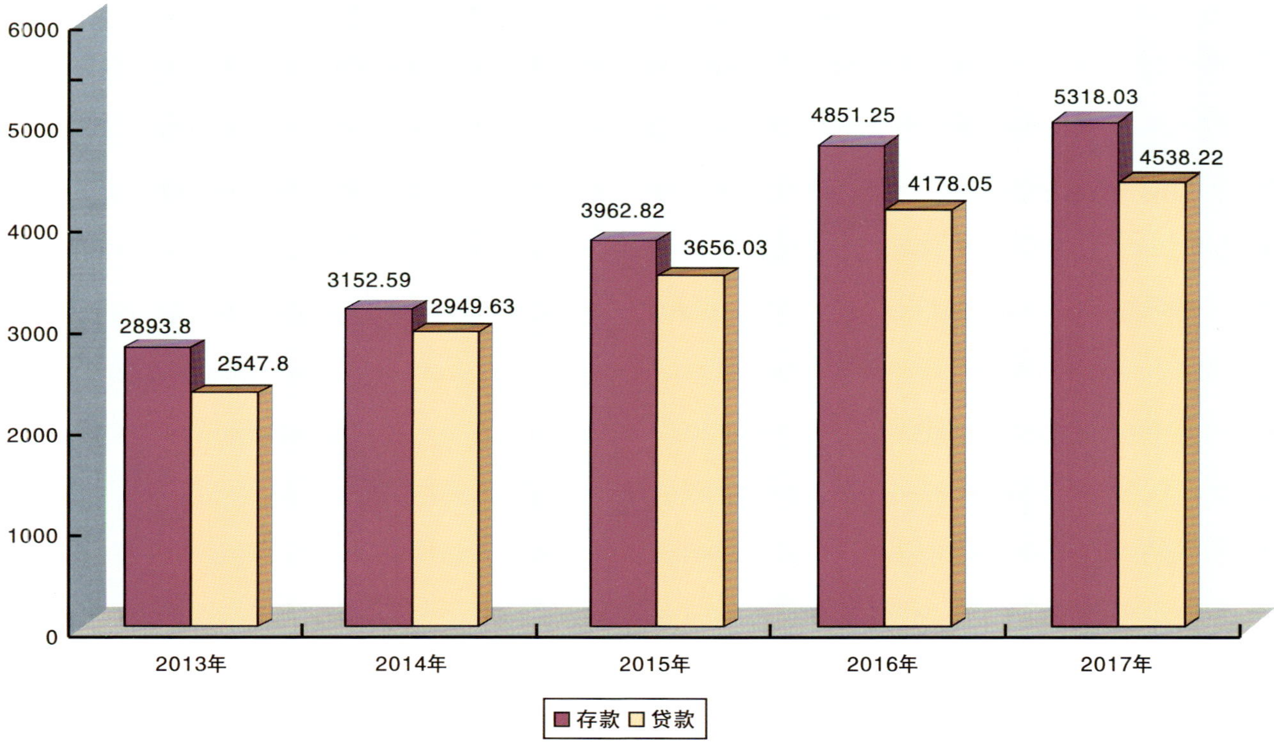

城乡居民储蓄存款余额（亿元）

（人民币）

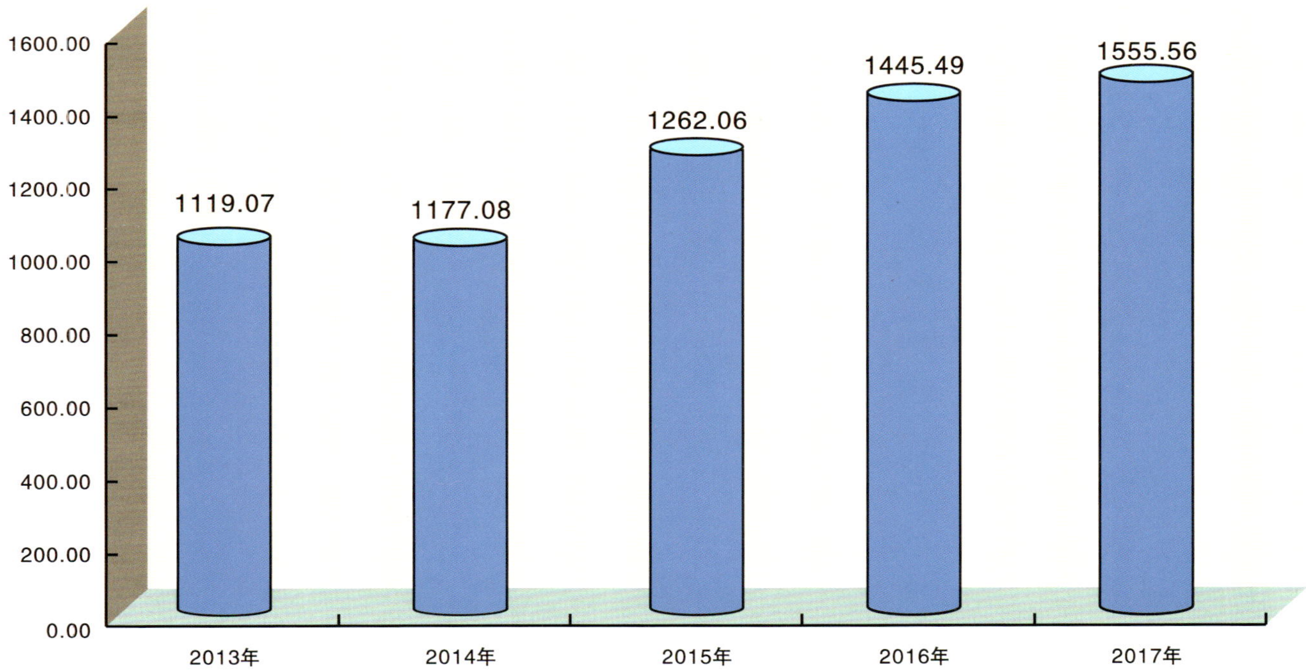

物价上涨幅度（%）
(以1987年为100)

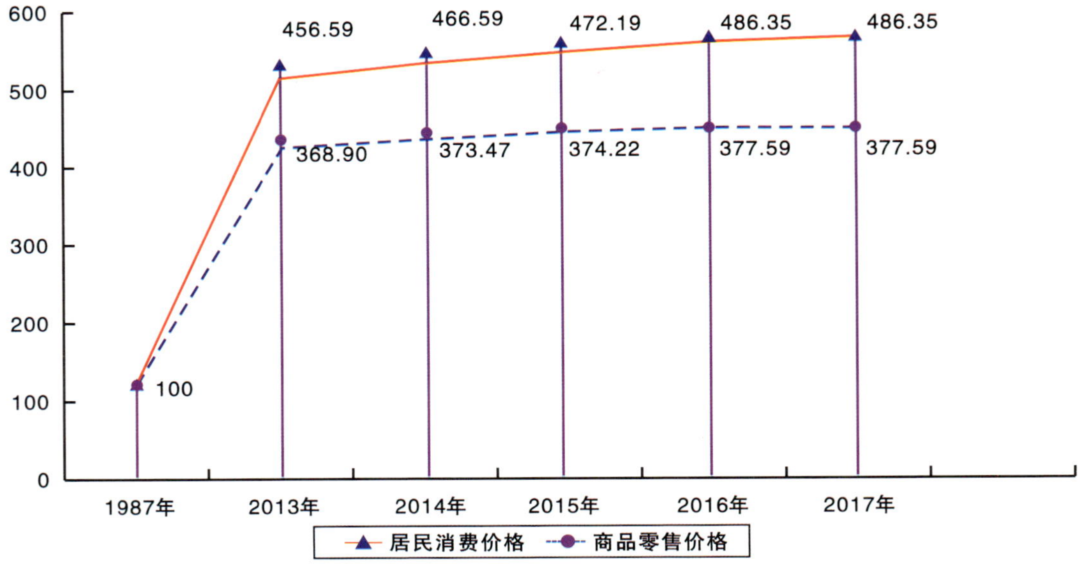

城市居民人均可支配收入和消费支出（元）

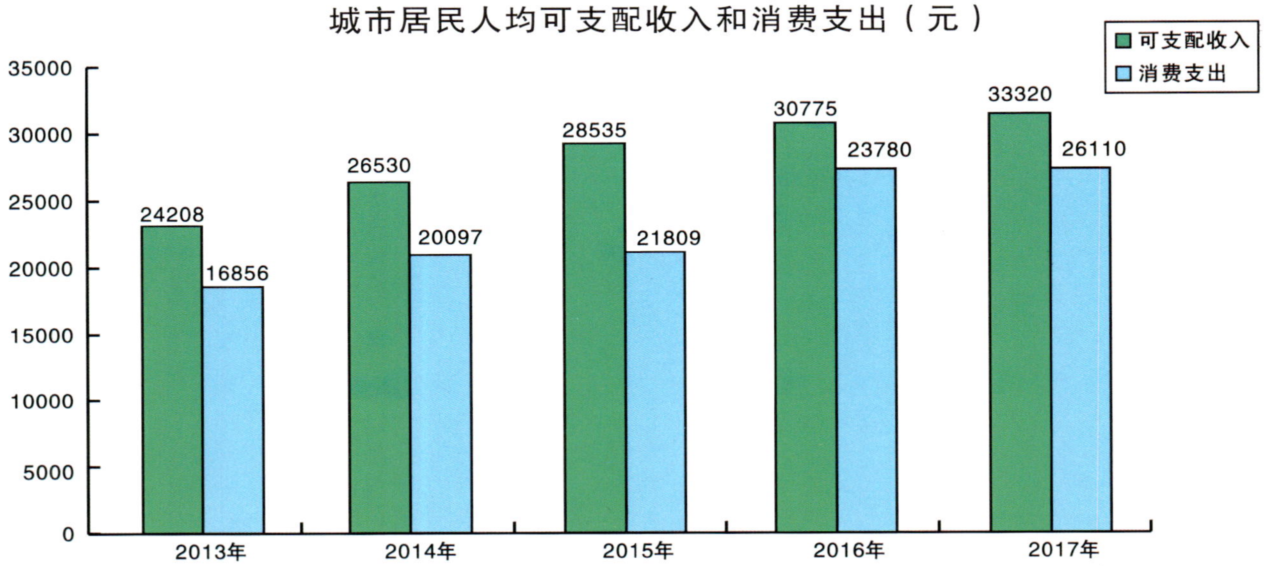

农村居民人均可支配收入和生活消费支出（元）

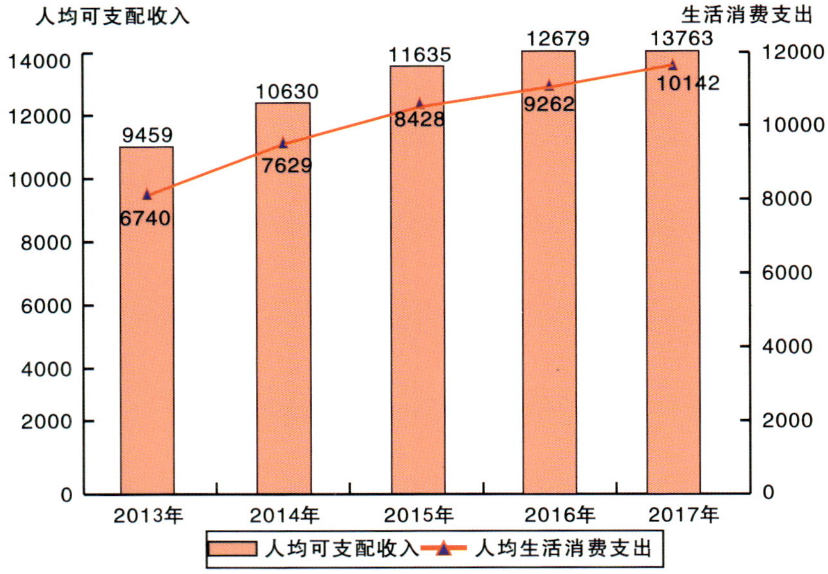

目　录

Contents

特　载
SPECIAL REPORTS

一、综　合
GENERAL SURVEY

二、国民经济核算
National Economic Accounting

三、人　口
POPULATION

四、就业和工资
EMPLOYMENT AND WAGES

五、农业
AGRICULTUR

六、工业
INDUSTRY

七、固定资产投资和建筑业
INVESTMENT IN FIXED ASSETS AND CONSTRUCTION

八、交通运输和邮电通讯
TRANSPORTATION, POST AND TELECOMMUNICATIONS

九、批发和零售业
WHOLESALE AND RETAIL TRADE

十、住宿、餐饮和旅游
ACCOMMODATION CATERING AND TOURISM

十一、能源和水消费
CONSUMPTION OF ENERGIES AND WATER

十二、对外经济贸易
FOREIGN ECONOMY AND TRADE

十三、财政、金融保险
FINANCE, BANKING AND INSURANCE

十四、物价
PRICE

十五、科技、教育、卫生、文化和体育
SCIENCE &TECHNOLOGY, EDUCATION, HEALTH CULTURE AND SPORTS

十六、城市建设、海洋开发和环境保护
URBAN CONSTRUCTTION, MARINE EXPLOITTATION AND ENVIRONMENTAL PROTECTION

十七、人民生活
PEOPLE'S LIVELIHOOD

十八、社会服务及其他
SOCIAL SERVICE AND OTHERS

十九、35个大中城市主要经济指标
MAIN ECONOMIC INDICATORS OF 35 LARGE AND MEDIUM - SIZED CITIES

特　　载

SPECIAL REPORTS

海口市十六届人大四次会议文件（十三）

政府工作报告

——2018年2月10日在海口市第十六届人民代表大会第四次会议上

各位代表：

现在，我代表海口市人民政府向大会报告工作，请予审议，并请各位政协委员和列席人员提出意见。

一、2017年工作回顾

一年来，我们坚持以习近平新时代中国特色社会主义思想为指导，认真贯彻落实党的十八大和十九大精神，在省委省政府和市委的坚强领导下，在市人大、市政协的监督支持下，坚持稳中求进工作总基调，高质量推进国际化滨江滨海花园城市建设，统筹抓好稳增长、促改革、调结构、惠民生、防风险等各项工作，较好完成了市第十六届人民代表大会第二次会议确定的目标任务，成功创建全国文明城市和国家卫生城市，实现了本届政府的良好开局。全年实现地区生产总值1390亿元，同比增长7.5%;固定资产投资1415.5亿元，增长11.3%;全口径一般公共预算收入388.5亿元，增长16.6%，其中地方一般公共预算收入125.4亿元，增长12.8%;社会消费品零售总额726亿元，增长11%;城乡常住居民人均可支配收入28701元，增长8.5%;居民消费价格指数上涨3.3%。

一年来，主要抓了以下六个方面的工作：

(一)以决战决胜之势，成功摘得全国文明城市和国家卫生城市“金字招牌”

城市规划优化提升。搭建“多规合一”[1]综合信息平台，启动新一轮城市总体规划修编。科学制定城市更新规划和行动纲要，海甸溪两岸综合整治、骑楼老街改造等首批城市更新示范项目加快实施。“五网”[2]综合规划、城市轨道交通线网规划和新海生态临港新城概念规划基本完成。滨江滨海、海绵城市[3]、湿地和郊野公园等专项规划加快推进。入选全国第二批城市设计试点和第三批生态修复城市修补试点。

城市建设有序推进。持续加大“五化”[4]力度，建立健全环卫监督净化考核机制，建成区主要道路机扫率达100%;滨海大道、国兴大道等主要道路和西海岸带状公园、万绿园等23个门户景观完成绿化提升;实施三角梅储备和控花工程，龙昆南路等城市主干道完成彩化;海口湾片区235栋建筑楼宇和滨海大道、火车站等重点路段和区域完成亮化改造;外立面改造、广告牌整治等美化工作稳步推进。省重点项目完成投资691亿元，占年度计划的108%。美兰机场二期、绕城高速改扩建、南渡江引水工程等“五网”项目加快推进，市民游客中心开工建设，汽车客运总站投入试运行，地下综合管廊建成38.5公里。累计打通“断头路”64条，改造主干道路93条、小街小巷2603条、农贸市场46家、城区积水点24处，打造15分钟便民生活圈46处，筑牢了城市的“里子”。

城市管理明显改善。智慧海口加快建设，“12345”联动平台+“椰城市民云”“椰城政务云”“椰城创新云”[5-7]的智慧城市框架基本形成。“椰城市民云”整合38个部门、139项公共服务事项，为市民提供全生命周期的大数据服务;“12345”智慧联动平台发挥“指挥棒”“绣花针”“连心桥”作用，推行区(局)长值班制，探索建立综合行政执法体制，创新实施“12345+网格化”和30分钟快速响应处置机制，日均接话量增长6.1倍，群众满意率从48%提高到95%，获全国政府服务热线“先锋奖”“骏马奖”。

城市文明日益彰显。社会主义核心价值观和优秀传统文化广泛弘扬，《永远的更路簿》获国家“五个一工程”[8]奖，《原始黎陶》《椰壳新生》等非物质文化遗产纪录片在央视播出。大坡镇和斌腾村、美孝村、冯塘村等获评全国文明村镇。立法设立“全民公益日”，全市注册志愿者超过26万人，入选中国“志愿之城”试点城市。凡人善举层出不穷，11人获得全国道德模范提名奖、21人入选中国好人榜，甘当积水警示牌的“守坑叔”、街头抢救老人的“好医生”、生命最后一瞬停稳公交车的“好司机”等一大批最美人物的先进事迹传遍琼州大地，得到社会各界和中央等各级媒体的广泛赞誉，文明风尚正成为全体市民的自觉行动和价值追求，见贤思齐、崇德向善的社会氛围更加浓厚，城市变得更有温度、更加温馨。

各位代表，全市上下众志成城、勠力同心，经过艰苦卓绝的接续奋斗，成功创建了全国文明城市和国家卫生城市，这是我们贯彻落实习近平新时代中国特色社会主义思想和习近平总书记2013年视察海南重要讲话精神的重大成果，是海南建省办经济特区30年来文明城市“零的突破”，也是海口建设国际化滨江滨海花园城市的重要里程碑，凝聚起全市人民团结奋进的磅礴力量，为我们奋力走好新时代的长征路注入了强大动力。

(二)深入推进供给侧结构性改革，产业结构不断优化

全市十二个重点产业增加值占全省的35.9%，其中6个产业占全省比重超过50%，发展的质量和效益不断提高。全域旅游扎实推进，“美丽海南百千工程”[9]加快建设，镇墟旅游化改造有序开展，施茶村等26个村入选海南美丽乡村;成立旅游警察支队，美兰机场旅客吞吐量达2258万人次，创历史新高;全市接待游客2428万人次，旅游总收入266亿元，分别增长11.1%和14.3%，获评全国厕所革命先进市。热带高效农业加快发展，成功申报实施“丝路海口?田园综合体”[10]和农村产业融合发展试点等国家级项目，石山黑豆、石山壅羊获国家地理标志证明商标，桂林洋国家热带农业公园一期开园。房地产业平稳健康发展，落实和深化“两个暂停”[11]政策，出台装配式建筑[12]发展政策。互联网产业蓬勃发展，营业收入205亿元，增长32.3%;滨海国际电子商务园区加快建设，复兴城互联网创新创业园、江东电子商务园获评国家级示范基地，海口入选2017中国“互联网+”数字经济总指数百强城市。医疗健康产业稳步推进，上海六院海口骨科与糖尿病医院、上海中医药大学附属岳阳医院海口分院开诊，观澜湖中医国际康养中心投入运营。金融业不断壮大，民生银行和5家证券公司落户，浦发银行创新开展离岸金融业务，全年实现增加值167亿元，增长9.8%。会展业快速发展，举办上规模会展活动270场，综合收入突破100亿元，分别增长27%和25%，荣获中国会议产业大会“会奖之星”。海洋产业创新发展，获批国家海洋经济创新发展示范城市。现代物流业加快推进，马村港区三期散货码头、新海港区二期建成投产，秀英港区滚装轮渡业务完成搬迁;海口港集装箱吞吐量183万标箱，增长30.6%。医药产业集群初步成形，出台鼓励药企开展“一致性评价”[13]的政策，全年实现医药产值191.6亿元，增长19.3%，占全省98%。低碳制造产业加快培育，新增高新技术企业64家，总数达207家，占全省77%;新增12家院士工作站，灵康制药、椰国食品、一汽海马等3家企业获中国专利奖;获评国家知识产权试点城市先进集体。文体产业发展提速，中国足球(南方)训练基地、国家帆船帆板训练基地、五源河文体中心加快建设，《芳华》等4部影视作品在我市完成拍摄并上映，大大提升了海口旅游品牌。

(三)深化改革开放，发展的内生动力持续增强

重点领域改革深入推进，“多规合一”“放管服”[14]等改革持续发力，实施“一窗受理、集成服务”[15]，在“五网”基础设施建设中全面推行“极简审批”[16]，“不见面审批”[17]达84.5%，提前一年完成省政府任务要求。综保区推出40项复制自贸区改革试点经验清单，高新区入选国家创业创新示范基地。全面推行“多证合一”[18]，全年新增市场主体5.1万个，占全省四成。国资国企改革稳步推进，完成国有农场公司化改革和社会职能属地化管理。在全省首批通过农村土地承包经营权确权登记颁证成果验收，农村集体产权制度改革琼山试点得到国家农业部肯定。

对外开放不断扩大。推进“一带一路”互联互通建设，新增外贸集装箱班轮航线3条，新开通境外定期直飞航线12条，开通海口至越南、菲律宾邮轮旅游航线。在境外12个国家(地区)举办旅游促销活动，全年接待入境游客18.2万人次，同比增长

33.3%。服务贸易创新试点稳步推进，跨境电商产业园建成使用。全年实现外贸出口55.5亿元，同比增长6.4%。与菲律宾塔贡市、印尼北龙目市结好，国际友城达到35个，遍布全球5大洲29个国家。

区域合作全面加速。积极推进琼州海峡经济带建设，湛江—海口高铁、铁路物流等前期规划加紧推进;与湛江建立全方位常态化沟通联席机制，以港航一体化为先导，两岸直升机通航运行，水上飞机试飞成功，客滚快船加快推进。铺前大桥、江东大道二期等“海澄文”[19]基础设施联通项目加快建设。坚持“用最好的资源吸引最好的投资”，华侨城等一批大型央企和民企落户海口，全年引进项目141个、签约金额1781亿元，注册落地率79%。

(四)不断强化生态环境保护，生态文明建设成效明显

认真抓好中央环保督察和国家海洋督察反馈问题整改，严管重罚，立案查处环境违法案件530宗，制定防治汽车鸣笛和远光灯违法行为、环境违法行为有奖举报等11个管理办法，出台《海口市扬尘污染防治办法》《海口市美舍河保护管理规定》《关于加强湿地保护管理的决定》，在秀英区开展自然资源资产责任审计试点。扎实开展“六大专项整治”[20]，城市、农村生活垃圾无害化处理率分别达100%、95%以上，全市中型以上餐饮企业油烟净化设施安装率达90%以上，出租车、公交车的清洁能源使用率分别达100%、83%以上，空气质量连续五年在全国74个重点城市中排名第一。拆除违法建筑212万平方米、防控违法建筑73万平方米。在全省率先推行“河长制”，对32个水体进行综合治理，美舍河“控源截污、内源治理、生态修复、景观提升”治理模式在全省推广，获批国家级水利风景区。海口入围全国首批“湾长制”试点城市，实现“河湾同治”。民航航线俯视区等修复工作稳步推进，湿地保护修复的做法在全国林业系统推广，五源河湿地公园、美舍河湿地公园获评国家湿地公园试点，潭丰洋等5个省级湿地公园加快建设，获首批国际湿地城市认证提名。

(五)以人民为中心，发展成果不断惠及全市百姓

全年民生支出139.7亿元，占地方一般公共预算支出的70.4%，获评“中国十大幸福城市”和全国“惠民服务优秀城市”省会十强。引进“好校长、好教师”12名，北大附中附小海口学校加快建设，北师大海口附校、海景学校建成招生，新增学位9500个。全年城镇新增就业3.5万人，组织农村富余劳动力转移就业7300人，年末城镇登记失业率1.3%。新增社保扩面6.6万人，发放低保和特困救助金1.2亿元，惠及困难群众2.6万人。新一轮省市财政体制改革拉平了海口与其他市县共享税分成比例，为改善民生增强了财力保障。深入推进脱贫攻坚，完成建档立卡贫困人口629户2773人的减贫任务，5个村退出贫困村行列。成功引进一批岛外优质医疗资源，新增“微信”“支付宝”“椰城市民云”等网上预约诊疗、挂号、结算等便民措施，所有公立医疗机构实施住院“先看病、后付费”，累计垫付费用4.1亿元、受益群众7.1万人;6家公立医院全面取消药品加成，为群众节省费用4128万元;成功创建国家流动人口卫生计生基本公共服务示范市。完成城市棚户区改造2.3万户，占省下达任务的121.8%;改造农村危房400户，全省考核第一。让公交回归民生本位，基本完成全市公交运营主体整合，优化调整公交线网，总线路从96条增加至152条，37条公交线路实现实时位置可查询。狠抓“菜篮子”工程，坚持“基本菜”“一元菜”等惠民措施，15种蔬菜平均零售价同比下降17.7%，在全国36个大中城市和全省各市县的菜价排名“双下降”。启动“放心粮油”工程建设，粮油市场供需双稳。食品药品安全状况明显提升，得到国务院督察组高度肯定。圆满完成禁毒三年大会战第一阶段工作，破获刑事案件同比上升4.5%、立案数下降23%，获评第二届全国创新社会治理城市，龙华蝉联全国综治“长安杯”;全市安全生产形势整体稳定，全省考核第一;获评全国地市级防震减灾工作综合考核先进单位。

(六)坚持实干担当，政府自身建设进一步加强

各级政府认真学习宣传贯彻习近平新时代中国特色社会主义思想和党的十九大精神，扎实推进“两学一做”学习教育常态化制度化，深入开展“大研讨大行动”，实施重点课题研究71项。严格落实中央八项规定、省委省政府二十条规定和市委二十一条规定，坚决履行党风廉政建设“一岗双责”[21]，建立巡察与审计协作机制，支持纪检监察部门依纪依法查处腐败案件，立案462件，处分465人，为发展提供了坚强的政治保证和纪律保证。自觉接受人大法律监督、工作监督和政协民主监督，认真办理人大代表建议484件、政协委员提案654件，办结率为100%。强化政府立法工作，提请市人大常委会审议法规议案4件，修改政府规章1件、废止13件，依法行政工作全省考核第一。全市各级各部门牢固树立“四个意识”，工作夜以继日，坚持“钉钉子”、马上就办、办就办好，锤炼了一支吃苦耐劳能打硬仗的干部队伍，确保了党中央国务院、省委省政府和市委各项决策部署得到有效落实。

此外，统计荣获全国先进单位，人防、气象、三防、保密、档案、史志、科协、工商联、民族宗教、外事侨务、海防口岸、对台事务等工作取得新进展，工会、青少年、妇女儿童、老龄、残疾人、慈善等事业取得新进步。

各位代表!2017年是很不平凡的一年，成绩来之不易，这是党中央国务院、省委省政府和市委坚强领导的结果，是市人大、市政协及各位代表、各位委员支持的结果，是全市224万人民群众攻坚克难、共同奋斗的结果。在这里，我谨代表市人民政府，向全市人民，向人大代表和政协委员，向各民主党派、工商联和社会各界人士，向驻市部队、武警官兵和公安司法干警，向关心支持海口的广大海外侨胞、港澳台同胞，表示崇高的敬意和衷心的感谢!

在肯定成绩的同时，必须清醒看到，我们的工作与人民日益增长的美好生活需要还有差距，发展不平衡不充分的问题突出。经济总量小，实体经济不强，城乡居民收入不高，发展质量和效益有待提升;交通领域短板突出，教育、医疗等方面还需持续发力，镇墟和农村基础设施和公共服务投入不足;生态环境保护任重道远，社会文明水平有待进一步提高;对外开放、国际化水平还不够高，人才资源相对匮乏，体制机制活力有待进一步释放;营商环境有待进一步改善，群众和企业仍受证照证明、审批环节过多之累和办事慢、办事难之苦;一些公职人员的庸懒散奢和吃拿卡要等行为屡禁不止。这些问题都需要我们认真加以整改。

二、2018年工作安排

今年是我们贯彻落实党的十九大精神的开局之年，是全国改革开放40周年、海南建省办经济特区30周年，是习近平总书记视察海南发表重要讲话5周年，也是海口决胜全面建成小康社会、实施“十三五”规划承上启下的关键一年。

根据市委部署，今年政府工作的总体要求是：高举中国特色社会主义伟大旗帜，全面贯彻党的十九大精神，以习近平新时代中国特色社会主义思想为指导，深入贯彻习近平总书记2013年视察海南重要讲话精神，落实省第七次党代会、省委七届历次全会和市第十三次党代会、市委十三届历次全会的决策部署，坚持稳中求进工作总基调，践行新发展理念，按照高质量发展要求，统筹推进“五位一体”总体布局和协调推进“四个全面”战略布局，坚持以供给侧结构性改革为主线，突出抓重点、补短板、强弱项，坚决打好防范化解重大风险、精准脱贫、污染防治“三大”攻坚战，加快以“五化”先行的城市更新工作，深入实施乡村振兴战略，做大做优做强海口、建设国际化滨江滨海花园城市，坚决扛起建设美好新海南的省会担当。

主要预期目标是：全市生产总值增长7.2%左右，固定资产投资增长10%左右，社会消费品零售总额增长10%左右，地方一般公共预算收入增长10%左右，城乡居民收入增长8%左右，居民消费价格涨幅控制在3.8%左右，城镇登记失业率控制在3%以内，全面完成省下达的节能减排降碳控制目标。

围绕上述目标，我们将着力抓好以下五个方面、20项工作。

(一)提高经济发展质量和效益，着力打造经济繁荣海口

坚持质量第一、效益优先，通过质量变革、效率变革、动力变革，培育新增长极、形成新动能，做大做强实体经济，逐步构建具有海口特色的现代化经济体系。

1.深入推进供给侧结构性改革。加快重点产业成形成势，力争十二个重点产业占GDP比重超过80%，占全省比重提高两个百分点。“点线面”推动全域旅游，长影环球100试营业，启动桂林洋国家热带农业公园研创中心、展销中心建设，力争年内建成国家全域旅游示范区。大力实施“旅游+”工程，加快培育和发展邮轮旅游、房车自驾游、低空飞行等旅游新业态。制定鼓励出入境旅客海口中转和邮轮旅游的扶持政策，力争入境游客增长15%。加快互联网产业发展，推进复兴城互联网创新创业园建设，实现互联网产业营业收入300亿元以上。继续深化与岛外优质医疗健康资源合作，推进上海第一妇婴保健院合作项目落地。大力发展现代金融

和总部经济，争取引进新型金融业态机构、配套服务机构落户海口，积极申报第二批绿色金融示范区。抓好大型会展场馆建设，引进和培育一批会展和会议品牌。推进国家海洋经济创新发展示范城市建设，加快海洋生物产业、海洋高端装备等示范项目建设。加快大型物流园区、配套完善分拨中心以及货运枢纽建设，完善机场、港口等物流设施和集疏运体系。做大做强医药产业，加快医疗器械、生物医药和海洋生物制药布局，引进国内外龙头医药企业、研究机构，全力争取国家重大新药创制成果转移转化试点，力争医药产业产值突破200亿元。积极培育发展影视制作、动漫游戏等文体产业，吸引国内外顶级文化平台和体育赛事落户。坚持“房子是用来住的，不是用来炒的”定位，保障性需求由政府统筹，改善性需求由市场调节，投资性需求靠制度限制，促进房地产市场持续平稳健康发展。

当前海口进入了高质量发展的转型攻坚期，我们要通过盘活挖潜、提质增效、改革创新、优化营商环境“四大举措”，盘活闲置和低效开发土地、盘活签约项目落地开工、盘活存量楼宇厂房、盘活国企国资，制定三年行动计划，在产业、民生、基础设施等领域谋划一批大项目，同时研究出台鼓励总部企业聚集发展的政策措施，积极引进一批跨国公司、行业龙头企业在海口设立区域总部，推动海口经济持续健康发展。

2.全面强化创新驱动。落实人才新政，围绕重点产业和战略性新兴产业，开展高层次人才、紧缺人才引进计划，开通高校青年引才直通车。在企业和人员落户、人才激励、办公补助、出入境与通关、子女教育、住房保障等方面出台政策，吸引更多企业和优秀人才。加强国家重大科技专项对接，争取更多科研院所、国家重点实验室、院士工作站落户。重点招商引进和培育一批创新型企业，力争今年新增高新技术企业30家以上。鼓励企业创建产学研创新联盟，强化知识产权创造、保护和运用，争取每万人有效发明专利拥有量达7件以上。加快推进创新型城市建设，引导全社会加大科技研发投入。

3.大力实施乡村振兴战略。按照产业兴旺、生态宜居、乡风文明、治理有效、生活富裕的总要求，加快推进农业农村现代化。大力发展热带特色高效农业，围绕“一镇一业”“一村一品”，培育壮大海口特色农业品牌。大力发展农产品电子商务，争取海南农产品拍卖交易中心落户海口。加快推进一二三次产业融合发展，出台鼓励农产品深加工、田园综合体、乡村民宿、共享农庄发展扶持政策。推进“美丽海南百千工程”，加快演丰、石山等10个特色产业小镇建设，打造一批美丽乡村示范点。加强农村房屋建设规划报建和宅基地管理，改造农村危房1600户，加快推进农村公路、农田水利等“五网”基础设施建设，全面完成自然村通硬化路等六大类工程[22]960公里。启动农村生活污水处理设施建设三年行动计划，完成农村改厕7400户。推进农村集体产权制度改革，完成琼山区农村集体产权制度改革国家级试点验收和推广。引导规范农村土地流转，恢复撂荒地生产6000亩以上。鼓励和支持农民工、高校毕业生和退役士兵等各类人员返乡下乡创业，积极培育新型农业经营主体，培养造就一支懂农业、爱农村、爱农民的“三农”工作队伍。千方百计提高农民收入，确保农民人均可支配收入增长8%以上。

4.加快“五网”基础设施建设。加快构建“一江两‘岸’、东西双港驱动、南北协调发展”城市格局。按照“一枢纽、两地、三中心”[23]定位，加快新海生态临港新城建设，上半年开工建设新海港区客运枢纽;高标准推进滨江规划建设，加快美兰机场二期扩建、马村港区三期四期、新海港区三期等重大交通工程建设，推进疏港货运快速干道、海秀快速路二期、海甸溪和南渡江下穿通道等工程。统筹建设地上地下市政公用设施，加快主城区地下通信管网建设，实现光纤宽带网络和4G信号全覆盖。加快推进城市积水点改造，完善雨污分流管网配套，力争三年内解决城市内涝问题。基本完成南渡江引水工程建设，开工建设永庄十万吨水厂三期、江东十万吨水厂及配套管网。全力推进电网供电保障和抗灾能力三年行动计划，实现主城区年户均停电时间降至4个小时以内，达到全国一流水平。

5.持续深化重点领域改革。着力优化营商环境，不断激发市场活力和社会创造力。深化行政审批制度改革，围绕市民游客和企业反映的痛点和难点问题，针对市场准入、施工许可、服务贸易等审批办理制定专项行动计划，进一步清理行政事业性收费，减轻企业负担。加快培育和引进一批高水平的会计、审计、法律、仲裁、咨询、检验检测、评估等专业服务机构。“不见面审批”实现100%上线，所有市场主体的各项登记业务实现全程电子化。探索实施“证照分离”改革[24]，力争全年新增市场主体4万个以上。完善促进消费的体制机制，增强消费对经济发展的基础性作用。统筹推进财政体制机制改革，合理划分市、区事权和支出责任，强化对四个区和三个开发区绩效考核。健全“多规合一”“编、审、管、监”分离的规划管理机制，调整完善市、区城乡规划管理体制，加强城乡规划集中统一管理。推进“拨改投”改革[25]，引导民间资本进入更多的领域。完善债务风险预警机制，以经营城市的理念加大政府存量债务化解和处置力度。推进国有企业混合制改革，积极引进国内外战略资本和行业龙头企业参与我市国有企业改革，引导和支持本地企业上市。继续深化医药卫生、教育、农场管理体制机制等各项改革。

6.*努力构建全方位开放格局*。积极落实海南参与“一带一路”行动计划，推进泛南海经济圈建设，新开通境外空中航线8条以上，开通海口至新加坡、马来西亚集装箱班轮航线，实现与东盟沿海国家集装箱航线全覆盖。以港通路通为纽带，深化泛珠三角区域合作，积极融入粤港澳大湾区、北部湾城市群建设;加强琼州海峡经济带建设，继续推进琼州海峡港航一体化，年内开通高速客滚船，积极推动湛江—海口高铁规划建设，谋划开通湛江、北海、钦州等地的水上飞机线路，打造琼州海峡“半小时立体交通圈”。加快“海澄文”一体化进程，积极推动琼北滨海旅游公路、绕城高速二期等互联互通项目规划建设，加快推进与文昌清澜港、临高金牌港等公共码头资源整合。发展跨境电商外贸新业态，积极申报海口跨境电商综合试验区，推进国际购物中心规划建设。

(二)加强和创新社会治理，着力打造社会文明海口

秉承“城市管理应该像绣花一样精细”理念，科学地规划、合规地建设、绿色地发展、优化地管理、贴心地服务，建立持续巩固提升“创文创卫”[26]的长效工作机制，统筹全市社会文明和文化事业各方面建设。

7.*加强精细化治理的智慧城市建设*。不断强化“12345”智慧联动平台“指挥棒”“绣花针”“连心桥”的作用，充分利用“椰城市民云”“椰城政务云”“椰城创新云”等先进技术手段和功能，建立跨部门、跨行业、跨层级的大数据共享和开发利用机制，为市民游客和企业提供便捷、实用的信息服务。继续推行“12345+网格化”，强化各区各部门一体化联动，努力构建快速响应诉求、一线化解矛盾的联动格局，不断提升城市治理水平和服务质量。启动交通治堵三年行动计划，开展轨道交通前期工作和环岛高铁海口站—美兰站城际快线化改造，优化主次干道路、重要支路和过街通道建设，打通断头路10条;实施公交优先战略，加强公交专用道建设，继续优化公交线路，年内实现智能电子站牌全覆盖;加快智慧交通建设，实施“路长制”，优化交通组织，鼓励和引导市民绿色出行。健全市、区、街、社区四级联动物业管理体制机制，修订完善市物业管理办法。提升和完善“三无”小区[27]消防设施。

8.*打造共建共治共享的社会治理格局*。推动社会治理重心向基层下移，探索建立“百姓点单、志愿者参与、网格服务”的社会综合治理模式。积极推进社会诚信建设和志愿者服务制度化，申报第三批国家社会信用体系建设示范城市。加强对旅游、交通、环境卫生、违法建筑、流动人口等重点领域的综合治理，提高治理社会化、法治化、智能化、专业化水平。完善重大决策社会稳定风险评估机制和社会预警体系，加强网络舆情监测和应急处置。强化领导干部接访下访约访，及时排查化解基层矛盾纠纷。深化“平安海口”建设，加快“天网”[28]二期建设，依法打击和惩治各类违法犯罪活动，坚决打赢扫黑除恶专项斗争和禁毒三年大会战。坚守城市安全红线，落实安全生产责任，杜绝重特大安全事故。坚持军民融合发展，做好军转干部和士官安置，全力争创全国双拥模范城“九连冠”。

9.*推动文化事业发展*。大力培育和践行社会主义核心价值观，全方位、多层次开展社会文明大行动。鼓励创作和引进高水平文艺精品，深入实施文化惠民和全民健身工程，启动市图书馆、博物馆、科技馆建设，建成五源河体育场和市民游客中心。加快农村文化室、体育活动场所建设，推进公共文体服务设施的免费开放，开展优秀电影进工地活动。加大历史文化遗产保护和利用，加快推进骑楼老街、五公祠、琼台书院等古迹保护修缮及周边地区的“活化”开发与修复，保护好美舍河流域片区的历史文脉。加强八音器乐、琼剧等非物质文化遗产的保护和传承，原生态还原“乡土文化”。

(三)牢固树立和践行绿水青山就是金山银山的理念，着力打造生态宜居海口

坚持节约优先、保护优先、自然恢复为主的方针，切实加强生态文明建设，像对待生命一样对待生态环境，统筹山水林田湖草系统治理，让城乡环境更宜居、人与自然更和谐。

10.*推进绿色发展*。进一步完善和强化水源地、自然保护区、重要湿地、森林等敏感区域的生态保护立法，推进环保监测监察执法垂直管理体制改革。进一步加强土地宏观调控，开展第三次土地调查，落实建设用地总量和强度双控制度，切实提高亩产效益。提高园区企业的节能环保准入门槛，加快主城区、港澳开发区企业“退二进三”[29]，发展创新创业和绿色低碳循环产业。严格实行领导干部自然资源资产离任审计、生态环境损坏责任追究制度。全面推广绿色节能建筑，加快推进装配式建筑发展。倡导低碳生活方式，开展节约型机关、绿色家庭、绿色社区、绿色园区等创建行动。

11.*持续开展生态环境“六大专项整治”*。坚决抓好中央环保督察和海洋督察反馈问题彻底整改并建立长效机制，坚决制止和严惩一切破坏生态环境的行为。加强大气污染源监测，强化建筑工地和道路扬尘污染治理，强化餐饮业油烟、露天烧烤和垃圾秸秆焚烧的整治，确保空气质量保持全国领先。全面实施“河长制”“湖长制”“湾长制”，推广美舍河生态治理模式，确保32个水体全面达标。大力开展垃圾分类处理。加强饮用水源地保护与整治，加快推进桂林洋污水处理厂二期和丁村污水处理厂建设。实施化肥农药减施行动，确保化肥、农药施用量零增长。做好复垦复绿，完成民航航线俯视区黄土裸露及矿坑的修复。持续实施绿化宝岛和海岸带保护等生态工程。加强湿地保护与修复，加快推进五源河、潭丰洋等湿地公园、郊野公园建设，积极申报国际湿地城市和国家森林城市。继续保持打违控违高压态势。

12.*加快“五化”先行的城市更新*。按照建省办经济特区30周年节点，加快推进机场、火车站、海秀快速路等重要道路和区域的“五化”工作，完成城市更新首批56个示范项目建设，启动海秀公园等第二批17个示范项目，营造生态宜居的城市环境。提倡种植大叶油草、椰子树、三角梅等本地花草树木，强化对城市报刊亭、售货亭、公交站台等“城市家具”的整治改造，按照国际化标准规范设置路名牌、指示牌。加强城市设计和建筑风貌管控，推出一批高水准的城市艺术雕塑，推动棚户区改造与旅游体验品质和业态升级相结合，探索打造一批试点示范。加强城市海绵化改造，建设百里生态绿道和一批海绵学校、海绵社区。

(四)提高民生保障和改善水平，着力打造人民幸福海口

紧紧抓住群众最关心最直接最现实的利益问题，为民办实事，一件接着一件办，一年接着一年干，让全市人民的获得感幸福感安全感更加充实、更有保障、更可持续。

13.*优先发展教育事业*。加大普惠性幼儿园资助力度，全面实施“一校两园”建设计划[30]，四个区至少各新建1所公办中小学及2所公办幼儿园。继续加大优质教育资源引进力度，建成北大附中附小、人大附中等海口分校，新增学位3200个以上。抓实“好校长好老师”和乡村教师等培养和引进工程，大力推广强弱学校捆绑、教育联盟等均衡办学模式，有计划选派优秀校长、优秀教师到薄弱学校、乡村支教。积极推进教师编制管理改革，均衡配置师资力量。加强特殊教育、职业教育和网络教育，办好“2018年全国职业院校技能大赛”。加强学校体育、卫生、艺术、海洋、生态、科技等方面教育，推进中小学信息化和游泳池建设。

14.*推进健康海口建设*。全面实施《“健康海口2030”行动计划》，加快健康城市、健康村镇建设。积极推进“三医联动”[31]，实行多元化复合式医保支付方式改革，完善分级诊疗制度，推进“紧密型医联体”[32]建设。深化基层医疗卫生机构人事制度改革，探索建立“区管镇用、镇管村用”的人才柔性流动机制。全力配合推进省中医院、省疾控中心等省级医疗卫生项目，推动上海六院海口骨科与糖尿病医院二期和市第三人民医院江东院区项目建设，启动市国际中医中心和妇幼保健院江东新院区项目前期工作，推动中国残疾人福利基金会孤独症儿童(南方)康复基地落地。广泛开展爱国卫生运动，倡导健康文明生活方式;全面加强食品药品安全监管，创建国家食品安全示范城市。

15.*全面加强社会保障体系建设*。促进更高质量和更加充分就业，城镇新增就业3.3万人。全面实施全民参保计划，推进社会保障公共服务平台建设。着力提升社会救助能力和水平，加强对农村留守儿童、困境儿童、孤儿的关爱保护，实现精准救助，完善养老服务体系。加大保障性住房建设与管理力度，建立货币补贴、租购并举的住房保障制度，力争新增保障性住房和人才房配租配售5000套以上。全力稳控物价，落实低收入群体价格补贴与物价上涨联动机制，抓好“菜篮子”“米袋子”工程，推动大型农副批发市场一期正式运营、二期加快建设，继续加大“基本菜”“一元菜”等惠民蔬菜供应;实施“中国好粮油”行动计划，完善粮油应急供应网点建设，多措并举保供稳价。

16.*坚决打赢脱贫攻坚战*。坚持扶贫与扶志、扶智相结合，用好脱贫致富电视夜校，完善扶贫政策与群众参与情况挂钩的正向激励机制。实施就业帮扶计划，确保贫困家庭有劳动能力人员至少一人实现就业。做好特色产业帮扶的组织引导，构建企业与群众之间的良好利益联结机制。加强贫困户动态管理，做到精准识贫、精准帮扶、精准退出，今年要在全面巩固提升脱贫攻坚成果的基础上，实现34户、155人脱贫出列。

继续做好统计、人防、地震、气象、三防、档案、史志、科协、工商联、保密、老龄、慈善、外事侨务、对台、海防口岸、民族宗教等各项工作，充分发挥工会、共青团、妇联、残联等人民团体桥梁纽带作用。

(五)全面加强政府自身建设，着力打造人民满意政府

全市各级政府要坚持以党的政治建设为统领，持续深入推进全面从严治党，不断提高治理和服务水平，增强公信力和执行力，为海口做大做优做强、建设国际化滨江滨海花园城市提供坚强保障。

17.**努力推进学习型政府建设**。把学习宣传贯彻习近平新时代中国特色社会主义思想和党的十九大精神作为全年工作的灵魂和主线，扎实推进“两学一做”学习教育常态化制度化，深入开展“不忘初心、牢记使命”主题教育，增强“四个意识”，坚定“四个自信”，提升“八种本领”[33]，切实把党中央决策部署不折不扣贯彻落实到政府工作的方方面面，使党的十九大精神在海口开花结果、落地生根。

18.**全面推进依法行政**。深入贯彻落实法治政府建设实施纲要，将政府工作全面纳入法治化轨道。加大普法力度，严格规范行政执法行为，严肃行政执法责任追究。认真落实市人大及其常委会各项决议决定，自觉接受人大监督，积极支持人民政协履行职能，认真办理人大代表建议和政协委员提案。广泛听取民主党派、工商联、无党派人士、人民团体等各界人士的意见建议。完善政府立法工作机制，深入推进政务公开，推进决策的科学化、民主化、法治化。

19.**着力提高政府服务效能**。稳妥有序推动政府职能转变和机构改革，统筹使用各类编制资源。着力建设诚信政府，探索建立政务诚信专项督导、社会监督等政务诚信监督机制。严格执行工作责任制，马上就办、办就办好，以“钉钉子”精神做实做细做好各项工作。完善市直机关绩效管理办法，建立正向激励和问责相结合的考核机制，激发政府工作人员奉献担当、改革创新精神，让实干者得实惠。探索试点实行公务员聘任制，吸引更多专业化的优秀人才到政府工作、为人民服务。

20.**切实强化廉政建设**。深入贯彻落实中央八项规定精神和省委省政府三十三条实施细则，驰而不息纠正“四风”。严格落实“一岗双责”，切实履行各级政府党组全面从严治党主体责任。强化行政监察改革，推进审计监督全覆盖，强化保障性住房分配、土地使用权和政府采购、工程项目招投标等交易、配置各环节监督，开展好扶贫领域腐败和作风问题专项治理，严厉惩治吃拿卡要、庸懒散奢行为，坚决打击发生在群众身边的腐败和不正之风，始终保持反腐高压态势。

各位代表，新时代已经扬帆起航。让我们紧密团结在以习近平同志为核心的党中央周围，在习近平新时代中国特色社会主义思想的指引下，在省委省政府和市委的坚强领导下，发扬敢闯敢试敢为人先埋头苦干的特区精神，不忘初心，牢记使命，把为人民谋幸福的事情办好办实，发挥示范带头作用，扛起省会责任担当，以优异的成绩向全国改革开放40周年和海南建省办经济特区30周年献礼!

关于海口市2017年国民经济和社会发展计划执行情况与2018年国民经济和社会发展计划草案的报告

——2018年2月10日在海口市第十六届人民代表大会第四次会议上

海口市发展和改革委员会

各位代表：

受市人民政府委托，现将海口市2017年国民经济和社会发展计划执行情况与2018年国民经济和社会发展计划草案提请大会审议，并请市政协委员和其他列席人员提出意见。

一、2017年计划执行情况

面对复杂多变的外部环境，全市上下在省委、省政府和市委的坚强领导下，全面贯彻落实党的十八大和十九大精神，以习近平新时代中国特色社会主义思想为指引，以提高发展质量和效益为中心，以推进供给侧结构性改革为主线，以国际旅游岛建设为契机，以建设国际化滨江滨海花园城市为目标，坚持稳中求进工作总基调，突出生态文明建设，持续改善民生，总体实现全市经济社会平稳有序发展。

（一）经济保持平稳运行，主要指标较好完成

全市生产总值完成1390.48亿元，增长7.5%；固定资产投资完成1415.5亿元，增长11.3%；全口径一般公共预算收入完成388.48亿元，增长16.6%，其中地方一般公共预算收入完成125.4亿元，同口径增长12.8%；社会消费品零售总额完成726.12亿元，增长11%；旅游总收入完成265.99亿元，增长14.3%；城乡常住居民人均可支配收入28701元，增长8.5%；居民消费价格指数上涨3.3%，低于年度控制目标4%。

总体看，全市经济运行稳中有进，主要呈现三个特点：一是经济增长质量稳步提升。城乡收入差距从2016年的2.43:1缩小为2.42:1。财政收入质量改善，地方一般公共预算收入中税收占比84.4%，分别较2016年提高2.6个百分点。省会城市首位度继续提升，全市生产总值、固定资产投资、全口径一般公共预算收入占全省比重31.2%、34.3%、31.8%，分别较2016年提高0.1、0.4、1.2个百分点。房地产业投资占固定资产投资比重回落0.7个百分点。旅游总收入增速高于接待游客总人数增速3.2个百分点。成功创建“全国文明城市”和“国家卫生城市”两块金字招牌，这是全市上下撸起袖子加油干，贯彻落实习近平新时代中国特色社会主义思想和习近平总书记2013年视察海南时重要讲话精神的重大成果，是海南建省办经济特区30年来文明城市“零的突破”，也是海口建设国际化滨江滨海花园城市的重要里程碑。二是经济增长方式趋于协调。长期以来我市经济主要依靠投资拉动，到2016年，投资已连续9年保持20%以上增长，连续4年增幅在全国35个大中城市排名前三。受益于多年来投资的高速增长，建成了一批旅游吸引物和商业综合体，同时一批重大民生和产业项目也相继建成或竣工投产，消费对经济促进作用逐步回升，由前两年的个位数增长回稳到2017年的两位数增长，经济增长呈现出投资和消费双轮驱动，发展后劲稳步增强。三是经济增长更加注重生态。在全省率先探索建立生态系统生产总值（GEP）核算体系和推行“河长制”“湾长制”。出台扬尘防治、美舍河保护、湿地保护等环保管理规定。空气质量在全国74个重点城市中排名稳居第一。城市细颗料物（PM2.5）浓度同比下降4.2%。城镇生活垃圾无害化处理率100%，农村生活垃圾收集转运率90%。

（二）供给侧结构性改革加快步伐，现代产业体系初步构建

着力培育发展新动能，提振实体经济，出台产业发展政策累计23项。完成海南国际旅游岛海口市建设发展中期评估。接待游客总人数、旅游总收入分别增长11.1%、14.3%，美兰机场进出港人数突破2000万人次，再次荣获全国厕所革命先进市。“丝路海口•田园综合体”和农村产业融合发展试点区成为国家级项目。“石山黑豆”“石山壅羊”获国家地理标志认证商标。落实深化“两个暂停”调控政策，出台装配式建筑发展政策，全年供应房地产用地75万平方米，盘活利用存量建设用地近10万平方米，全年房屋销售面积549.47万平方米。互联网产业相关营业收入205.2亿元，增长32.2%。海口市骨科与糖尿病医院试营业。获批中医养生服务准入试点城市。民生银行和5家证券公司落户海口，全市各类金融机构由2016年的185家增加到205家，金融业增加值占全市生产总值比重12%，浦发银行创新开展离岸金融业务。规模以上会展活动增长13.4%，获评第十届中国会议大会“会奖之星”。成功申报第二批海洋经济创新发展示范城市，入选全国首批“湾长制”试点城市。医药产业产值全省占比97%。高新技术产业实现较快发展，高新技术企业占全省比重77%，美安科技新城、海口高新区等省六类产业园区加快发展。中国足球（南方）训练基地、五源河文体中心等项目加快建设。

（三）投资消费双轮驱动，内生动力不断增强

投资结构持续优化。面对“两个暂停”“多规合一”等政策影响，我市始终严守生态底线，严格执行省海岸带保护与开发细则、省陆域生态保护红线管理等生态保护法律法规，在南国明珠生态岛、东海岸如意岛、万达文化旅游城、美兰临空产业园、海南之心等大项目开发滞后情况下，积极调整投资结构，促进投资进一步向重点产业、基础设施、民生等领域倾斜。省重点项目完成年度投资目标108%。三次产业投资更趋均衡，分别增长78.4%、45.9%、9.6%。制造业加快建设，先声药业、普利制药等改建新建项目进展顺利，海马、康宁等技术改造项目有序推进。互联网加快培育，海航云数据中心、智慧海岛等互联网项目加快推进。文化、体育和娱乐业投资增长2.7倍。基础设施投资450亿元，继续保持增长态势，马村港区三期散货码头、新海港区二期建成运营，美兰机场二期、南渡江引水工程等项目加快推进，地下综合管廊试点建设完成38.5公里。一批民生项目建设稳步推进，海景学校在内的“10+2”项目以及北师大海口附中（一期）全部投入使用，改造城市积水点24处，北京大学附属中小学等项目进展顺利。

消费基础性作用增强。一是消费转型升级态势明显。旅游休闲娱乐消费快速增长，与旅游相关的住宿业营业额和餐饮业营业额分别增长11.2%和15.1%。化妆品类消费增长45.1%。全省首家线上线下业务与实体商业融合电商平台“星汇商城”正式上线。成功试点智慧农贸市场运行模式。二是消费环境日益提升。友谊阳光城等大型商业综合体开业。日月广场进驻商家达300家，区域消费中心辐射作用增强。三是节假日消费促进作用突出。成功举办“互联网+新型消费”“互联网+年夜饭外卖”“全家福之我爱我家”等一系列节假日消费促销活动，全年零售业销售额增长14%。

（四）改革开放向纵深推进，区域引领更加突显

重点领域改革扎实推进。“放管服”改革不断深入。启动“一窗”改革。实施“五网”建设项目简化行政审批改革。全面实施“多证合一”，全年新增市场主体5.15万户。成功推出面向城市管理的“智慧海口综合联动指挥平台”、面向市民服务的“椰城市民云”等一批典型应用，基本形成“市民云”“政务云”“创新云”的智慧海口总体框架。“不见面审批”提前一年完成省目标。取消或停征41项中央设立的行政事业性收费。及时停止实施国家已取消的职业资格许可和认定事项。不动产统一登记改革有序推进，税务和住建部门实现数据共享。“多规合一”改革取得阶段性成果，市“多规合一”总体规划获国务院办公厅批复，组建市规划委员会，搭建“多规合一”信息平台。国有农场完成社会职能属地化改革。同时，公车改革、公立医院综合改革、林场改革等工作进展顺利。

对外开放和区域合作更加深入。一是对外交流合作迈上新台阶。积极参与“一带一路”建设，海港、空港航线基本覆盖东南亚主要国家，新增海口至柬埔寨、菲律宾海上直航贸易，国际贸易航线累计开通5条，海马、立昇膜、金鹿拖拉机等企业“走出去”效果显著。二是区域合作初显成效。海口港至广东、广西、福建等地港口集装箱吞吐量占全市总吞吐量50%以上。与湛江成功签订交通港航、旅游等多项合作协议，初步完成《琼州海峡经济带发展规划研究》，琼州海峡两岸直升飞机航线开通，水上飞机成功试飞，高速快船项目启动建设。“海澄文”一体化扎实推进，“海澄文”地区生产总值增长7.6%，海口占比73.8%，中心引领作用突出。三是用最好的资源吸引最好的投资效果显著。中船重工、中民投、中交建、中建、华侨城等一批央企和大企业陆续进驻海口。全年招商签约项目141个，协议投资总额为1780.63亿元。

（五）坚持生态本底方略，城市更新步伐加快

深入推进生态文明建设。坚持立行立改，落实中央第四环境保护督察组的督察意见。健全生态文明建设体制机制。全面推行“河长制”，涵盖全市373个主要水体、水系。加强湿地保护工作，抓好美舍河、五源河等国家湿地公园和潭丰洋、三十六曲溪等省级湿地公园建设。获得全球首批国际湿地城市认证提名。出台海岸带保护与利用规划，启动实施金沙湾、海口湾等生态整治与修复项目。全面启动西海岸沙滩和岸线保护工作。积极开展民航航线俯视区生态修复等工作。全年环境空气质量优良率96.4%。城市集中式水源地水质达标率100%，近岸海域海水水质达标率92.8%。植树造林面积完成省任务163%。获批气候适应型城市试点。

积极推进城市更新。入选第三批全国城市“双修”试点。首批示范项目加快推进，五公祠、兴丹路口交通优化等9个项目已完工，椰海大道延长线、五指山南路南段、博巷路-豪苑路贯通工程等项目加快建设。全力推进红城湖等32个水体治理。加快推进骑楼老街“活化”改造等一批项目，有效保护了海口历史文化资源，延续海口乡愁。

加快建设“百镇千村”。全面启动18个镇墟改造，演丰国家新型城镇化综合试点工作稳步推进。开展142个美丽乡村（行政村）规划编制，基本建成33个美丽乡村（行政村）。三卿村、冯塘村等13个村庄入选中国传统村落名录。仁里村和建新村分别被评为全国美丽乡村示范村和全国环境整治示范村。30个村庄被评为海南省星级美丽乡村，其中五星级2个。

（六）持续保障改善民生，人民幸福感不断增强

全年新增学位9515个，新增国家级校园足球特色学校19所，主城区公办幼儿园摇号入园受社会称赞。全年新增城镇就业34665人，农村富余劳动力转移就业7277人，城镇登记失业率1.3%。全年发放城乡低保金9226万元，发放特困供养救助资金2073万元，临时救助对象和医疗救助对象分别为5112人次、3092人次。新农合参合率99.7%以上。全面破除“以药养医”，11家公立医院全面取消药品15%加成比例。纵深推进脱贫攻坚工作，制定行业帮扶政策20余项，全面完成5个整村推进脱贫任务，完成建档立卡贫困人口2773人的减贫任务。12345热线服务成效显著，建立“30分钟响应处置”机制，群众对政府服务满意率从年初的48%提高到95%，“指挥棒”“绣花针”“连心桥”作用更加突出，荣获全国峰会“先锋奖”和“骏马奖”。基本完成全市公交运营主体整合，总线路从96条增加至152条。创新推出“一元菜”“基本菜”等惠民措施，10种基本蔬菜日均价较2016年下降0.4元/斤。安全生产全省考核排名第一，安全生产事故起数、死亡人数、受伤人数、直接经济损失分别下降16.9%、17.6%、19%、43.1%。成功创建3家全国综合减灾示范社区和1家第一批国家地震安全示范社区。

在总结成绩的同时，也清醒地看到，经济总量不大、产业实力不强、创新基础薄弱、区域发展不平衡不充分等问题仍制约海口未来的发展。主要表现为，三次产业内部结构不合理，产业核心竞争力弱、支柱性不强、附加值低、实体经济吸引力和竞争力还有待增强，对外开放水平、国际化程度仍有待提高，城市规划建设管理还存在薄弱环节，人才吸引力有待进一步提升，等等。这些问题需要我们高度重视并在今后的工作中加以解决。

2018年经济社会发展预期目标和工作措施建议

2018年是全面贯彻十九大精神的开局之年，是我国改革开放40周年、海南建省办经济特区30周年，也是决胜全面建成小康社会、实施“十三五”规划承上启下的关键一年。全市各级各部门将以十九大精神和习近平新时代中国特色社会主义思想为指引，按照省七次党代会和省委七届历次全会部署要求，牢固树立“四个意识”，坚持稳中求进工作总基调，坚持新发展理念，坚持以人民为中心，紧扣社会主要矛盾变化，按照高质量发展要求，认真落实“五位一体”总体布局和“四个全面”战略布局，立足海口实际，围绕“盘活挖潜、提质增效、改革创新”三大举措，推动质量变革、效率变革、动力变革，打好防范化解重大风险、精准脱贫、污染防治的攻坚战，做大做优做强海口，加快建设国际化滨江滨海花园城市，切实发挥好省会城市的“排头兵”作用。

根据中央、省、市关于2018年经济工作会议部署要求，结合我市面临的挑战和机遇，建议2018年全市经济社会发展主要预期目标如下：

全市生产总值增长7.2%左右，固定资产投资增长10%左右，社会消费品零售总额增长10%左右，旅游总收入增长12%左右，地方一般公共预算收入增长10%左右，城乡常住居民人均可支配收入增长8%左右，居民消费价格涨幅控制在3.8%左右，城镇登记失业率控制在3%以内，全面完成省下达的节能减排降碳和安全生产控制目标。

为完成上述目标，建议2018年抓好以下方面工作：

（一）以供给侧结构性改革为主线，提质增效重点产业。推动重点产业成形成势，力争十二个重点产业占全市生产总值比重超过80%。根据省总部经济政策，出台我市总部经济配套政策，按照省总部经济目标要求，加大招商引资力度，吸引更多总部企业落户我市。力争建成国家全域旅游示范区，长影环球100、桂林洋国家热带农业公园（一期）试营业。出台邮轮游艇奖励、鼓励出入境旅客海口中转等扶持政策，全年实现接待游客总人数增长10%，旅游总收入增长12%左右。争取高新技术企业达到220家以上，培育国家、省级众创空间4家以上。加快美安科技新城建设，做好主城区、港澳开发区企业"退二进三"。大力发展金融业,规划建设绿色金融聚集区，争取新设消费金融公司、法人保险公司等金融机构，促进形成金融和实体经济、金融和房地产、金融体系内部的良性循环。培育壮大医药制造业,做大做强海口药谷，打造医疗器械、生物医药和海洋生物制药等行业。推动海口高新区申报重大新药创制国家重大科技专项成果转移转化试点。壮大互联网产业，设立互联网产业基金，推进互联网与旅游、海洋、医疗等优势特色产业融合发展。推动物流枢纽中心城市建设，继续推进新海港区、马村港区、美兰机场等海港空港建设。完善会展场馆设施建设，力争年举办规模以上会展活动310场，实现会展业综合收入10%以上增长。引导房地产持续健康发展，调整优化产品结构，提高高端地产比重，发展住房租赁市场。

（二）以改革创新为动力，激发各类市场主体活力。进一步深化"放管服"改革、商事登记制度改革。力争全年新增市场主体4万户以上。继续推动"五网"建设项目简化行政审批改革。"不见面审批"100%上线。推进"多规合一"下的行政审批制度改革。推动国有企业混合制改革，推动社会资本和行业龙头企业参与国有企业改革。创新城市治理模式，继续提升"椰城市民云"公共服务功能，同时在农村群众中推广使用。进一步推进电子政务建设，实现市直各部门之间的互换互通和数据交换。进一步整合12345平台、公共应急联动指挥中心、城管数字指挥、社区网格管理等资源。完善和规范政府与社会资本合作模式，深入推进财政"拨改投"工作，鼓励民间资本参与重大基础设施、公共服务、生态环保等领域建设。做好财政体制机制改革。申报第三批国家社会信用体系建设示范城市。

（三）以盘活存量资源为抓手，不断扩大有效投资。**一是**盘活闲置和低效开发土地，强化建设用地供后监管，制定国有建设用地批后监管、规范延长土地开工竣工期限等相关规定，加强开工竣工管理，发挥存量土地有效投资。**二是**盘活签约项目落地开工，加快督促生产性项目开工建设，进一步降低对房地产的依赖，缓解产业转型升级压力。**三是**盘活存量楼宇厂房，鼓励企业创业创新，发展总部经济。**四是**盘活国企国资，提升国企对全市经济发展的贡献。

在产业项目方面，推进观澜湖新城、金盛达、新海港商业综合体、帆船帆板基地等项目建设。推进海口复兴城互联网创新创业园项目建设。启动桂林洋国家热带农业公园研创中心、展销中心建设。同时力控房地产开发投资平稳增长。在重大基础设施方面，重点推进美兰机场二期、疏港货运快速干道、新海港区三期、红城湖过江隧道等项目，加快研究城际轨道交通、海甸溪下穿通道、海口绕城公路美兰机场至演丰段公路等"五网"基础设施项目建设。力推三仙大道、三永公路等区域协调项目。全力推动全市水系连通。推进雨污分流改造，完善城市排水系统。全力推进电网供电保障和抗灾能力三年行动计划，力争中心城区年户均停电时间低于4小时，达到国内一流水平。在公共服务方面，深化"城市家具"规划设计，加快建设市博物馆、市图书馆、市科技馆和湿地鸟类观测陈列馆等项目，建成五源河体育场、市民游客中心等项目。加快建设海南大学国际旅游学院、海口技师学院高技能人才公共实训基地等项目。建设海口市国际中医中心、上海市第六人民医院海口骨科和糖尿病医院改造等项目。同时积极对接省厅，加强省市联动、共建共享，加快推动音乐厅、美术馆等项目建设。在生态环保方面，加快推进龙昆沟、大同沟等水体治理，推动五源河国家湿地公园（一期）、美舍河凤翔湿地公园、海口湾带状公园等公园及湿地建设，推进白龙路、海府路等道路景观提升工程建设。基本完成南渡江引水工程。

（四）以消费需求为导向，加速提升发展新质量。**一是**围绕国家“十大扩消费行动”和省“八大消费工程”，加大项目、资金扶持力度，增加多层次、多样化产品供给，深入实施旅游、免税品、汽车、医疗健康、信息、教育文化等消费行动。推动设立市内免税店，进一步放大离岛免税等政策效应。发展“互联网+”和“体验式消费”，满足消费者多元化需求。大力发展共享农庄。推动智慧海口建设，加快培育信息消费。加快推进琼州海峡水上飞机、高速客滚船项目，吸引更多外来消费群体。**二是**做好城市商圈规划，进一步完善商业网点布局，推动商圈差异化发展。抓好便民生活圈建设，巩固提升远大购物中心、日月广场等商业综合体消费潜力，加快构建高端城市商业综合体、15分钟便民生活圈、电子商务互为补充的商业综合体系。**三是**完善商贸流通体系建设。加快发展物流配送行业，提高物流业社会化和专业化水平，降低物流成本。四是推动居民收入持续较快增长，确保城乡居民收入增速跑赢经济增速，保持生活必需品物价稳定，提升城乡居民消费水平。

（五）以实施乡村振兴战略为契机，推动城乡融合发展。一是以“多规合一”为引领，完善和提升乡村建设规划，全面推进农房报，加强村庄建设风貌管控，严厉打击农村区域违法用地，盘活利用闲置农房和宅基地。二是推进美丽乡村建设，持续推动农村“五网”基础设施建设，完善城乡路网和客运班线。全面开展农村生态环境专项整治。推动“五化”进农村，实现城乡全域干净整洁。三是推进农业供给侧结构性改革，坚持科技兴农，继续调减低质低效作物，大力发展冬季瓜菜、热带作物、热带水果、热带花卉等高效经济作物。推动农产品加工业转型升级和产业集聚。以共享农庄为切入点，推进农业与旅游、教育、文化、康养等产业深度融合，高层次、高品位开发乡村旅游资源，打造特色田园综合体。发展农村电子商务，推进农村物流现代化。全面铺开琼山区农村集体产权制度改革，其余三个区分别启动3-4个镇改革试点。加快引导推进农村土地流转，恢复撂荒地生产6000亩以上。千方百计提高农民收入，确保农村常住居民人均可支配收入增长8%以上。

（六）以区域合作为重点，夯实中心城市基础。深度参与“一带一路”建设，力争新开通境外空中航线8条以上。积极拓展航运业务，争取在国际贸易细分市场上占有一席之地，开通海口至马来西亚、新加坡等国家的集装箱外贸航线。积极申报海口跨境电商综合试验区。深化泛珠三角区域合作，积极融入粤港澳大湾区、北部湾城市群建设。积极推进琼州海峡经济带建设，推动港航一体化，加快构建直升飞机、水上飞机、高速客船“三位一体”的琼州海峡“半小时立体交通圈”。加快“海澄文”一体化建设，推进绕城高速二期、铺前大桥、江东大道二期、东寨港大道等重大基础设施项目建设，促进产业分工协作和集聚发展，推动医疗卫生、公共交通、社会保障等基本公共服务同城化。加快推进四个行政区协调发展。加快秀英区长流组团开发建设，进一步完善城市功能，推动秀英港滚装业务整体搬迁至新海港区。推动龙华中心城区“腾笼换鸟”“退二进三”、提档升级，进一步增强传统商贸、现代服务业、休闲文化等中心作用。实施“琼台复兴”计划，加快打造琼台书院、琼台福地、鼓楼和七井八巷十三街等特色文化资源。积极推进城市东进，加快美兰临空产业园建设，进一步加大东海岸江东片区开发力度。

（七）以生态文明建设为引领，大力推进城市更新。继续巩固全国文明城市和国家卫生城市创建成果。抓好中央环保督察和海洋督查反馈问题的整改工作。争创国际湿地城市。落实好“河长制”“湾长制”，建立河湖、海湾管护长效机制和统筹合作常态化机制，构建海域、陆域、岸上、河道、海洋周边等综合治理体系。全面落实“河长制”工作方案。全力抓好32个水体治理。加快推进“五化”先行的城市更新，完成56个首批示范项目建设，提升城市重要道路和节点绿化景观水平，不断增强城市活力与魅力。提高道路清洁保洁效率。多种植本地花、本地草、本地树，节约利用好移栽树木。注重亮化节能，打造简约、大气的城市风貌，在打造椰城风貌、水体治理、湿地保护等方面凸显海口特色。抓好共享共治，充分调动企业、社会各界的力量参与到“五化”工作中来。推进我市第二次污染源普查工作，掌握全市、区域、流域、行业污染物产生、排放和处理情况。全面启动我市第三次全国土地调查，摸清土地家底。率先探索将环保责任纳入离任审计内容。

（八）以保障改善民生为根本，提升市民幸福感。坚决打赢脱贫攻坚战，把扶贫和扶志、扶智结合起来，抓好精准识贫、精准扶贫、精准退出，全年实现34户155人脱贫出列。优先发展教育事业，规范学前教育，鼓励普通高中特色化发展，加快发展现代职业教育，努力扩大教育对外交流合作，抓好北大、人大以及海南大学国际旅游学院等国内外合作办学项目。推进“一校两园”、教育信息化（一期）、学校游泳池等项目建设。探索部分公办学校推行集团化办学、合作办学、委托管理等办学模式改革，鼓励优秀校长和教师到薄弱学校、乡村支教，增强公办学校活力。全年新增学位3200个以上。做好社会保障工作，加快推动精神病人福利机构、老年人福利院、老年康复中心等项目升级改造工作，加快孤儿、农村留守儿童和困境儿童关爱保护体系建设。完善医疗卫生体系建设，制定医疗服务质量评价体系，降低药品耗材虚高价格，推进医保支付方式改革，构建分级诊疗体系，继续深化与复旦大学附属华山医院、上海第六人民医院、上海岳阳中西医结合医院等国内优质医疗资源合作。加快市第三人民医院项目建设。启动海口市国际中医中心和市妇幼保健院江东新院区项目前期工作。抓好“菜篮子”工程，做好蔬菜保供稳价工作，加大蔬菜批发市场及“菜篮子”基地建设，保障菜农权益。着力解决城乡供水不平衡问题，开展永庄水厂三期扩建工程建设，建设文岭、高黄和观澜湖等镇域供水厂及配套管网工程项目，新建365座分散式供水工程和9座集中式供水工程。加快公交国有化改革，通过增加公交车辆投放、完善站点设置、开辟公交专用道等措施，实现公交体系优化重组，推动“海澄文”公交一体化发展。做好高校毕业生、农村转移劳动力、城镇困难人员等重点群体就业工作，新增就业3.3万人。加快解决交通拥堵问题，牢固树立全市“一盘棋”理念，强力提升海口路网规划，加快道路积水点改造，加大交通执勤调度力度。

各位代表，习总书记在新年贺词中提到“幸福都是奋斗出来的”，2018年是全面贯彻十九大精神的开局之年，是改革开放40周年、海南建省办经济特区30周年，让我们以此为契机，开拓创新，扎实工作，加快建设国际化滨江滨海花园城市，努力当好省会城市“排头兵”！

附件一

海口市2017年主要经济社会发展指标情况表

指标名称	单位	2017年完成数		2017年预期目标	
		绝对值	增长率	绝对值	增长率
一、全市生产总值	亿元	1390.48	7.5%	1381	7.5%左右
第一产业	亿元	63.72	3.7%	73	4%左右
第二产业	亿元	252.22	5%	258	7%左右
工业	亿元	142.22	4.3%	142	5%左右
第三产业	亿元	1074.54	8.4 %	1050	8%左右
二、工业总产值	亿元	540.85	-1.2%	557	4%左右
三、固定资产投资	亿元	1415.5	11.3%	1475	16%左右
四、社会消费品零售总额	亿元	726.12	11%	706	8%左右
五、地方一般公共预算收入	亿元	125.4	12.8%	120	8%左右
六、出口总值	亿美元	8.2	3.4%	8.4	6%左右
七、旅游总收入	亿元	265.99	14.3%	211	10%左右
八、城乡常住居民人均可支配收入	元	28701	8.5%	28431	7.5%左右
九、居民消费价格指数	%	103.3%		104%以内	
十、城镇登记失业率	%	1.3%		3%以内	

注：1.全市生产总值的预期目标绝对值受价格因素影响，故完成数和预期目标有出入。

2.工业总产值预期目标数受价格因素和企业增减影响，故完成数和预期目标有出入。

3.因统计口径调整旅游总收入完成数绝对值含日租短租房，但同比未纳入。

附件 2：

海口市 2018 年国民经济和社会发展计划表（草案）

类别	指标名称	单位	2017 年实施情况					2018 年		“十三五”预期		属性	责任单位（排第一位为牵头单位）
			预期目标		实际完成		目标实现情况	预期目标		2020 年预期	年均增长（或累计）（%）		
			绝对额	增速（%）	绝对额	增速（%）		绝对额	增速（%）				
经济发展	（1）全市生产总值	亿元	1381	7.5 左右	1390.48	7.5	达到	1510	7.2 左右	1706	8	预期性	市发展改革委、市财政局（同为牵头单位）、市直有关部门
	（2）人均地区生产总值	元	增长 6%		61583	6.2	超 0.2 个百分点	增长 6%左右		69500	>5.8	预期性	市发展改革委、市财政局（同为牵头单位）、市直有关部门
	（3）地方一般公共预算收入	亿元	120	8 左右	125.4	12.8	超 4.8 个百分点	164	10 左右	165 左右	8	预期性	市财政局、市直有关部门
	（4）固定资产投资	亿元	1475	16 左右	1415.5	11.3	低 4.7 个百分点	1550	10 左右	“十三五”期间 8000 亿元以上	16.1	预期性	市发展改革委、市直有关部门
	（5）社会消费品零售总额	亿元	706	8 左右	726.12	11	超 3 个百分点	798	10 左右	874	8	预期性	市商务局、市直有关部门

类别	指标名称		单位	2017年实施情况					2018年		“十三五”预期		属性	责任单位（排第一位为牵头单位）
				预期目标		实际完成		目标实现情况	预期目标		2020年预期	年均增长（或累计）（%）		
				绝对额	增速（%）	绝对额	增速（%）		绝对额	增速（%）				
经济发展	（6）城镇化水平	常住人口城镇化率	%	-		78.21		-	79		79.61		预期性	市住建局、市规划委、市公安局（同为牵头单位）、市直有关部门
		户籍人口城镇化率		-		58.43		-	58.8		51左右		约束性	
	（7）服务业增加值占地区生产总值比重		%	76		77.28		超1.28个百分点	77.3		76左右		预期性	市商务局、市直有关部门
	（8）接待游客总人数		万人次	2400	10	2427.66	11.1	超1.1个百分点	2670	10	1600以上	>7	预期性	市旅发委、市直有关部门
	（9）旅游总收入		亿元	211	10左右	265.99	14.3	超4.3个百分点	298	12左右	250左右	10	预期性	市旅发委、市直有关部门
创新发展	（10）研究与试验发展经费投入强度		%	1.3		1.3		达到	1.5		2.0左右		预期性	市科工信局、市教育局、市财政局、市人社局
	（11）每万人发明专利拥有量		件	7.8		7.83		达到	7		12		预期性	市科工信局（市知识产权局）、市直有关部门

类别	指标名称		单位	2017 年实施情况					2018 年		“十三五”预期		属性	责任单位(排第一位为牵头单位)
				预期目标		实际完成		目标实现情况	预期目标		2020 年预期	年均增长(或累计)(%)		
				绝对额	增速(%)	绝对额	增速(%)		绝对额	增速(%)				
创新发展	(12)互联网普及率	固定互联网宽带接入用户数	万户	82.9		82.9		完成	89		66	<5	预期性	市科工信局、市直有关部门
		移动互联网用户数	万户	374.5		381.97		超 7.47 万户	395		190	2.5	预期性	市科工信局、市直有关部门
民生福祉	(13)城乡常住居民人均可支配收入		元	28431	7.5 左右	28701	8.5	超 1 个百分点	30997	8 左右	35900	8	预期性	市人社局、市农业局(同为牵头单位)、市直有关部门
	其中：城镇常住居民人均可支配收入		元	-		33320	8.3	-	35986	8 左右	42000	8	预期性	市人社局、市直有关部门
	农村常住居民人均可支配收入		元	-		13763	8.6	-	14864	8 以上	17100	8	预期性	市农业局、市直有关部门
	(14)城镇新增就业人数		万人	3.37		3.47		超 0.1 万人	3.3		完成省下达目标		预期性	市人社局、市直有关部门
	(15)农村贫困人口脱贫		人	达到脱贫标准应退尽退		2773		达到	155		按照现行标准，2017 年贫困人口全部脱贫		约束性	市扶贫办、市直有关部门

类别	指标名称	单位	2017年实施情况					2018年		“十三五”预期		属性	责任单位（排第一位为牵头单位）
			预期目标		实际完成		目标实现情况	预期目标		2020年预期	年均增长（或累计）（%）		
			绝对额	增速（%）	绝对额	增速（%）		绝对额	增速（%）				
民生福祉	（16）劳动年龄人口平均受教育年限	年	11.4		11.4		完成	11.6		12左右	1.8	约束性	市教育局、市直有关部门
	（17）城乡居民基本养老保险参保率	%	95		98		超3个百分点	95以上		95以上		约束性	市人社局、市财政局
	（18）城镇棚户区住房改造	套（户）	19194		23386		完成121.8%	4500		8000户		约束性	市房屋征收局（市重点委）、市发展改革委、市住建局、市财政局
	（19）人均预期寿命	岁	78.2		78.3		达到	78.5		79	0.3	预期性	市卫计委、市直有关部门

类别	指标名称		单位	2017 年实施情况					2018 年		“十三五”预期		属性	责任单位（排第一位为牵头单位）
				预期目标		实际完成		目标实现情况	预期目标		2020 年预期	年均增长（或累计）（%）		
				绝对额	增速（%）	绝对额	增速（%）		绝对额	增速（%）				
民生福祉	（20）生产安全事故控制指标	事故起数	起	控制在省下达指标以内					控制在省下达指标以内		控制在省下达指标以内		预期性	市安监局、市直有关部门
		死亡人数	人	控制在省下达指标以内					控制在省下达指标以内		控制在省下达指标以内		预期性	市安监局、市直有关部门
		受伤人数	人	控制在省下达指标以内					控制在省下达指标以内		控制在省下达指标以内		预期性	市安监局、市直有关部门
		直接经济损失	万元	控制在省下达指标以内					控制在省下达指标以内		控制在省下达指标以内		预期性	市安监局、市直有关部门
生态文明	（21）新增建设用地规模		万亩	1.086（含国家单独下达指标 0.741 万亩）		1.086（含国家单独下达指标 0.741 万亩）		达到	0.35		完成省下达目标		预期性	市国土局、市直有关部门

类别	指标名称	单位	2017年实施情况					2018年		“十三五”预期		属性	责任单位（排第一位为牵头单位）
			预期目标		实际完成		目标实现情况	预期目标		2020年预期	年均增长（或累计）（%）		
			绝对额	增速（%）	绝对额	增速（%）		绝对额	增速（%）				
生态文明	（22）单位地区生产总值用水量下降	%	9.7		全年数据尚未公布		-	14.3			4	约束性	市水务局、市住建局、市科工信局、市农业局
生态文明	（23）单位地区生产总值能耗降低	%	-		全年数据尚未公布		-	控制在省下达指标以内		完成省下达目标		约束性	市科工信局、市发展改革委、市财政局、市住建局、市交通港航局、市环保局、市国资委、市质监局、市机关事务管理局
生态文明	（24）非化石能源占一次能源消费比重	%	-		省尚未下达		-	完成省下达目标		完成省下达目标		约束性	市能源办、市科工信局、市城管委
生态文明	（25）单位地区生产总值二氧化碳排放量降低	%	2.97		省尚未考核		-	2.97		完成省下达目标		约束性	市发展改革委、市直有关部门
生态文明	（26）耕地保有量	万亩	-		2017年变更调查成果尚无法统计		-	102.82		102.05		约束性	市国土局、市直有关部门
生态文明	（27）森林增长 森林覆盖率	%	38.38		38.38		完成	38.38		38		约束性	市林业局、市直有关部门
生态文明	（27）森林增长 森林蓄积量	万立方米	280		280		完成	280		280		约束性	市林业局、市直有关部门

类别	指标名称		单位	2017 年实施情况					2018 年		“十三五”预期		属性	责任单位(排第一位为牵头单位)
				预期目标		实际完成		目标实现情况	预期目标		2020 年预期	年均增长(或累计)(%)		
				绝对额	增速(%)	绝对额	增速(%)		绝对额	增速(%)				
生态文明	(28)空气质量	城市细颗粒物(PM2.5)浓度下降	%	-		4.2		-	保持不增加		保持不增加		约束性	市环保局、市科工信局、市财政局、市住建局、市交通港航局
		空气质量优良天数比例	%	-		96.4		-	98		98		约束性	市环保局、市科工信局、市财政局、市住建局、市交通港航局
	(29)地表水质量	达到或好于III类水体比例	%	100		100		达到	100		94		约束性	市环保局、市科工信局、市财政局、市住建局、市水务局、市农业局
		劣V类水体比例		0		0		达到	0		0		约束性	市环保局、市科工信局、市财政局、市住建局、市水务局、市农业局
	(30)主要污染物排放总量减少	化学需氧量排放量	吨	11748		省生态环境保护厅尚未对我市 2017 年主要污染排放量进行核算		-	以省核定和下达为准		完成省下达目标		约束性	市环保局、市水务局、市农业局、四个区政府
		氨氮排放量		3609									约束性	市环保局、市科工信局、市水务局、市农业局、四个区政府
		二氧化硫排放量		1955									约束性	市环保局、市科工信局、四个区政府
		氮氧化物排放量		10384									约束性	市环保局、市公安局、四个区政府

类别	指标名称	单位	2017年实施情况					2018年		“十三五”预期		属性	责任单位（排第一位为牵头单位）
			预期目标		实际完成		目标实现情况	预期目标		2020年预期	年均增长（或累计）（%）		
			绝对额	增速（%）	绝对额	增速（%）		绝对额	增速（%）				
生态文明	（31）城市生活垃圾无害化处理率	%	100		100		达到	100		100		预期性	市环卫局、市直有关部门
	（32）城镇污水集中处理率	%	95		95		达到	95		95以上		预期性	市水务局、市直有关部门
	（33）农村生活垃圾收集转运率	%	90		90		达到	95		100		预期性	市环卫局、市直有关部门

注：1.全市生产总值的绝对值未考虑价格因素。

2.地方一般公共预算收入绝对值按统计口径调整。

3.接待游客总人数绝对值按统计口径调整。

4.固定互联网宽带接入用户数、移动互联网用户数2017年数据以省通管局发布为准。

5. 为确保脱贫质量，按国家扶贫办文件新标准提出2018年的农村贫困人口脱贫预期目标。

6.地表水质量指国控、省控地表水断面质量。

7. “–”表示无该项数据。

报告注解

1. 双创:即创建全国文明城市、创建国家卫生城市。

2. 十二大产业：指省政府确定的加快发展“互联网+”产业、做大做强热带特色高效农业、发展低碳制造业、发展现代物流业、加快发展现代金融服务业、加快发展健康产业、发展壮大会展业、发展海上油气开发及相关产业链、发展医药产业、提升旅游产业发展质量和水平、促进房地产业持续健康发展、培育发展高新技术教育文化体育产业。

3. 一个指挥部、一个实施方案、两个清单、两个机制：“一个指挥部”即海口市服务社会投资百日大行动指挥部；“一个实施方案”即《海口市服务社会投资百日大行动实施方案》；“两个清单”即项目清单和责任清单；“两个机制”即领导带头，分级协调解决机制和定期督查通报机制。

4. 五网：即路网、光网、电网、气网、水网。

5. 一企一策：针对龙头、重点企业，出台含金量更高的产业政策，帮助企业解决在物流、用工、融资、土地、用电等方面的问题，降低企业运营成本。

6. 国家地理标志产品：指产自特定地域，所具有的质量、声誉或其他特性本质上取决于该产地的自然因素和人文因素，经审核批准以地理名称进行命名的产品。

7. 国家新版GMP认证：GMP是英文 GOOD MANUFACTURING PRACTICE 的缩写，中文含义是“良好生产规范”。世界卫生组织将GMP定义为指导食物、药品、医疗产品生产和质量管理的法规。新版GMP与98版相比从管理和技术要求上有相当大的进步，特别是对无菌制剂和原料药的生产方面提出了很高的要求。

8. 美国FDA认证：“FDA”是美国食品药物管理局的英文缩写，它是国际医疗审核权威机构，由美国国会即联邦政府授权，专门从事食品与药品管理的最高执法机关。FDA是一个由医生、律师、微生物学家、药理学家、化学家和统计学家等专业人事组成的致力于保护、促进和提高国民健康的政府卫生管制的监控机构。通过FDA认证的食品、药品、化妆品和医疗器具对人体是确保安全而有效的。在美国等近百个国家，只有通过了FDA认可的材料、器械和技术才能进行商业化临床应用。

9. 点、线、面：“点”就是抓好小镇、村庄及景点的打造；“线”就是注重旅游道路建设，在打通点与点连接线的同时，将道路沿线建成景观带；“面”就是在“点”“线”结合的基础上，把一镇、一县（市）乃至全省作为一个大景区来打造，全域之内处处是风景，随时随地为人们提供良好的旅游体验。

10. 宽带中国：是一个综合性多媒体宽带网站，可为用户提供VOD业务、网络电视、远程教育等各种多媒体信息服务。

11. 15分钟便民生活圈：指市民出门步行15分钟，约1公里，就可到达以满足市民日常生活所需，以低成本投入、低利润收益、小型便民服务设施为特征的经营项目聚集服务区域。

12. PPP：即 Public—Private—Partnership，是指政府与私人组织之间，为了提供某种公共物品和服务，以特许权协议为基础，彼此之间形成一种伙伴式的合作关系。

13. 多规合一：指在一级政府一级事权下，强化国民经济和社会发展规划、城乡规划、土地利用规划、环境保护、文物保护、林地与耕地保护、综合交通、水资源、文化与生态旅游资源、社会事业规划等各类规划的衔接，确保“多规”确定的保护性空间、开发边界、城市规模等重要空间参数一致，并在统一的空间信息平台上建立控制线体系，以实现优化空间布局、有效配置土地资源、提高政府空间管控水平和治理能力的目标。

14. 放管服：“放”即简政放权；“管”即放管结合；“服”即优化服务。

15. 极简审批：指采取“规划代立项”、以区域评估取代单个项目评估、优化项目服务、推行承诺制度、建立“准入清单”、打造两个平台、加强两项监管、实行联合验收、建立诚信档案、实施退出机制等十大措施。

16. 五证合一、一照一码：指在整合工商营业执照、税务登记证、机构代码证（三证合一）的基础上，进一步整合人社部门的社会保险登记证、统计部门的统计登记证，由工商部门核发一个营业执照的登记制度改革。

17. 公安+城管：即城市执法改革新模式，开启了海口市城市管理和社会治理有机结合的新常态。这次改革，通过公安牵头、合署办公、统一调度、联勤联动的方式，在各镇街成立城市执法中队，不间断地开展巡逻，加强城市路面的管控，提高路面见警率、见城管率、管事率，实现公安、城管的无缝衔接。

18. 城市公共治理指数：是运用政治壁垒、行政成本、非税收入占比、财政投资占比、民营经济占比、行政审批数量、NGO数量、政府透明、政府廉洁、公共服务水平等14项指标，依靠抽样调查，得出各个城市的分数，总分10分。

19. 十大扩消费行动：即城镇商品销售畅通行动、农村消费升级行动、居民住房改善行动、汽车消费促进行动、旅游休闲升级行动、康养家政服务扩容提质行动、教育文化信息消费创新行动、体育健身消费扩容行动、绿色消费壮大行动、消费环境改善和品质提升行动。

20. 八大消费工程：即休闲度假旅游、养生养老、医疗健康、住房消费、汽车消费、信息消费、绿色和教育文化体育八大消费工程。

21. 一带一路：是"丝绸之路经济带"和"21世纪海上丝绸之路"的简称。

22. 海澄文：即海口、澄迈、文昌

23. 10+2：指我市为了增加学位需求，计划新建、改扩建10所公办学校，海航集团在权属地新建2所学校。

24. 改薄：指改善贫困地区义教薄弱学校基本办学条件项目。

25. 河长制：即由各级党政主要负责人担任"河长"，负责辖区内河流的污染治理。

26. 三个千亿元：指2015年至2017年在棚户区改造、产业发展、基础设施等三大领域分别投资1000亿元。

27. 互联网+：即充分发挥互联网在生产要素配置中的优化和集成作用，将互联网的创新成果深度融合于经济社会各领域之中，提升实体经济的创新力和生产力，形成更广泛的以互联网为基础设施和实现工具的经济发展新形态。

28. 海绵城市：指城市在适应环境变化和应对雨水带来的自然灾害等方面具有良好的"弹性"，下雨时吸水、蓄水、渗水、净水，需要时将蓄存的水"释放"并加以利用。

29. 一江两"岸"、东西双港驱动、南北协调发展："一江两'岸'"，就是坚持在保护中开发、在开发中保护，有序推进南渡江沿岸开发，加快东海岸江东片区、桂林洋经济开发区建设，积极推动西海岸片区加快发展。"东西双港驱动"，就是坚持"港、产、城"融合发展，形成东有以美兰机场为依托的空港新城，西有以海口港为依托、港城一体化的临港经济带战略布局。"南北协调发展"，就是管控好南部地区生态，有序开发、高水平建设东线高速、绕城高速沿线地区，加快形成以观澜湖新城等为重点的新区商圈；科学推进北部沿海开发建设，积极拓展城市发展空间。

30. 绿化宝岛：包括海防林建设、河流水库绿化、通道绿化、城市绿化、村庄绿化、生态经济林建设、森林抚育和种苗繁育。

海口市十六届人大四次会议文件（十四）

关于2017年海口市和市本级预算执行情况及2018年海口市和市本级预算草案的报告

——2018年2月10日在海口市第十六届人民代表大会第四次会议上

海口市财政局

各位代表：

受市政府委托，现将2017年海口市和市本级预算执行情况及2018年海口市和市本级预算草案报告如下，请予审议，并请市政协委员和其他列席人员提出意见。

一、2017年预算执行情况

2017年以来，全市各级财政部门始终与习近平同志为核心的党中央保持高度一致，坚决贯彻落实党的十九大会议、省委七届二中、三中全会精神和市委、市政府各项决策部署，立足本职、围绕大局，努力组织协调收入征管，统筹安排资金保障重点工作，继续完善和规范财政管理，各项工作有序推进，财政收入保持平稳增长，较好完成了各项财政工作任务，为海口的快速发展提供了坚实的资金保障。

（一）2017年预算执行总体情况

全市地方一般公共预算总收入381.4亿元（完成数，待决算后略有调整，下同），增长19.1%，完成预算的174.9%。其中：全市地方一般公共预算收入完成125.4亿元，同口径增长12.8%；省级补助收入76.5亿元；省转贷一般债券收入146.4亿元（新增债3.4亿元，置换债143亿元）；调入资金20.7亿元；上年结余结转收入12.4亿元。全市地方一般公共预算总支出381.4亿元，增长19.1%，完成预算的174.9%。其中：全市地方一般公共预算支出198.5亿元，同口径下降0.9%，完成预算的100.9%；上解省支出13亿元；一般债券还本支出146.4亿元；安排预算稳定调节基金19.3亿元；年终结余结转4.2亿元。

市本级地方一般公共预算总收入351.2亿元，增长18.2%，完成预算的179.4%。其中：市本级地方一般公共预算收入完成74.9亿元,同口径增长9.2%；省级补助收入76.5亿元；省转贷一般债券收入146.4亿元（新增债3.4亿元，置换债143亿元）；调入资金14.9亿元；区级上解收入26.9亿元；上年结余结转收入11.6亿元。市本级地方一般公共预算总支出351.2亿元，增长18.2%，完成预算的179.4%。其中：市本级地方一般公共预算支出109.7亿元；补助区级支出68亿元；上解省支出13亿元；一般债券还本支出146.4亿元；安排预算稳定调节基金10.7亿元；年终结余结转3.4亿元。

全市政府性基金总收入210.7亿元，增长17.3%。其中：全市地方政府性基金收入150.3亿元，同口径增长38.3%；省级补助收入9亿元；省转贷专项债券收入43.3亿元（新增债12.4亿元，置换债30.9亿元）；上年结余结转8.1亿元。全市政府性基金总支出210.7亿元，增长17.3%。其中：全市地方政府性基金支出148.3亿元，同口径增长26.4%；专项债券还本支出33.3亿元；调出资金11.3亿元；年终结余结转17.8亿元。

市本级政府性基金总收入208亿元，增长16.1%。其中：市本级地方政府性基金收入148.5亿元，同口径增长36.7%；省级补助收入9亿元；省转贷专项债券收入43.3亿元（新增债12.4亿元，置换债30.9亿元）；上年结余结转7.2亿元。市本级政府性基金总支出208亿元，增长16.1%。其中：市本级地方政府性基金支出122.8亿元，同口径增长19.3%；专项债券还本支出33.3亿元；补助区级支出24.7亿元；调出资金11.1亿元；年终结余结转16.1亿元。

全市社会保险基金总收入78.3亿元，完成预算的114.9%。全市社会保险基金总支出60亿元，完成预算的100.5%。本年收支相抵结余18.3亿元，加上历年结余，年末滚存结余57.6亿元。

全市国有资本经营预算收入3,568万元，完成预算的100%。全市国有资本经营预算支出3,568万元，完成预算的100%。

（二）2017年财政运行主要成效

1.夯实财政收支基础，不断增强财政实力

（1）财政收入超额完成目标

2017年，在市委、市政府的正确领导下，全市经济呈现稳中有进的良好态势，带动财政收入节节攀升，地方一般公共预算收入累计完成125.4亿元，同口径增长12.8%，增幅高于年初预定目标4.5个百分点，高于全省1.3个百分点。税收收入完成105.8亿元，同口径增长16.4%，占一般公共预算收入比重的84.4%，高于全省平均水平，收入质量良好。

（2）积极争取上级资金支持

我市共计获得上级财政资金275.2亿元，较上年增加38.9亿元，增长16.5%，包括上级转移支付85.5亿元和省转贷地方债券189.7亿元。其中，省转贷地方债券主要用于置换债券173.9亿元，预计可节约利息支出超过20亿元，债务结构持续优化；新增债券15.8亿元，主要用于交通扶贫、土地收储、交通路网、水体整治等方面，有力支持我市重大基础设施和民生工程建设。

同时，财政部门主动与省财政厅沟通对接，抓住新一轮省与市县分税制财政体制调整的契机，在市委市政府的支持下，经市人大、政协和社会各界的不懈努力和呼吁下，2017年12月，省政府正式印发《海南省实施新一轮分税制财政体制方案》，明确统一省与各市县分享税种分成比例，拉平了海口与其他市县税收分享比例，取消市县间税收分成差异，有利于形成统一开放、竞争有序的经济秩序，提升海口财力保障能力，助力我市经济转型升级。

（3）加大市本级对区级财政支持力度进一步“强区扩权”，继续加大对各区财政支持力度，全年共向区级财政下沉财力92.7亿元，较上年增加10.3亿元，增长12.2%。其中：一般性转移支付47.5亿元，专项性转移支付45.2亿元，增强区级可支配财力，进一步促进了区域经济协调发展和基本公共服务均等化。

（4）财政支出有保有压

财政部门及时拨付资金，确保我市项目建设、民生实事等各项工作有序实施。此外，累计盘活存量资金41亿元，统筹安排用于双创、扶贫攻坚、生态环保等重点民生领域，做到资金活用，实在惠民。公务支出和一般性支出进一步压缩，全市“三公”经费支出9,816.9万元，下降20%，压减一般性支出约1.8亿元。

2.规范政府举债行为，防范政府债务风险

为积极防范我市政府债务风险，我市结合中央、省的相关文件精神，成立政府债务管理领导小组，印发《海口市政府性债务风险预警与应急预案》，着力推进地方政府性债务防控和化解。一是强化预算源头管理，按照政府预算统一性与完整性的原则，将政府债务分门别类纳入政府预算统一管理；二是严控新增债务，杜绝违法违规举债行为，加大力度整改存量不规范的举债行为，促进我市政府债务规模与经济发展水平、财政承受能力相适应；三是妥善处理消化存量债务，优先将期限短、利率高的债务置换为期限长、利率低的债务，并从盘活存量资金中安排资金偿还债务，降低政府债务风险。我市2017年共降低债务余额约13.9亿元。

3.推行PPP模式精细化管理，规范PPP项目实施

一是全面梳理优化已完成采购PPP项目的前期工作及合同，严格绩效考核，坚持按效付费，强调PPP项目的运营和现金回流模式，把控项目风险，防止以PPP模式固化政府支出责任；二是研究拟定《海口市政府和社会资本合作项目管理办法（试行）》和《海口市PPP项目管理精细化方案》，以制度建设促进项目规范发展；三是梳理PPP项目付费来源和财政承受能力论证报告，明确市本级PPP项目付费支出通过一般公共预算、政府性基金等多渠道予以保障。

4.以产业升级为导向，推动经济发展提质增效

全年合计拨付8.5亿元，主要包括：一是加快推进“全域旅游”，拨付航空补贴资金、旅行社开发客源市场奖励资金等旅游产业专项资金约4.1亿元，鼓励航空公司开拓我市航空客运市场，美兰机场旅客吞吐量达2,258万人次，增长20%，鼓励旅行社招徕旅游客源，接待游客2,428万人次，增长11.1%，旅游总收入266亿元，增长14.3%，促进我市旅游业持续、健康发展，全面推动旅游厕所标准化建设，再次被国家旅游局评为“厕所革命先进市”。二是拨付工业发展资金2亿元，着重扶持高新技术工业发展，促进工业发展提质增效。三是统筹拨付各级农业产业发展资金4,416万元，重点推动热带高效农业快速发展，加快桂林洋热带农业公园建设。四是拨付扶持航运业发展资金3,400万元，港口航运业不断发展壮大，新增船舶运力16.4万载重吨。五是拨付扶持会展业发展专项资金3,164万元，促进我市会展业发展，荣获第十届中国会议大会“会奖之星”大奖。六是拨付扶持互联网产业发展资金2,457万元，推动互联网产业蓬勃发展，我市入选2017年中国“互联网+”数字经济总指数百强市。七是拨付金融业扶持资金2,055万元，有效推动金融业较快发展。

5.强力推进精准扶贫，加大脱贫攻坚力度

认真贯彻市委、市政府关于扶贫脱贫工作的战略部署，建章立制，确保扶贫资金合理分配，规范使用。一是财政部门牵头，联合相关部门出台《海口市财政专项扶贫资金管理办法》，对扶贫资金管理与监督等方面做出明确规定，进一步规范扶贫资金使用管理。二是建立财政专项扶贫资金项目库，按照“社会效益优先”“提升产业发展水平”“依靠科技进步”“突出贫困重点”“充分体现农民意愿”的原则，结合各区实际情况，由镇级制定年度扶贫项目计划并经区扶贫办汇总审核后，形成当年脱贫攻坚项目库，提高扶贫资金使用效率，保证到村到户的项目安排精准、资金使用精准。

2017年我市共筹措各级财政专项扶贫资金8,775万元，超出当年我市脱贫攻坚扶贫专项资金规划需求的48%，其中：中央资金5,321万元，省级资金2,654万元，市级资金800万元。通过各项精准扶贫措施，根据资产收益分配和整村提升工程等相关政策，开展光伏扶贫、电商扶贫、基础设施扶贫、金融扶贫等各项工作，落实全年各项目标任务，取得了较好成效，完成建档立卡贫困人口629户2,773人的减贫任务，5个村退出贫困村行列。

6.着眼民生实事，持续提升人民幸福感

全市民生支出累计完成139.7亿元，占地方一般公共预算支出的70.4%，比重继续保持七成以上。

（1）积极筹措各级涉农资金，确保财政支农重点。全年统筹拨付涉农资金8.5亿元，主要包括：拨付水资源管理和保护经费2.6亿元及农田水利基础设施建设专项资金4,582万元，确保水安全和水环境治理工作顺利推进；拨付1.5亿元，用于罗牛山猪场拆迁损失补偿，推动我市畜牧业转型升级；拨付6,000万元，支持桂林洋热带农业公园园区以及蔬菜温室大棚建设;拨付菜篮子保供稳价资金5,000万元和蔬菜种植基地土地流转金1,768万元，保障“菜篮子”发挥保供稳价作用；拨付1,394万元，用于农产品质量安全监管。

（2）推动教育均衡发展。拨付2.2亿元，完善城乡义务教育经费保障机制，提高义务教育办学质量及城乡覆盖，改善义务教育薄弱学校基本办学条件。拨付2.6亿元，继续改善办学条件，扩大教育资源供给，新建或改扩建中小学校和幼儿园8所，为北师大海口附校及培训基地、海口市（美兰）示范性综合实践基地、“10+2”学校改扩建等项目做好资金保障，新增优质学位9,500个。拨付8,678.8万元，继续实施现代职业教育质量提升计划，对中职学校实现全面免学费补助。

（3）完善社会保障制度。发放就业社保补贴、公益性岗位（含社保）补贴等各项就业补助5,963万元，全市城镇新增就业约3.5万人，超额完成计划；拨付6,210万元，为全市约3.9万名80岁以上高龄老年人发放补贴；落实创业小额贷款4,394万元，帮扶460人自主创业，带动1,365人就业；拨付社保养老补助2,619万元，其中基础养老金1,977万元，缴费补贴642万元，新增社保扩面人数约6.6万人，城镇居民医保参保42.5万人，城乡居民医保参保人数33.6万人，参保率97.9%；拨付市级城乡低保、临时救助、重度残疾人护理补贴4,899万元，使城乡低保实现应保尽保，进一步兜牢了困难群众的托底保障网。

（4）提升卫生服务质量。拨付2,216万元，巩固基本药物制度改革成果，全面覆盖全市27家镇卫生院、228家行政村卫生室和109家社区卫生服务机构，基层群众“看病难，看病贵”进一步缓解。在公立医院、镇卫生院、社区卫生服务机构推行“先看病后付费”诊疗新机制，累计受益人群7.1万人，垫付住院费用4.1亿元，群众得到实实在在的好处。拨付取消药品加成财政补助经费2,213万元，公立医疗机构全面取消药品加成，实施药品零差率销售，群众减少开销4,128万元。拨付基本公共卫生补助资金2,668万元，保障居民享有健康教育、居民健康档案管理等13项基本公共卫生服务，推进家庭医生签约服务。拨付1.8亿元，加快推进上海六院海口骨科与糖尿病医院改造建设。

（5）加强住房保障建设。拨付上级补助城镇保障性安居工程专项资金4.9亿元，用于红城湖片区、新琼片区等棚户区改造项目；拨付7,432万元用于政府组织实施的公共租赁住房项目；拨付450万元，用于城镇低收入住房保障家庭发放租赁补贴。

7.助力城市更新，着力改善生态环境质量

保障各类城市更新建设。拨付2.6亿元，用于城市基础设施建设，包括道路优化贯通建设、桥梁检测维护、城市景观提升亮化绿化、公园绿地修复改造、城市给排水设施养护等；拨付21.2亿元，用于棚户区购买服务及工作经费，加快我市棚户区改造进程，完成棚户区改造2.3万户，占省下达任务的121.8%；拨付1.5亿元，用于生活垃圾二级转运、垃圾及渗滤液处理、设施运行维护等，进一步改善我市城市环境卫生条件；拨付2亿元，用于推动公交行业改革，补贴市公交线路运营，推进公交线网优化。

加大生态环保投入。全年拨付8.2亿元，提高我市生态环境质量。主要包括：拨付2.2亿元，专项用于我市城市污水、污泥处理设施管理、运行和维护等，开展农村环境综合整治工作，加强农村水环境和集中饮用水源地保护，构建生态系统生产总值（GEP）核算体系，开展海口市生态系统生产总值核算，为我市生态修复提供科学依据和理论支撑；拨付节能与循环经济专项资金1亿元，用于新能源汽车推广及应用，推进节能减排，主城区出租车清洁能源使用率100%，公交车清洁能源和新能源使用率达到83%以上，空气质量连续在全国74个重点城市中排名第一；拨付黄标车提前淘汰财政补贴资金6,045万元,加强机动车尾气污染防治工作，开展黄标车提前淘汰工作，共淘汰黄标车6,613辆。

8.以绩效监管为抓手，财政运行规范公开

*（1）开展财政绩效管理，强化支出责任。*一是预算项目绩效目标编报首次实现标准内全覆盖。明确要求各部门达到100万元以上的项目需要编报绩效目标，2017年纳入部门预算绩效目标管理的项目达955个。初步搭建起“项目目标责任书”，“花钱问效”的责任契约机制。二是部门整体支出绩效评价和单位绩效自评首次实现全覆盖。进一步扩大部门整体支出绩效评价范围，从2016年的55家扩大到2017年的79家，覆盖我市本级所有一级预算部门（保密部门除外）。三是在全省创先引入项目绩效自评专家审核反馈与结果应用机制。通过建立专家审核反馈机制，指导预算单位的绩效自评工作。相关评审结果与年初预算编制或预算追加的资金安排挂钩，从而提高绩效评价结果应用的实效性。四是财政支出重点项目绩效评价指标实现个性化探索。依据行业特点进行绩效评价指标设计，开展扶持航运业发展专项、会展业申办及补贴经费、“互联网+”消费活动、旅行社奖励、扶持工业发展、学前教育助学券和扶持畜牧业发展等7个重点民生、重点财政政策支出项目的绩效评价。

*（2）广泛开展财政监管，规范财政运行。*认真履行财政监管职责，扎实做好各项专项检查工作，一是开展预决算公开情况检查。组织对各区（含部门）的2017年预算、2016年决算公开情况进行了专项检查。二是开展严肃财经纪律规范预算编制执行情况检查,自查覆盖面达到100%。三是开展虚报冒领津补贴发放情况专项检查。重点关注是否存在虚报冒领津补贴、虚报支出套取经费、编造假差旅费报销、不如实申报、发放误餐费、不按工作餐规定标准开支以及其它违反中央八项规定精神和省委省政府二十条规定精神的情况，以查促管，促进全市津补贴规范发放，建立健全规范管理长效机制。四是开展扶贫资金专项检查。主要针对各区（单位）2015、2016以及2017年上半年各级财政专项扶贫资金，重点检查资金使用管理的规范性，以及是否存在挪用、截留、滞留、贪污等现象；项目申报是否存在弄虚作假、套取和骗取财政资金等情况，确保全市扶贫资金使用的安全性和规范性。

2017年，我市财政工作取得了显著的成效，但财政运行中仍存在一些问题，如：财政收入对房地产业发展依赖较高；财政资金使用绩效有待进一步提高；预算编制的科学性和合理性仍有待提升等。对这些问题，我们将高度重视，努力采取措施加以解决。

2018年预算草案

2018年是贯彻党的十九大精神的开局之年，是改革开放40周年和海南建省办特区30周年。编制好2018年预算，充分发挥财政在优化资源配置、促进基本公共服务均等化、调节收入分配、保护生态环境等方面的职能作用，对于加强和改善民生，促进经济社会持续健康发展，以优异成绩迎接建省办特区30周年具有重要意义。

（一）全市和市本级预算安排

1.地方一般公共预算

全市地方一般公共预算总收入290.7亿元（不含年度执行过程中上级转贷的新增债和置换债，下同）。其中：全市地方一般公共预算收入164亿元，同口径增长10%（按新财税体制计算，下同）；省级补助收入89亿元；调入资金33.5亿元（其中政府性基金调入11亿元，预算稳定调节基金调入17亿元，其他调入5.5亿元）；上年结余结转收入4.2亿元。全市地方一般公共预算总支出290.7亿元。其中：全市地方一般公共预算支出236.9亿元（含债务付息支出19.1亿元），增长19.3%；债务还本支出14.2亿元；上解省支出36亿元；年终结余结转3.6亿元。

市本级地方一般公共预算总收入245.3亿元。其中：市本级地方一般公共预算收入97.9亿元；省级补助收入89亿元；调入资金28.5亿元（其中政府性基金调入11亿元，预算稳定调节基金调入12亿元，其他调入5.5亿元）；区级上解收入26.5亿元；上年结余结转收入3.4亿元。市本级地方一般公共预算总支出245.3亿元，其中：市本级地方一般公共预算支出129.4亿元，增长18%；债务还本支出14.2亿元；补助区级支出62.3亿元；上解省支出36亿元；年终结余结转3.4亿元。

2.政府性基金预算

全市政府性基金总收入204.2亿元。其中：全市地方政府性基金收入178.2亿元，同口径增长18.5%；省级补助收入8.3亿元，上年结余结转收入17.7亿元。全市政府性基金总支出204.2亿元。其中：全市地方政府性基金支出189亿元，同口径增长27.4%；调出资金11亿元；年终结余结转4.2亿元。

市本级政府性基金总收入202.6亿元。其中：市本级地方政府性基金收入178.2亿元，同口径增长20%；省级补助收入8.3亿元，上年结余结转收入16.1亿元。市本级政府性基金总支出202.6亿元。其中：市本级地方政府性基金支出165.7亿元，同口径增长34.9%；补助区级支出22亿元；调出资金11亿元；年终结余结转3.9亿元。

3.全市社会保险基金预算总收入82.3亿元，增长5.2%。全市社会保险基金预算总支出71.2亿元，增长18.7%。收支相抵结余11.1亿元，加上历年结余，年末滚存结余68.7亿元。

4.全市国有资本经营预算收入5,054万元，同比增长41.65%。增收因素一是自来水价和污水处理价上调，市水务集团收入提高；二是新设立的海口投资管理有限公司税后利润2,050万元。全市国有资本经营预算支出5,054万元。

（二）重点支出安排情况

统筹兼顾，突出重点，服务好经济社会发展大局，积极筹措资金保障落实市委、市政府各项决策部署。一是着力支持产业结构优化，发展开放型经济，引进优质资源，促进产业多元化、集约化、融合化发展；二是加强政府和社会资本合作模式及政府投资基金的规范管理，有效发挥财政资金的引导作用和杠杆效应,实现财政“小资金”撬动社会“大资本”；三是统筹各类资金，重点保障城市更新、市政配套、棚户区改造、生态保护等基础设施和公共服务领域项目；四是全力保障各项民生支出，预算安排民生支出170亿元，占全市地方一般公共预算支出的71.8%。此外，预算安排80.2亿元，用于偿还政府债务本息，消化我市存量债务，降低债务规模。

1.落实积极财政政策，扶持十二产业和实体经济发展

以供给侧结构性改革为主线，安排各级产业扶持奖补资金约9亿元，主要有：安排航空公司、旅行社、标准化建设等旅游奖补资金4.3亿元（含航空奖励省级预计负担部分），积极推动旅游业转型升级，“点线面”结合推动全域旅游发展；安排工业发展资金2.4亿元，加快工业转型升级，扶持医药产业发展；安排扶持农业发展资金6,000万元，深入推进农业供给侧结构性改革，大力发展热带特色高效农业，鼓励农产品深加工、农产品电子商务、共享农庄等行业发展；安排扶持互联网产业6,000万元，推进海口市复兴城互联网创新创业园建设，加快互联网产业发展；安排扶持道路运输和航运业发展3,000万元，助力海峡航运一体化建设；安排扶持科技创新和成果转换奖励资金5,000万元，着力推进科技创新，布局未来新兴高科技产业，加快科技成果转化应用；安排扶持会展业发展2,900万元，大力引进和培育会展和会议品牌等。

2.优化财政供给模式，最大限度发挥资金使用效益

（1）稳步推进PPP模式深度运用和规范高效管理，扎实开展物有所值论证和财政可承受能力评估，补充完善并印发《海口市政府和社会资本合作项目管理办法》（试行），强化对PPP项目实施全过程监管，积极争取中国PPP基金加大对我市项目建设的支持。

统筹一般公共预算、政府性基金等各类资金，安排16亿元，用于PPP项目年度付费支出，包括环卫综合一体化、南渡江引水工程、餐厨垃圾和粪渣无害化处理、垃圾渗滤液处理、交通道路优化、景观亮化项目等。

（2）加强政府投资基金运作管理。合理使用国开发展基金、农发重点基金等中央专项建设基金，做好我市政府投资基金的募集、投资、管理等

各项工作。明确基金主要投向棚户区改造、基础设施建设、公共服务等方面，按照“项目选择市场化、资金使用规范化、提供服务专业化”的要求，加强运作管理，在合法合规的前提下，确保基金使用效益最大化。

3.牢固树立民生优先理念，深入推进民生事业持续发展

安排农林水支出24.2亿元，加快推进农业农村现代化。主要包括：安排农田水利建设资金约4亿元，加强小型农田水利基础设施建设，进一步提高农田综合产出效益；安排菜篮子保供稳价资金5,000万元，继续抓好“菜篮子”工程建设，实现“菜篮子”保供稳价作用；在扶贫方面，拟通过积极争取中央、省级财政专项扶贫资金800万元和安排市级预算1,700万元，加大资金筹措力度，发挥扶贫资金引导作用，重点做好产业扶贫和就业扶贫，提升组织化产业帮扶覆盖面，提高贫困人口就业能力，巩固提升扶贫成果，确保完成海口市脱贫攻坚任务目标。

安排教育支出36.4亿元，优先发展教育事业，着力提高教育质量,扎实推进各类教育持续快速健康发展。主要包括：安排5亿元，继续改善办学条件，扩大教育资源供给，逐步补齐中小学教师短板，全面实施“一校两园”计划，为北师大海口附校及培训基地项目、国际旅游学院、海口市（美兰）示范性综合实践基地、新一轮学校改扩建等工作做好资金保障；安排1.3亿元，完善城乡义务教育经费保障机制；安排5,843万元，落实学生资助补助相关政策；安排2,500万元，用于中小学生游泳教育及应急演练教育，推进学校游泳池建设；安排1,900万元，用于学前教育补助。

安排社会保障和就业支出29.5亿元。主要包括：安排1亿元，加强基层社区建设，解决居委会经费短板和待遇问题；安排6,420万元，向全市高龄老人发放长寿补贴、为孤儿人员提供救助，促进社会和谐稳定；安排2,810万元，用于城乡居民最低生活保障，做好特困人员救助供养工作；安排2,835万元，落实优抚对象及退役士兵专项补助，做好生活安置和就业培训；安排1,200万元，落实困难残疾人和重度残疾人专项补助，做好残疾人救助工作；安排1,000万元，做好就业创业公共服务，大规模开展职业技能培训，加强人才引进培养。

安排医疗卫生支出18.8亿元，助力“健康海口”建设。主要包括：安排1亿元，加快推进我市与上海第六人民医院、岳阳中西医结合医院合作项目，提高医疗服务水平；安排4,833万元，落实新型农村合作医疗保险财政补助；安排2,700万元基本公共卫生补助资金，保障居民享有健康教育、居民健康档案管理等13项基本公共卫生服务；安排2,660万元用于市人民医院、中医院、妇幼保健院等市属五家公立医院取消药品加成财政补助；安排1,000万元，用于推动完善我市“1+X”紧密型医联体建设，纵向整合医疗资源，形成资源共享、分工协作的管理模式；安排1,000万元，用于实施医疗救助，提高重特大疾病保障水平。

继续加强生态环保建设，安排节能环保支出8.5亿元，并从政府性基金安排污水处理费支出1.5亿元，用于生态环境保护、水体治理、大气污染监控，农村环境保护等方面，保障环保监测查处工作经费和环保教育宣传工作，加大建筑工地和道路扬尘污染治理，强化餐饮业油烟、露天烧烤的监管控制，加快饮用水源地保护与整治，全力抓好32个水体治理，持续推进大气、水体、土壤污染防治，积极争取上级财政节能减排专项资金，全面加强生态环境保护。

基础设施和城市综合管理方面，安排城乡社区支出22.8亿元，此外，统筹政府性基金等各类财政资金，完善公共服务供给，全力保障“五化”、“五网”等城市更新和基础设施建设。主要包括：安排29亿元，用于棚户区改造购买服务付费及工作经费，确保棚改工作有序实施；安排21亿元，分别用于推进机场、火车站、海秀快速路等重要道路和节点的城市“五化”更新，启动海秀公园等17个示范项目建设。安排15亿元，分别用于完善区域交通基础设施，加快推进新海港片区、海秀快速路二期、城市积水点改造、完善雨污管网配套等政府投资项目建设，推动田园综合体建设，支持实施乡村振兴战略，完成农村改厕7,400户；加快智慧海口建设，进一步推动“椰城市民云”、政务云、创新云等三大平台及“12345+网格化”、“互联网+政务”等重点工程建设，全面促进政府数据对社会公众的共享开放和创新应用，实现信息惠民。

此外，结合我市实际情况，编制市本级补充项目预算12亿元，主要用于保障资金支付具有较大不确定性的项目资金。在执行过程中对具备用款条件的项目，通过预拨的方式给予资金保障，年底通过盘活存量资金冲抵或编入下一年度预算。同时，根据《预算法》规定，预算草案在本级人民代表大会批准前，可以安排上一年度结转的支出，以及参照上一年同期的预算支出数额安排必须支付的本年度部门基本支出、项目支出。截至2018年2月7日，市本级支出情况为：市财政下达2018年预算指标38.1亿元。其中，下达部门基本支出预算指标28.6亿元、项目支出预算指标11.5亿元，上一年度结转预算指标4.8亿元，根据单位的申请和政府的批示，下达项目支出预拨指标4.9亿元。下达的指标中实际支出9亿元。

2018年财政主要工作任务

2018年，财政部门将在市委、市政府的正确领导下，深入贯彻落实党的十九大精神和中央、省委和市委经济工作会议精神，以稳中求进为工作总基调，按照高质量发展的要求，统筹推进“五位一体”总体布局和协调推进“四个全面”战略布局，继续深入推进供给侧结构性改革为主线，加快落实积极财政政策，充分发挥资金使用效益，支持打好防范化解重大风险、精准脱贫、污染防治“三大攻坚战”，推动经济转型升级，提高财政调控能力，严守财经纪律，为海口的发展提供强有力的财力支撑。

（一）稳中求进，抓好财政收支基础工作。

收入方面：**一是**加强财政收入征管。科学判断收入形势，加强涉税信息资料传递，坚持依法征税、应收尽收。**二是**扩大收入来源。实施积极财政扶持政策，培育财源税源，有效利用政府资产资源，落实国有资源有偿使用制度，增加政府资源性收入。**三是**引导和鼓励各部门积极争取上级补助和扶持奖励资金，继续做强海口财力。

支出方面：**一是**遵循“统筹兼顾、突出重点、勤俭节约、量力而行、收支平衡”的原则。优先保工资、保运转、保稳定，充分保教育、医疗、社保等关系群众切身利益支出，重点保障城市更新与生态环保需求，合理保发展、保建设支出，大力压缩一般性支出。**二是**优化支出管理，健全绩效考核挂钩机制。进一步加强重点部门、重点项目支出进度督导，加强“三公”经费相关支出事项必要性和合理性审核，强化财政支出通报、约谈、回收盘活等机制。

（二）规范政府债务和长期支出责任管理，打好防范化解重大风险攻坚战。

政府债务方面，力争2018年末将政府综合债务率降至警戒线以内，多措并举防范债务风险。**一是**用好产业发展政策，夯实经济基础，增加财政收入，提升偿债和抗风险能力。**二是**严格按照《预算法》及中央、我省规范政府举债融资的相关要求，规范举债行为。**三是**置换高息债务，扎实做好置换债务工作，缓解当期财政偿债压力，优化债务结构。四是通过盘活存量资金、统筹体制调整新增财力、压缩一般性支出等措施筹集资金，优先用于偿还政府债务，消化存量债务。

长期支出责任方面，**一是**实行政府长期支出责任归口财政管理，由财政部门根据财力可承受情况管控总体规模，做到既充分利用政策的窗口期，保障重点项目建设，又严守底线，抓好风险防控。**二是**进一步规范我市PPP模式的推广及运用，以财政部PPP项目综合信息平台管理为抓手，积极研究PPP政策的动向和导向，切实加强源头管控，把好PPP项目的“入口关”，严控纯政府付费类PPP项目，加强项目全生命周期管理，将政府付费部分与项目运营绩效考核挂钩，规范实施PPP项目，切实降低财政支出压力。**三是**以城市更新为指导，做好科学规划，合理提高棚改项目收益，在量好财政总盘子的情况下，制定棚改跨年度规划和年度计划。

（三）加大生态环保力度，支持打好污染防治攻坚战。

围绕中央、省委省政府关于生态环保相关工作精神，多方筹措生态环境保护资金，增强财政资金保障的指向性和有效性，加快推动生态修复、城市修补、32个水体治理达标，为争创国际湿地城市做好资金保障。**一是**积极争取上级财政对我市的生态保护补偿资金转移支付力度；**二是**积极与上级相关部门做好沟通对接，配合市环保部门研究建立生态保护成效与生态保护资金归口部门绩效考核相挂钩机制，提高生态环保资金使用效益；**三是**鼓励社会资本参与我市生态环保项目和公共服务供给，加快转变政府职能，加强监管，充分发挥社会资本的技术、管理优势，提高生态环境质量。

（四）巩固提升扶贫成果，支持打好精准脱贫攻坚战。

一是积极争取上级资金支持，加大市本级扶贫资金投入，进一步集中资源，巩固提升扶贫成果。**二是**研究推动农村低保与扶贫开发政策有效衔接。主动对接省级相关部门，配合市民政、社保等部门研究农村低保与现行扶贫开发政策进行整合衔接，确保农村最低生活保障家庭与建档立卡贫困户等享受医疗、教育、住房保障和产业扶持政策，全面推进农村低保对象、特困人员“三保障一扶持”工作。

（五）落实积极财政政策，提升财政资金使用效益。

一是积极争取跨市县闲置资金调剂以及省转贷

地债额度，根据资金用途重点投向化解政府债务以及城市更新、生态环保、民生工程等基础设施和公共服务方面。**二是**完善存量资金盘活机制，及时收回存量资金，切实提高财政资金使用效率。**三是**发挥财政资金对促进产业发展的积极效应，把握高质量发展的根本要求，坚持质量第一、效益优先，大力支持热带特色高效农业、旅游业、互联网产业、医疗健康产业、金融服务业等十二个产业发展。四是积极对接省政府关于发展总部经济的工作要求，配合相关部门合理设置总部企业扶持政策，进一步增强海口的政策吸引力，优化产业结构，切实减少经济对房地产的依赖，夯实经济发展基础。

（六）深化财税制度改革，把握新时代财政发展新要求。

一是推进财政支出方式转变。充分尊重市场规律，推进竞争性领域财政资金投入方式转变，减少财政资金直接投入和补贴；推广政府购买服务，鼓励社会资本进入产业发展领域，促进经济提质增效。**二是**主动适应财政体制调整。2018年我省开始实行新一轮财税体制，明确了省与市县财政事权和支出责任、拉平各市县共享税种分成比例等事项。我们将充分发挥财政体制在“激动能、转方式、重均衡”方面的积极作用，推动我市经济发展与改善民生事业、生态文明建设等方面均衡发展，并着手研究新一轮市、区财政管理体制改革方案，逐步形成财力与事权相匹配的财政体制，促进全市经济社会均衡发展。**三是**不断健全预算管理制度。推动支出经济分类科目改革，建立全面规范、公开透明的预算制度，认真做好预算编制、预算执行、决算和会计核算等财政管理工作。四是着力完善绩效评估指标体系，发挥绩效评价实效。逐步建立绩效信息报告机制，探索将重点项目绩效评价和重点政策绩效评价以参阅资料的形式向人大报告，促进财政资金的使用绩效和政府效能的提升。五是加强财政扶贫、环境保护等专项资金检查和预决算信息公开检查，切实发挥财政部门的监管职能，保障财政资金的安全有效使用，不断提高我市财政管理的科学化、精细化、规范化水平。

各位代表，2018年财政工作任务艰巨、责任重大。在习近平新时代中国特色社会主义思想指引下，在市委、市政府的坚强领导下，在市人大、市政协的广泛监督和指导下，全市各级财政部门认真落实本次大会决议，开拓进取，勤勉实干，为做大做优做强海口、建设国际化滨江滨海花园城市，为建设美丽中国海南篇章做出应有的贡献！

2017年海口市国民经济和社会发展统计公报

海口市统计局 国家统计局海口调查队

2018年2月5日

2017年，面对复杂多变的外部环境和经济下行压力，全市人民在市委、市政府的坚强领导下，认真学习贯彻习近平新时代中国特色社会主义思想，坚决落实省委、省政府的决策部署，紧紧围绕建设国际化滨江滨海花园城市的发展目标，坚持稳中求进的工作总基调，积极践行新发展理念，深入推进供给侧结构性改革各项工作，全力保持经济健康运行，经济运行实现稳中有进、稳中向好、稳中提质的良好态势。成功创建全国文明城市和国家卫生城市，实现海南建省办经济特区30年来文明城市"零的突破"。

一、综合

（一）总体经济

初步核算，2017年全市实现地区生产总值（GDP）1390.48亿元，按可比价格计算，比上年增长7.5%。其中，第一产业增加值63.72亿元，增长3.7%；第二产业增加值252.22亿元，增长5%；第三产业增加值1074.54亿元，增长8.4%。三次产业结构为4.6:18.1:77.3，其中第三产业占GDP比重比上年提高1个百分点。按常住人口计算，人均GDP为61583元，比上年增加5268元，增长6.2%。

（二）财政

2017年，全市全口径一般公共预算收入388.48亿元，同口径（下同）比上年增长16.6%。其中，地方一般公共预算收入125.37亿元，增长12.8%。在地方税收收入中，国内增值税14.96亿元，增长10.1%；改增增值税22.46亿元，增长83.1%；企业所得税20.04亿元，增长19.1%；个人所得税6.89亿元，增长40%；土地增值税13.03亿元，增长11.3%。

2017年，全市地方一般公共预算支出198.5亿元，比上年下降4.8%。全年财政民生支出139.7亿元，占地方公共财政预算支出的70.4%。其中，教育支出31.41亿元，增长0.2%；文化体育与传媒支出3.05亿元，增长0.2%；医疗卫生与计划生育支出18.67亿元，增长3.6%；农林水事务支出19.85亿元，增长10.5%。

表1：2017年财政收支完成情况

指标名称	绝对数（亿元）	比上年增长（%）
全口径一般公共预算收入	388.48	16.6
中央一般公共预算收入	173.24	20.6
省一般公共预算收入	89.88	14.5
地方一般公共预算收入	125.37	12.8
1.地方税收收入	105.82	16.4
国内增值税	14.96	10.1

改增增值税	22.46	83.1
企业所得税	20.04	19.1
个人所得税	6.89	40
城市维护建设税	6.88	19.7
房产税	4.18	30.8
契税	6.29	12.3
2.地方非税收入	19.55	-3.3
行政事业性收费收入	2.63	-2.8
罚没收入	2.61	57.9
地方政府性基金预算收入	150.28	38.3
地方公共财政预算支出	198.50	-4.8
一般公共服务	18.17	-11.8
公共安全	11.24	9.7
教育	31.41	0.2
科学技术	1.03	-63.4
文化体育与传媒	3.05	0.2
社会保障和就业	23.70	-2.5
医疗卫生	18.67	3.6
节能环保	6.05	-59.4
城乡社区事务	20.12	-27.8
农林水事务	19.85	10.5
交通运输	4.29	-3.7
商业服务业等事务	3.74	-2.7
国土资源气象等事务	1.65	10.6
住房保障支出	12.11	-4.7
粮油物资储备事务	0.46	3.0
其他支出	2.78	40.8
地方政府性基金预算支出	148.60	36.6

（三）固定资产投资

2017年，全市完成固定资产投资1415.5亿元，比上年增长11.3%。分产业看，第一产业投资17.03亿元，增长78.4%；第二产业投资61.49亿元，增长45.9%；第三产业投资1336.99亿元，增长9.6%。分行业看，工业投资56.8亿元，增长48.4%。

全市民间固定资产投资持续发展。2017年，全市民间固定资产投资995.09亿元，比上年增长2.4%，占全市固定资产投资比重为70.3%，民间投资的持续发展促进了全市投资发展环境的优化。

全年固定资产投资施工项目1182个，比上年增加187个。其中，本年新开工项目323个，比上年减少11个。分区看，秀英区完成固定资产投资466.14亿元，增长25.3%；龙华区完成固定资产投资325.34亿元，增长12.2%；琼山区完成固定资产投资131.59亿元，增长7.3%；美兰区完成固定资产投资373.39亿元，增长7.6%。

表2：2017年分产业（行业）固定资产投资及其增长速度

产业（行业）名称	投资额（亿元）	比上年增长（%）
固定资产投资	1415.50	11.3
第一产业	17.03	78.4
第二产业	61.49	45.9
制造业	31.67	7.7
电力、燃气及水的生产和供应业	25.13	183.5
建筑业	4.69	21.3
第三产业	1336.99	9.6
交通运输、仓储和邮政业	202.58	–3.3
信息传输、计算机服务和软件业	57.11	59.7
批发和零售业	27.85	20.1
住宿和餐饮业	18.89	–69.1
金融业	0.73	—
房地产业	660.79	8.4
租赁和商务服务业	7.24	–28.2
科学研究技术服务和地质勘查业	2.89	144.5
水利环境和公共设施管理业	196.77	–4.4
教育	45.81	83.4
卫生、社会保障和社会福利业	21.19	84.1
文化、体育和娱乐业	89.25	269.5
公共管理和社会组织	5.83	85.4

（四）深化改革成效明显

供给侧改革深入推进。房地产去库存稳步推进，商品房去库存周期为15.16个月，低于全国全省水平。从去杠杆的情况来看，全市规模以上工业企业资产负债率为48.4%，比去年同期高0.9个百分点。企业成本下降，全市规模以上工业企业每百元的主营成本为69.25元，比去年同期下降4.6元。补短板投入增长较快。全市以“双创”为载体，持续加大公共财政投入，补齐城市功能、城市管理、生态环境、民生事业短板，不断扩大优质服务供给。

2017年全市财政民生支出139.7亿元，占全市财政支出的70.4%。全市基础设施建设累计完成投资456.47亿元，增长1.2%。其中，交通运输业投资202.58亿元，下降3.3%；水利环境和公共设施管理业投资196.77亿元，下降4.4%。

坚持“以人民为中心”的发展理念，忠实践行“规范、便民、廉洁、高效”的宗旨，以“放管服”工作为重点，并充分发挥12345政府服务热线的作用，提高了政府行政效能。2017年海口市政府服务中心共计受理各类政务办件14.41万件，办结14.12万件，提前办结率86.4%，群众满意率99.1%。“海口12345”微信公众号关注用户达16.3万多人，12345热线通过多来源途径受理市民诉求办件，共103.06万件，形成有效办件93.92万件，截止目前已办结102.92万件，办结率99.9%。公共资源交易中心完成交易项目共721个，交易金额为562.26亿元。智慧海口加快建设，“椰城市民云”、“椰城政务云”、“椰城创新云”的智慧城市框架基本形成。

深化“放管服”改革，营商环境不断改善。工商登记改革实行简政放权，推进“多证合一”，实行简易注销登记，加强与银行合作，拓展工商登记新途经，试行银行网点无偿代办工商注册业务。2017年，全市新增市场主体5.15万户，其中新增企业2.25万户，新登记个体工商户2.89万户。办理“多证合一”业务共2.18万笔，其中设立1.15万笔，变更0.74万笔，换照0.29万笔。

推进医改纵深发展，全面破除“以药养医”。实行取消药品加成改革，全市共6家公立医院全面取消药品加成，群众减少开销4128.62万元。推进分级诊疗制度建设，选择了市人民医院、市中医医院、市第三人民医院等3家医院分别牵头，联合若干镇卫生院或社区卫生服务中心，构建“1+X”紧密型医联体。实施医疗控费，进一步强化公立医院内部管理，有效控制公立医院医疗费用不合理增长。

（五）城市文明提升

“双创”是我市历史上范围空前、力度空前的社会总动员，带动海口从市容市貌到干部作风都发生了历史性转变。2017年，全市以党风廉政建设和“双创”工作为抓手，以提高核心竞争力为着力点，有力推进各项工作落到实处，分别在2017年7月和11月成功创建了“全国卫生城市”和“国家文明城市”，对外影响力和城市美誉度不断提升，是海口建设国际化滨江滨海花园城市的重要里程碑。

二、居民生活和民生事业

（一）居民生活

城乡居民生活水平逐步提高。2017年，全市常住居民人均可支配收入28701元，增长8.5%，扣除价格因素，实际增长5%。从收入来源看，工资性收入20034元，增长8.9%；经营净收入2295元，增长3.2%；财产净收入1620元，增长3.6%；转移净收入4752元，增长11.3%。

按常住地分，城镇常住居民人均可支配收入33320元，增长8.3%。其中，工资性收入23937元，增长8.4%；经营净收入1602元，增长4.3%；财产净收入1984元，增长2.6%；转移净收入5797元，增长11%。农村常住居民人均可支配收入13763元，增长8.6%。其中，工资性收入7414元，增长11.6%；经营净收入4535元，增长2.8%；财产净收入444元，增长15.6%；转移净收入1370元，增长10.5%。

（二）就业

就业形势总体稳定。2017年，全市城镇新增就业3.47万人，完成年任务的102.9%，其中，城镇登记失业人员再就业0.9万人；就业困难人员实现就业847人；组织农村富余劳动力转移就业7277人。城镇登记失业率1.3%。新增办理失业人员申领失业保险待遇5049人，累计发放失业保险金6.92万人次、1.39亿元。为领取失业金人员缴纳基本医疗保险费3452万元。新增就业见习基地15家，新增见习岗位131个，吸收接纳见习人员490人。

（三）物价

物价持续较快上涨。2017年，海口市居民消费价格总水平上涨3.3%。其中，服务项目价格上涨7.2%；消费品价格上涨1.1%。工业生产者出厂价格上涨0.4%；购进价格上涨2.8%。分类别看，食品烟酒价格上涨0.2%；衣着价格下降3.0%；居住价格上涨7.8%；生活用品及服务价格下降0.6%；交通和通信价格上涨1.9%；教育文化和娱乐价格上涨3.9%；医疗保健价格上涨14.8%；其他用品和服务价格上涨4.4%。

表3: 居民消费价格指数（CPI）

指标名称	价格指数（上年=100）
居民消费价格指数	103.3
一、食品烟酒	100.2
1、粮食	101.1
2、鲜菜	94.1
3、畜肉	98.4
4、水产品	100.3
5、蛋	97.1
6、鲜瓜果	103.0
二、衣着	97.0
三、居住	107.8
四、生活用品及服务	99.4
五、交通和通信	101.9
六、教育文化和娱乐	103.9
七、医疗保健	114.8
八、其他用品和服务	104.4

（四）安居工程建设

以统筹住房和城乡建设发展为主线，完善保障性住房工作管理体系，强化建设工程质量安全监督，推进房地产业供给侧结构性改革。

推进棚户区改造工作。2017年，全市垦区职工危房改造已开工建设270套，占省下达指导性任务计划的100%（其中，占分解下达国家任务计划的126.2%），相关基础配套设施已全面开工，100%完成年度计划建设任务。

强化农村危房改造。把工程质量安全管理作为重点工作，2017年全市农村危房改造工作围绕省政府下达的400户（建档立卡贫困户276户）农村危房改造任务，400户农村危房改造已全部竣工，竣工率100%，竣工面积3.2万平方米。

（五）扶贫

2017年，我市深入推进脱贫攻坚工作，全市完成629户、2773人减贫任务和5个贫困村脱贫出列。进一步加大帮扶力度，落实各项帮扶措施。实施产业扶贫帮扶贫困人口819户、2936人。举办农业实用技术培训73期，参训人数达5742人次。实施电子商务扶贫完成投入资金137.1万元，建成镇级服务站1个，村级电商服务站11个，受益贫困户231户、1004人。实施就业扶贫，全年投入208.86万元，开展劳动力转移培训1072人次、创业致富带头人培训63人，举办乡村旅游服务技能等专场培训12场次，实现转移就业485人次。实施金融扶贫，省下达任务数为925户，我市小额信贷完成1523户，发放贷款2775万元，完成计划任务的164.6%。实施光伏扶贫，完成村级屋顶光伏建设项目11个，项目总规模为866千瓦，已完成投入690.95万元。实施整村推进扶贫，实施5个贫困村整村推进项目和13个已脱贫村整村推进提升工程，完成建设3个产业发展项目和132个基础设施建设项目。

（六）教育

教育事业优先发展。全年新建或改扩建中小学校和幼儿园10所，北大附中附小海口学校加快建设、北师大海口附校、海景学校建成招生，新增学位9515个。全市公办幼儿园首次摇号入学。2017年，全市共有普通高校11所，普通高等教育本专科招生4.28万人，在校生14.66万人，毕业生4.22万人；研究生教育招生0.23万人，在校生0.57万人，毕业生0.13万人。全市中等职业教育在校生7.62万人。九年义务教育巩固率99.3%，高中阶段教育毛入学率90.5%，基本普及高中阶段教育。特殊教育招生145人，在校生607人。全市共有幼儿园763所，比上年增加25所；在园幼儿11.17万人，比上年增加3067人。学前三年教育毛入园率82%。

教育保障工作进一步完善，完善城乡义务教育经费保障机制，2017年财政性教育经费投入31.41亿元。改善义务教育薄弱学校基本办学条件，经费投入0.39亿元。推动普及普通高中教育，落实普通高中生均公用经费投入0.43亿元。继续实施现代职业教育质量提升计划，经费投入0.33亿元，对中职学校实现全面免学费补助。不断扩大教育资源供给，为北师大海口附校及培训基地、海口市（美兰）示范性综合实践基地、“10+2”学校改扩建等项目做好资金保障工作，财政累计拨付1.7亿元，有效扩大了学位供给。

（七）医疗卫生

2017年，全市辖区内有医疗卫生机构1302家。其中，医院123个、乡镇卫生院26个、妇幼保健院（所、站）6个、专科疾病防治院（所、站）5个、疾病预防控制中心6个、急救中心2个、血液中心1个、卫生监督所（中心）6个、门诊部103个、诊所和卫生所及诊疗室665个、医学教育机构5个、社区卫生服务中心（站）117家（服务中心25个，服务站92个）、计划生育服务站6个、村卫生室231家。城区每1–3万人口拥有1家社区卫生服务站（中心），实现15分钟医疗卫生服务圈的目标。农村每一个建制镇拥有1家卫生院（26家）、每一个行政村拥有1家村卫生室（231个）的目标，城乡卫生服务全覆盖率达100%。医疗卫生机构总床位数1.61万张，每万人口拥有床位71.51张。其中医院拥有床位1.47万张，增长4.5%；乡镇卫生院拥有床位689张。全市现有卫生人员3.71万人，其中卫生技术人员3.19万人，占86%。执业（助理）医师1.12万人，注册护士1.57万人，每万人口执业（助理）医师数为50.03人，每万人口护士数为60.97人。

（八）社会保障、救助和福利

社会保障体系进一步完善。2017年末，全市参加城镇从业人员基本养老保险63.2万人，比上年末增加10.46万人。其中，在职人员52.03万人，离退休人员11.17万人。参加城镇职工基本医疗保险53.01万人。参加城镇居民基本医疗保险40.56万人。参加失业保险46.28万人，减少3万人。参加工伤保险40.54万人。参加生育保险40.02万人。参加城乡居民养老保险33.79万人。参加新型农村合作医疗保险人数59.77万人，参合率98.8%。年末领取失业保险金职工人数5426人。获得政府最低生活保障的城镇居民0.46万人，发放最低生活保障资金2234.15万元；获得政府最低生活保障的农村居民1.76万人，发放最低生活保障资金6991.99万元。城镇建立城镇社区综合服务设施数量458个。

三、国民经济各行业

（一）农业

农业生产平稳发展。全年农林牧渔业完成总产值104.8亿元，比上年增长4.9%。其中,农业49.01亿元，林业6.71亿元，渔业12.34亿元，牧业29.71亿元，分别增长7.2%、4.3%、1.7%和1.7%；农林牧渔服务业7.04亿元，增长10.7%。全市粮食总产量14.8万吨，下降2%；蔬菜产量

51.47万吨，下降7.5%；水果产量23.37万吨，增长10.1%；肉类产量8.83万吨，增长2.8%；水产品产量7.42万吨，增长1.3%。有效灌溉面积增长1.07万亩，旱涝保收面积增长0.17万亩。

表4: 2017年主要农产品产量及增长速度

产品名称	单位	产量	比上年增长（%）
粮食	万吨	14.8	–2.0
早稻	万吨	6.5	–4.8
晚稻	万吨	5.8	1.3
油料	万吨	0.8	6.9
花生	万吨	0.73	8.1
糖蔗	万吨	2.58	–20.9
水果	万吨	23.37	10.1
蔬菜	万吨	51.47	–7.5
橡胶	万吨	0.28	4.7
胡椒	万吨	0.39	12.0

（二）工业和建筑业

工业生产小幅下降。全年全市规模以上工业总产值500.08亿元，比上年下降1.5%。实现规模以上工业增加值130.29亿元，增长4.5%。规模以上工业中，轻工业产值为320.74亿元，增长10.1%；重工业产值为179.34亿元，下降17.1%。

规模以上工业中，医药、烟草、机电三大主导行业实现产值268.43亿元，比上年增长8.1%。其中，医药行业实现产值188.5亿元，增长18.4%；烟草行业实现产值27.96亿元，增长5.8%；机电行业实现产值51.97亿元，下降17.9%。三大支柱行业产值占全市规模以上总产值53.7%，对全市规模以上工业经济增长的贡献率为14.7%。

表5: 2017年主要工业产品产量及增长速度

产品名称	单位	产量	比上年增长（%）
饲料	万吨	88.43	–0.8
罐头	万吨	22.60	17.2
软饮料	万吨	54.57	2.8
中成药	吨	1459.12	21.4
饮料酒	亿升	0.57	–17.8
变压器	万千伏安	1166.84	0.3
电力电缆	万千米	6.57	–59.0
太阳能电池	万千瓦	23.88	–38.2
乳制品	吨	2811	–16.1

卷烟	亿支	120	0.4
光缆	万芯千米	11.00	-90.1
汽车	万辆	3.96	-41.1
发动机	万千瓦	421.71	-24.1

全年规模以上工业企业主营业务收入497.02亿元，比上年增长1.1%；实现利润总额29.95亿元，下降16.3%；工业产销率98.1%，提高1.1个百分点。

工业企业产值超十亿元的有12家，产值超亿元的有73家。产值超亿元企业共完成工业产值463.46亿元，占规模以上工业总产值的92.7%。

建筑业平稳发展。全年全市建筑业实现增加值110.38亿元，比上年增长6%。全市资质以上建筑业企业完成建筑业总产值240亿元，增长9.9%。其中建筑工程产值198亿元，增长9%；安装工程产值29亿元，增长12.6%。当年建筑企业新签合同价款30亿元。建筑业期末从业人员5.27万人，全员劳动生产率41.11万元/人。

（三）旅游业和房地产业

深化"旅游+"，旅游产业转型进一步升级。以发展民宿产业为突破口，盘活城乡资源要素，打造精品旅游线路，形成"旅游+"新业态。2017年海口综合招商推介会上，全市共签约旅游产业项目12个，桂林洋国家热带农业公园项目成功入选2017全国优选旅游项目名录。2017年全市共接待游客2427.66万人次，比上年增长11.1%。其中，接待入境游客18.19万人次，增长33.3%；人均逗留天数1.44天，延长0.01天。实现旅游总收入265.99亿元，增长14.3%。其中，入境旅游收入5938.29万美元，增长31.9%。全市A级旅游景区10家，其中4A级及以上旅游景区4家；星级宾馆酒店40家，其中五星级宾馆酒店6家。

表6：2017年海口市旅游接待情况

指标名称	单位	绝对数
接待海外旅游人数	人次	181931
外国人	人次	97734
港澳同胞	人次	29415
台湾同胞	人次	54782
接待海外旅游人天数	人天	311299
外国人	人天	182988
港澳同胞	人天	45941
台湾同胞	人天	82370
旅游外汇收入	万美元	5938.29
国内旅游		
接待国内游客	万人次	2409.47
旅游收入	亿元	262.05
旅游总收入	亿元	265.99

房地产开发投资增势稳定。全年全市房地产业实现增加值113.83亿元，比上年增长9.3%。房地产开发投资603.25亿元，比上年增长9.5%。房屋销售面积549.47万平方米，比上年增长27%。全年房地产开发投资到位资金1013.06亿元，比上年增长21.2%，资金到位率为100%。其中本年资金来源829.22亿元，增长16.2%，占全部资金来源的81.8%。本年资金中，自筹资金221.81亿元，下降34.1%；国内贷款143.86亿元，增长12.9%；其他资金463.56亿元，增长86.0%。

（四）交通运输和邮电业

全力推进互联互通建设。2017年，海口新开通国际航线9条，累计62条；新开通海上外贸集装箱班轮航线2条，累计7条。海口美兰国际机场实现旅客吞吐量突破2000万人次，达到2258.48万人次，比上年增长20.1%，在全国机场排名中凭借实力升至第17名。港口货物吞吐量10112.78万吨，比上年增长14.1%。其中外贸货物吞吐量136.5万吨，增长31.3%。集装箱吞吐量163.6万标箱，增长16.7%。

表7: 2017年客货运输量及增长速度

运输方式	旅客				货物			
	运输量(万人次)	增长速度%	周转量(亿人公里)	增长速度%	运输量(万吨)	增长速度%	周转量(亿吨公里)	增长速度%
合计	9600	7.9	738	15.0	10036	–3.1	460	–31.1
公路	2666	–2.7	28	–2.9	3023	18.3	28	18.1
民航	3198	10.6	652	15.7	35	5.9	12	25.2
铁路	2724	17.1	54	18.8	972	21.5	18	22.2
水路	1012	7.1	3	7.5	6006	–13.9	402	–35.1

年末全市民用汽车拥有量77.25万辆，比上年增长13.9%，其中私人汽车68.69万辆，增长13.1%。全年新注册汽车12.46万辆，报废5547辆。

邮电通信业快速增长。全年全市完成邮电业务总量125.04亿元，比上年增长110.7%。其中，电信业务总量115.40亿元，增长127.3%；邮政业务总量9.64亿元，增长12.5%。年末固定电话用户58.1万户，下降11.4%；移动电话用户387.1万户，增长15.7%。电话普及率为每百人170.1部，互联网宽带用户85.4万户。全年短信业务量11.4亿条，下降19.7%。

（五）国内贸易和会展业

市场消费增长较快。全年全市社会消费品零售总额726.12亿元，比上年增长11%。其中，餐饮收入额93.51亿元，增长8.8%；商品零售额632.61亿元，增长11.4%。城镇消费品零售额662.22亿元，增长11.4%；乡村消费品零售额63.90亿元，增长7.5%。

主要商品销势良好。在限额以上单位商品零售中，服装鞋帽、针、纺织品类零售额21.47亿元，增长7.6%；日用品类零售额15.28亿元，增长20.6%；家用电器和音像器材类零售额18.6亿元，增长10%；石油及制品类零售额112.21亿元，增长11%；汽车类零售额139.41亿元，增长11.9%；化妆品类零售额13.88亿元，增长45.1%。

会展业发展态势喜人。2017年我市共举办各类会展活动共计8002场，增长27%，其中，规模以上会展活动270场，增长13.4%；规模以上会议242场，增长35%；1000人以上会议46场，增长76.9%；国际性会议20场，增长81.8%。规模以上展览总面积80.35万平方米，增长18.5%；含1万平方米以上展览28个，增长17.4%。全年会展业综合收入突破100亿元，初步预计达103亿元，比上年增长20%。采取“走出去、请进来”多维度开展会展营销宣传，完成了6场岛外促销活动，圆满完成年度任务。当前，我市每年固定举办的会议和展览共计30多个，大力扶持本地会展企业举办政府引导、市场化运作的展会。

（六）银行、证券期货和保险业

信贷投向持续优化。2017年末，全市金融机构本外币各项存款余额5420.27亿元，比年初增加430.97亿元，增长8.6%。其中，个人存款余额1576.09亿元，增加107.87亿元，增长7.3%。年末金融机构本外币各项贷款余额5600.33亿元，比年初增加331.85亿元。其中，中长期贷款余额4105.72亿元，增加250.98亿元，增长6.5%；短期贷款余额1150.25亿元，增加235.59亿元，增长25.8%。

证券市场交易较为活跃。全年证券公司总交易金额10576亿元，比上年增长7.3%。其中股票交易额6167.33亿元，下降14.3%；债券交易额3471.82亿元，增长67.3%；基金交易额735.1亿元，增长40.8%。年末证券账户开户91.83万户，增长9.5%。全年期货市场成交额16476.11亿元，下降26.9%。

保险业持续较快发展。全年保费收入105.43亿元，比上年增长31.9%。其中，财产险保费收入46.49亿元，增长50.4%；人身险保费收入58.94亿元，增长20.2%。全年支付各项赔款和给付34.37亿元，下降6.1%。其中，财产险赔款支出20.66亿元，下降4.5%；人身险赔付支出13.71亿元，下降8.6%。

四、对外贸易和对外开放

（一）对外贸易

据海口海关统计，全年全市进出口总额210.22亿元，比上年下降18.5%。其中，出口55.46亿元，增长6.4%；进口154.76亿元，下降24.9%。一般贸易进出口132.53亿元，增长19.1%，占进出口总额63%。对美国进出口112.8亿元，增长11.1%，仍为全市第一大贸易伙伴。欧盟为全市最大出口市场，对欧盟出口6.34亿元，占出口份额的11.4%。

表8：2017年外贸进出口情况

指 标	绝对数	比上年增长（%）
外贸进出口总额	210.22	18.5
按企业性质分		
外商投资企业	108.22	15.0
国有企业	2.06	–17.3
集体企业	50.08	–50.6
民营企业及其他	99.93	–38.1
按贸易方式分		
一般贸易	132.53	19.1
加工贸易	18.89	9.6
其他贸易	0.34	–88.6
出口总额	55.46	6.4
按企业性质分		
外商投资企业	16.73	16.4
国有企业	1.30	–21.5
集体企业	17.17	209.8
民营企业及其他	37.43	3.8

按贸易方式分		
一般贸易	40.03	7.4
加工贸易	13.84	0.6
其他贸易	0.17	-57.7
进口总额	154.76	-24.9
按企业性质分		
外商投资企业	91.49	14.7
国有企业	0.76	-8.9
集体企业	32.91	-65.6
民营企业及其他	62.50	-50.1
按贸易方式分		
一般贸易	92.51	24.9
加工贸易	5.05	45.0
其他贸易	0.17	-93.5

（二）对外开放

我市紧紧围绕省委、省政府提出的“十三五”期间重点发展的十二大产业，创新招商方式，重点策划了书记、市长赴北京、上海敲门招商活动，组织举办了第二届“海博会”海口综合招商推介会、2017海口综合招商活动、2017中国（海口）—新加坡经贸交流洽谈会、2017厦门国际投资贸易洽谈会（以下简称厦洽会）和自主招商活动等一系列经贸活动，招商引资工作成效明显,共签约项目141个，总协议投资额为1780.7亿元。综合招商活动共签约 109个项目，总协议投资额1237.45亿元。以北京板块和央企为主题 的“国际化滨江滨海花园城市 美好新海口”——2017海口综合招商推介会于2017年6月27日上午在海口召开，把海口招商目标定位为“像绣花一样精细”，落细落小、做出品位、做出形象。

五、科学技术、文化和体育

（一）科技

2017年，全市各项专利指标持续领跑全省。全年专利申请量为3193件，增长23.3%，占全省的72.3%；专利授权量为1451件，增长5.2%，占全省的69.6%；PCT国际专利申请14件，占全省82.4%，全市PCT国际专利申请总量达到49件；有效发明专利1759件，占全省的75%；每万人有效发明专利拥有量达7.83件。我市有3项专利获第十九届中国专利奖，全省占比75%。2017年成功入选为第一批中小企业知识产权战略推进工程试点城市，并荣获“国家知识产权试点城市工作先进集体”。全年全市拥有市级及以上重点实验室66家（其中国家级1家、省级30家）、市级及以上技术研发中心64家（其中国家级3家、省级37家）。全年全市共有众创空间40余家，总数居全省第一，提供创新创业场地逾18万平方米，专业创业导师40多名，服务团队100多人，聚集创客1500余人，入驻企业（团队）1000多家，累计孵化毕业企业100多家。

（二）文化

公共文化服务繁荣发展。2017年，全市共有艺术表演团体32个，艺术表演场馆11个，博物馆1个，公共图书馆5个，群众艺术馆、文化馆5个，文化站34个。全年出版各类图书2188种，报纸17种，杂志42种。年末广播人口综合覆盖率为100%，电视人口综合覆盖率为100%，公共图书馆藏书量50万册。

文艺创作和竞技体育再创佳绩。琼剧4K电影《喜团圆》，是继1962年首部琼剧电影《红叶题诗》之后海南戏曲百花园中涌现的又一精品力作，有力的呈现了琼剧魅力。创作《旋风少女》儿童电影，荣获“最佳中国儿童片特别奖”、“我最爱的儿童片”、“最佳儿童女演员”三项大奖。我市艺术家全面发表美术书法作品63幅，其中油画作品《风再起时》发表在全国性刊物《中国油画》，出版长篇小说《红戏》。市演艺有限公司创作的大型歌舞诗剧《黎族家园》被国家文化部列入“2017年度国家舞台艺术精品创作扶持工程十大重点扶持剧目之一”。特别是海口群艺馆阳光合唱团编排的我省原创黎族风格歌曲《斗牛调》、《久久不见久久见》，在第十四届中国合唱节比赛中获成人混音组金奖，标志我市合唱艺术新高度。

（三）体育

体育事业持续较快发展。2017年，我市继续打造海口国际沙滩马拉松赛，本次比赛响应十九大号召，践行人与自然和谐共生理念，开展以“绿色沙马公益先行”为主题，吸引世界20多个国家的3000多名选手参赛，荣获全国最具特色马拉松奖。积极融入一带一路建设，首次策划推出“一带一路杯”海口国际沙滩足球邀请赛和“一带一路”海口国际青少年足球邀请赛，提高了海口城市的知名度和影响力。我市体育健儿参加第十三届全运会、全国女子青年举重锦标赛、“体育彩票杯”2017年全国冠军赛等重大赛事，共收获奖牌91枚，其中金牌16枚、银牌14枚、铜牌24枚，延续了我市在竞技体育比赛中的稳健趋势。2017年8月国家体育总局授予海口市文化广电出版体育局2013-2016年度全国群众体育先进单位。

六、节能减排、城乡建设、生态环境和环境保护

（一）节能减排

2017年深入实施“大气十条”、“水十条”、“土十条”。

大力淘汰黄标车，全年共淘汰黄标车6807辆，在全省率先采用遥感监测设备对道路行驶机动车进行排气监督抽测，防治机动车污染。在全省率先推行“河长制”，建立水体常态化管理机制，全面开展水质监测。详查全市土壤环境质量状况，对土壤环境影响突出的工业园区2个，土壤污染问题突出区域2块，详查单元52个，核实农用地详查点位2326个。现有城镇污水处理设施10个，比上年增加1个；年末城镇污水处理厂日处理能力达59.47万立方米，比上年提高0.7%；城镇生活污水集中处理率达到95%，比上年提高2个百分点。年末垃圾处理设施达到3个，城镇生活垃圾无害化处理率为100%。

（二）城乡建设

搭建“多规合一”综合信息平台，加快滨江滨海、海绵城市、湿地和郊野公园等专项规划，入选全国第二批城市设计试点。持续推动“双创”升级，加大“五化”力度。完成23个门户景观“绿化”提升，完成龙昆南路等城市主干道“彩化”，完成海口湾片区和滨海大道、火车站等重点路段“亮化”改造，外立面改造、广告牌整治等“美化”工作稳步推进。

公用事业服务建设步伐加快。2017年，全年全市优化实施111条公交线路（其中保留39条、新增19条、优化调整53条），较2016年新增14条。公交车辆数由去年的1334辆增加到今年的2218辆，增加率66.3%。推进公交100%清洁能源化工作，全市新能源公交车1048辆，占总量2218辆的47.3%；9个场站完成65个充电桩配套建设，能够满足172辆纯电公交车和44辆插电式公交车的充电需求，拟计划增建46个充电桩。全市2956辆出租汽车已全部使用清洁燃料，占比100%。

全市共有自来水厂3座，综合生产能力51万吨/日，地下补压井生产能力10吨/日，全市总供水能力合计61万吨/日。全年供水总量2.22亿吨，其中生活用水1.14亿吨。管道天然气供气总量1.31亿立方米，其中民用用气4173万立方米，全市天然气用气普及率86%。全社会用电量73.44亿千瓦时，增长4.4%。其中居民用电14.3亿千瓦时，增长4.3%；工业用电15.17亿千瓦时，下降9.9%。

（三）生态环境

成功入选第三批生态修复城市修补试点。全市共完成植树造林面积2.28万亩，占年度任务的162.9%。其中经济林造林0.59万亩，防护林造林1.3万亩，其它造林0.11万亩，四旁植树0.24万亩。2017年，全市新增绿地面积162.72公顷，建成区绿化覆盖率40.8%，绿地率为36.3%。

（四）环境保护

环境空气质量保持优良。2017年我市环境空气质量优良。一级优天数为261天，二级良天数为91天，PM2.5比去年同期下降4.2%，PM10比去年同期下降5.1%，空气优良率96.4%。四类噪声功能区昼间等效声级均达到相应指标要求。我市城区地表水体水质有所提升。南渡江龙塘段、永庄水库等城市集中式饮用水源地水质达标率100%；国控的水质测断面水质达标率100%。近岸海域海水水质达标率92.8%。

新建并投入运行的污水处理厂1座，新增日污水处理能力0.4万吨。集中转运生活垃圾共计104.34万吨，垃圾焚烧量86万吨，填埋垃圾量18.34万吨，发电量3.41亿千瓦，飞灰处理量2.28万吨，渗滤液处理量26.69万吨。

七、安全生产

2017年，全市共发生生产经营性安全事故59起，死亡42人，受伤17人，直接经济损失1027.2万元。与2016年相比，事故起数、死亡人数、受伤人数、直接经济损失各减少12起、9人、4人、778.4万元，分别下降16.9%、17.6%、19%、43.1%。四项指标呈全面下降态势。

八、人口人口低速增长。年末全市常住人口227.21万人。从区域年末常住人口分布看，秀英区38.78万人、龙华区66.98万人、琼山区51.17万人、美兰区70.28万人。年末户籍人口171.05万人，其中城镇人口103.95万人、乡村人口67.1万人。从区域年末户籍人口分布看，秀英区32.5万人、龙华区47.46万人、琼山区39.04万人、美兰区52.05万人。

注释：

1.本公报部分数据为初步统计数，部分数据为预计数，最终核实数以中国统计出版社出版的《海口统计年鉴－2018》公布的数据为准；

2.地区生产总值和各产业增加值绝对数按现行价格计算，增长速度按可比价格计算。

3.地区生产总值和各产业增加值绝对数按现行价格计算，增长速度按可比价格计算。根据《国民经济行业分》（GB/T4754-2011）对三次产业进行划分。

4.本公报中部分指标合计数与分项数有出入主要是由于四舍五入的原因，均未作机械调整。

资料来源：

本公报中财政数据来自市财政局，政务办件数据来自市政府服务中心，新增市场主体数据来自市工商局，金融机构存贷款数据来自人行海口中心支行，价格、居民收入数据来自海口调查队，货物、旅客运输及周转量数据来自市交通港航局、粤海铁公司、南航海南公司、海航公司，港口吞吐量数据来自港航控股公司，邮电通信数据来自市邮政管理局、移动海南公司、电信海南公司、联通海南公司，重点项目数据来自市房屋征收局，星级宾馆酒店等旅游数据来自市旅游委，对外经济数据来自市商务局，进出口数据来自海口海关，安居工程数据来自市住建局，城乡垃圾处理数据来自市环卫局，城市造林和绿化覆盖率数据来自市林业局和园林局，教育数据来自市教育局，医疗卫生数据来自市卫生局，社会救助数据来自市民政局，社会保险、就业数据来自市人社局，扶贫数据来自市扶贫办，科技数据来自市科工信局，文化体育数据来自市文体局，环境保护数据来自市环保局，城镇污水处理数据来自市水务局，安全生产数据来自市安监局，其他数据均来自市统计局。

1

综　合

GENERAL SURVEY

1—1 行 政 区 划

(2017年底)

指　标	单　位	全市合计	市　辖　区			
			秀英区	龙华区	琼山区	美兰区
常住人口	万人	227.21	38.78	66.98	51.17	70.28
土地面积	平方公里	2289.09	494.68	303.2	928.62	562.59
人口密度	人/平方公里	993	784	2209	551	1249
镇政府	个	22	6	5	7	4
街道办事处	个	21	2	6	4	9
社区委员会	个	196	24	78	37	57
村民委员会	个	248	70	51	74	53
自然村	个	2195	323	304	818	750

1—2 各区所辖镇、街道办事处、建制村(社区)

指 标	社 区	建制村
秀英区	24	70
长流镇	长流墟、长信、长彤、镇海	长东、康安、会南、长丰、美德、博新、长南、堂善、长流、堂昌、长北、美李、
西秀镇	长滨、南港	博养、长德、龙头、祥堂、荣山、新和、丰盈、拨南、新海、荣山寮
海秀镇	海榆西、海榆东	新村、水头、业里、儒益、周仁、永庄
石山镇	石山墟	和平、扬佳、道堂、北铺、岭西、施茶、安仁、福安、建新、美岭、道育
永兴镇	永兴社区	永秀、永德、美东、建中、雷虎、建群、罗经、博强
东山镇	镇南、镇北	东星、儒万、永华、东山、东溪、光明、溪头、马坡、东苍、玉下、雅德、建丰、文塘、紫罗、前进、环湖、东升、溪南、射钗、东城、城西、
秀英街道办事处	秀华、秀海、秀中、秀新、高新	向荣、书场
海秀街道办事处	海口港、东方洋、长秀、金鼎、十一支队、爱华、天海	

1—2 续1

指　标	社　区	建制村
龙华区	78	51
城西镇	仁里南、仁里北、府西、金盘、四季华庭、金沙、金星、丁村南、丁村北、山高东、山高西、头铺东、头铺西	高坡、沙坡、苍西、苍东、薛村、大样
龙桥镇		挺丰、玉符、道贡、龙桥、龙洪、玉荣、永东、三角园
新坡镇		文山、文丰、新村、雄丰、农丰、新彩、群益、群丰、民丰、新坡、光荣、仁南、仁里
遵谭镇		新谭、群力、咸谅、龙合、咸东、东谭、遵谭
龙泉镇	东占	翰香、扬亭、新江、五一、仁新、雅咏、大叠、椰子头、美仁坡、新联、元平、市井、富伟、永昌、美定、占符、国扬
中山街道办事处	长堤、人和坊、居仁坊、园内里、竹林、得胜沙、富兴、义兴、西湖、西门外、永兴	
滨海街道办事处	八灶、滨海新村、滨海、盐灶一、盐灶二、盐灶三、龙华中、滨港、泰华、玉河	
金贸街道办事处	龙华南、珠江、万绿园、世贸、国贸、金海、玉沙、电力、嘉华	
大同街道办事处	友谊、大同里、华海、龙昆上、龙昆下、正义、侨中、彩虹、义龙东、义龙西	
海垦街道办事处	华垦、金垦、垦中、海秀、金山、顺发、疏港、金牛岭、秀英村、滨涯、滨濂南、滨濂北、滨秀、西岭	
金宇街道办事处	银湖、昌茂、面前坡、坡博东、坡博西、坡巷、金坡、南沙、海德、坡博南	

1—2 续2

指　　标	社　　区	建制村
琼山区	37	74
龙塘镇	龙塘	三桥、龙富、仁三、潭口、龙光、新民、龙新、文道、仁庄、三联
云龙镇	南区	云龙、云阁、云裕、云岭、云蛟、儒林、长泰
红旗镇	土桥	昌文、大山、龙榜、合群、道崇、龙源、龙发、墨桥、红旗、苏寻三、福坡
三门坡镇	庆丰、谭新	新德、文岭、美城、龙马、谭文、谷桥、乐来、清泉、友爱、文蛟、龙盘、晨光
大坡镇	博坡	树德、福昌、中税、大坡、新瑞
甲子镇	甲新	甲子、群星、新昌、民兴、红岭、昌西、青云、民昌、琼新、琼星、益新、益民、大同、仙民
旧州镇	双拥	旧州、联丰、红卫、联星、池连、光明、岭南、道美、雅秀、文新
国兴街道办事处	巴伦、攀丹、米铺、道客、文政、文坛、八一	
府城街道办事处	府城、北官、忠介、文庄、云露、甘蔗园、龙昆南、北胜、鼓楼	
滨江街道办事处	东门、城东、下坎、铁桥、博桂、北冲溪	
凤翔街道办事处	大园、三峰、高登、桂林、凤翔、洗马桥、迈瀛	五岳、那央、儒逢、红星、石塔

1—2 续3

指　标	社　区	建制村
美兰区	57	53
灵山镇	晋美、仙云	东头、东湖、新琼、林昌、新管、新市、锦丰、福玉、东营、仲恺、爱群、灵山、群山、晋文、桥东、大林、红丰、大昌、新岛、东平、美庄、东和
演丰镇	演丰	演海、边海、北港、演中、美兰、演东、苏民、山尾、演南、昌城、群庄、塔市、演西
三江镇	三江、三江居	三江、茄南、道学、茄芮、苏寻三、上云、眼镜塘、江源
大致坡镇	民乐、椰林、咸来	昌福、金堆、大东、永群、栽群、咸来、崇德、美桐、大榕、美良
新埠街道办事处	新埠、新东、三联、土尾	
海府街道办事处	东湖、白坡里、龙峰、龙舌坡、大英、南宝	
蓝天街道办事处	龙岐、万华、下洋、塔光	
博爱街道办事处	新风里、振龙、龙文、三亚、联桂坊、红坎坡、南联	
海甸街道办事处	新安、沿江、金甸、海达、白沙门、福安	
人民街道办事处	银甸、捕捞、邦墩、拦海、新利、万福、美丽沙	
白龙街道办事处	美舍、振兴、五贤、千家、流水坡、群上	
和平南路街道办事处	文明、君尧、上坡、琼苑、光阳	
白沙街道办事处	锦山里、白沙坊、白龙、岭下	

1—3 海口分月气象概况

（2017年）

年　月	平均气温(℃)	日照时数 (小时)	降水量 (毫米)	相对湿度 (%)
全 年	24.6	1994.0	2009.4	82
一 月	19.7	82.5	31.0	88
二 月	18.5	91.3	34.4	85
三 月	23.2	153.1	35.0	84
四 月	25.3	197.2	92.1	80
五 月	27.5	202.3	289.2	82
六 月	29.5	249.4	163.1	78
七 月	27.9	194.3	415.8	85
八 月	28.7	232.0	313.2	82
九 月	28.6	248.6	95.0	81
十 月	25.5	180.6	330.9	79
十一月	22.2	71.6	196.5	85
十二月	19.0	91.1	13.2	77

1—4 国民经济主要指标

指 标	单 位	2013年	2014年	2015年	2016年	2017年
一、人口						
年末常住人口	万人	217.11	220.07	222.30	224.36	227.21
年末户籍人口	万人	163.23	165.31	164.80	167.03	171.05
二、年底社会从业人员	**万人**	**153.00**	**161.22**	**168.43**	**165.05**	**175.16**
#职工人数	万人	48.62	50.02	49.16	49.53	49.94
三、地区生产总值(含农垦)	**亿元**	**989.49**	**1091.70**	**1161.96**	**1257.67**	**1390.58**
四、工业总产值(当年价)	**亿元**	**537.13**	**532.59**	**537.67**	**540.29**	**542.49**
五、农业总产值(当年价)	**亿元**	**92.08**	**92.99**	**93.20**	**103.83**	**103.71**
六、运输邮电						
社会货物周转量	亿吨公里	839.76	963.54	708.73	669.68	460.17
社会旅客周转量	亿人公里	485.07	466.56	513.75	641.84	737.99
港口货物吞吐量	万吨	7421.39	7581.00	8209.90	8866.93	10112.78
邮电计费业务总量	亿元	50.99	66.31	70.57	121.31	123.06
七、固定资产投资总额	**亿元**	**649.33**	**821.53**	**1012.05**	**1271.73**	**1415.50**
基本建设	亿元	392.93	522.56	555.65	720.63	812.25
房地产开发	亿元	256.40	298.97	456.39	551.09	603.25
八、国内商业						
社会消费品零售总额	亿元	505.35	558.47	595.53	653.89	715.50
九、外经外贸						
1、新签协议合同	宗	37	33	35	51	46
#外商协议合同	宗	37	33	35	51	46

注：农业总产值从2011年起含农垦数.
邮电计费业务总量从2010年起按2010年不变价计算.

1—4 续1

指　标	单 位	2013年	2014年	2015年	2016年	2017年
协议合同总投资	亿美元	3.37	1.83	12.70	10.47	6.13
#外商合同投资	亿美元	1.22	0.95	3.16	3.93	5.74
实际利用外资	亿美元	5.12	3.30	2.91	0.36	0.29
#外商直接投资	亿美元	5.12	3.30	2.91	0.36	0.29
2、外贸进出口总值	亿美元	51.4	34.00	43.40	39.20	31.10
进口总值	亿美元	32.55	21.70	33.77	31.30	22.90
出口总值	亿美元	18.85	12.30	9.63	7.90	8.20
十、旅游						
接待国内外过夜旅游人数	万人次	1044.3	1130.68	1225.20	1329.19	2033.56
#入境旅游者	万人次	15.66	13.69	12.20	13.65	18.19
旅游总收入	亿元	120.16	142.02	160.06	181.24	265.99
旅游外汇收入	万美元	4210.23	3753.61	4084.27	4503.55	5938.29
十一、财政						
财政收入	亿元	240.82	268.08	290.63	330.94	385.19
其中:上划中央、省收入	亿元	154.09	167.96	179.12	215.44	259.82
地方财政收入	亿元	86.73	100.12	111.50	115.51	125.36
地方财政支出	亿元	132	150.92	170.93	200.30	198.32
十二、金融(含外币)						
金融机构年末存款余额	亿元	2955.19	3213.55	3962.82	4851.25	5318.03
#城乡居民年末储蓄存款余额	亿元	1074.06	1189.85	1262.06	1445.49	1555.56
金融机构年末贷款余额	亿元	3188.25	3649.27	3656.03	4178.05	4538.22
十三、职工工资						
在岗职工工资总额	亿元	220.79	253.36	282.26	303.84	333.84

注:1、地方财政收入和地方财政支出从2007年起不含基金口径。
2、从2012年开始财政收入改为全口径公共财政预算收入。

1—4 续2

指　标	单 位	2013年	2014年	2015年	2016年	2017年
#国有单位	亿元	82.93	97.26	112.62	120.29	133.37
在岗职工平均工资	元	46175	50608	57455	62030	68037
#国有单位	元	55602	64926	74332	81334	86713
十四、人民生活						
城镇居民人均可支配收入	元	24461	26530	28535	30775	33320
城镇居民人均消费支出	元	16856	20097	21809	23780	26110
农民人均纯收入	元	9155	10290			
农民人均生活消费支出	元	6740	7629	8428	9262	10142
十五、物价指数(以上年为100)						
商品零售价格指数	%	101.6	101.2	100.20	100.90	101.70
居民消费价格指数	%	102.9	102.2	101.20	103.00	103.30
十六、教育卫生文化						
普通高等学校在校学生数	人	146231	180565	150559	147969	146597
中等职业学校在校学生数	人	90143	82198	76547	74350	76158
普通中学学校在校学生数	万人	12.04	11.85	10.24	11.66	12.14
小学在校学生数	万人	16.80	17.36	17.94	18.80	19.59
图书出版量	亿册			0.98	0.62	0.49
杂志出版量	亿册			0.24	0.0006	
报纸出版量	亿印份			3.49	0.68	
卫生机构病床数	张	12762	12772	15373	15767	16062
卫生技术人员数	人	18831	20432	26055	30060	34061
#执业医师(助理医师)	人	6454	6883	8341	10517	12417

1—5 海口市国民经济主要指标占全省比重

（2017年）

指　标	单 位	全 省	海口市	海口市占全省比重(%)
一、年末常住人口	**万人**	**925.76**	**227.21**	**24.5**
年末户籍人口	万人	910.41	171.05	18.8
#城镇人口	万人	354.38	99.95	28.2
二、从业人员	**万人**	**583.88**	**175.16**	**30.0**
三、国内生产总值(当年价)	**亿元**	**4462.54**	**1390.58**	**31.2**
第一产业	亿元	962.84	62.51	6.5
第二产业	亿元	996.35	252.22	25.3
第三产业	亿元	2503.35	1075.85	43.0
四、工农业总产值(当年价)				
工业总产值	亿元	2075.83	542.49	26.1
农业总产值	亿元	1528.18	103.71	6.8
五、运输邮电				
社会旅客周转量	亿人公里	837.61	737.99	88.1
港口货物吞吐量	万吨	18473.00	10112.78	54.7
邮电计费业务总量	亿元	270.03	123.06	45.6
固定电话数	万户	160.50	51.81	32.3
六、固定资产投资总额	**亿元**	**4125.40**	**1415.50**	**34.3**
#房地产开发	亿元	2053.11	603.25	29.4
七、社会消费品零售总额	**亿元**	**1618.76**	**715.50**	**44.2**
八、外贸口岸进出口总值	**亿元**	**702.70**	**210.22**	**29.9**
进口总值	亿元	407.06	154.76	38.0
出口总值	亿元	295.65	55.46	18.8
九、实际利用外资	**亿美元**	**23.06**	**0.29**	**1.3**

1—5 续

（2017年）

指 标	单 位	全 省	海口市	海口市占全省比重(%)
十、接待国内外过夜旅游人数	**万人次**	**5591.43**	**2033.56**	**36.4**
#入境旅游者	万人次	111.94	18.19	16.3
十一、地方财政收支				
地方一般预算收入	亿元	674.11	125.36	18.6
地方一般预算支出	亿元	1443.97	198.32	13.7
十二、人民生活				
职工工资总额	亿元	660.51	333.84	50.5
职工平均工资	元	69062	68037	98.5
城镇居民人均可支配收入	元	30817	33320	108.1
农民人均纯收入	元			
城乡居民储蓄存款余额	亿元	3790.10	1555.56	41.0
十三、物价				
零售物价指数	%	102.0	101.70	99.7
居民消费价格指数	%	102.8	103.30	100.5
十四、教育卫生				
在校生				
普通高等学校	万人	18.55	14.66	79.0
中等职业学校(含中师\技工学校)	万人	13.36	7.62	57.0
普通中学	万人	50.44	12.14	24.1
小学在校学生	万人	80.95	19.59	24.2
卫生机构数	个	5177	1298.00	25.1
#医院	个	505	123.00	24.4
卫生技术人员数	人	77652	34061.00	43.9
#执业医师	人	20882	12417.00	59.5
病床位	张	42002	16062.00	38.2

1—6 人民物质文化生活状况

指　标	单 位	2013年	2014年	2015年	2016年	2017年
收　入						
城市居民人均可支配收入	元	24461	26530	28535	30775	33320
农民人均纯收入	元	9155	10290	-	-	□
职工平均工资	元	46175	50608	57455	62030	68037
消　费						
城市居民人均消费支出	元	16856	20097	21809	23780	26110
#食品支出	元	7202	6865	7609	8396	9167
*恩格尔系数	%	42.7	34.2	34.9		
农民人均生活费支出	元	6740	7629	8428	9262	10142
储　蓄						
城乡居民储蓄存款年末余额	亿元	1074.06	1189.85	1262.06	1445.49	1555.56
人均储蓄余额	元	49471	54067	56773	64427	68463
住　房						
城市人均住房面积	平方米	29.95	29.99	30.10	30.12	30.16
农村人均住房面积	平方米	31.90	32.00	32.20	32.60	32.80
邮　电						
每百人拥有固定电话机	部	28.44	18.99	11.30	11.27	11.94

1—6 续

指　标	单 位	2013年	2014年	2015年	2016年	2017年
城建设施水平						
家庭用燃气普及率	%	95.47	99.69	99.57	99.77	
人均日生活用水量	升	232.9	185.01	217.07	210.59	210
人均拥有道路面积	平方米	19.79	18.69	15.72	17.1	
人均公共绿地面积	平方米	12.55	12.50	12.80	12.10	12.30
文化教育卫生						
城市每百户拥有彩色电视机	台					
农村每百户拥有彩色电视机	台	105	113	104.4	107.2	107.6
学龄儿童入学率	%	100	100	100	100	100
每万人拥有在校大学生	人	673.53	820.49	677.28	659.51	645.20
每万人拥有在校中专生	人	601.68	371.94	439.32	427.45	431.46
每万人拥有在校中学生	人	554.58	536.26	460.44	519.5	534.42
每万人拥有在校小学生	人	773.99	785.40	807.20	837.77	862.35
每万人拥有中(西)医师	人	29.70	31.28	37.52	46.87	36.87
每万人拥有医院床位	张	58.80	58.04	69.15	70.28	67.73

1-7 按行业分法人单位数和产业活动单位数(2017)

单位：个

行　业	法人单位数	单产业法人单位	多产业法人单位	产业活动单位数	多产业法人所属的产业活动单位
合　计	**50694**	**49040**	**1654**	**55105**	**6065**
农、林、牧、渔业	**2588**	**2544**	**44**	**2601**	**57**
农业	1230	1210	20	1234	24
林业	113	109	4	114	5
畜牧业	779	767	12	780	13
渔业	199	194	5	200	6
农、林、牧、渔服务业	267	264	3	273	9
采矿业	**63**	**60**	**3**	**63**	**3**
煤炭开采和洗选业	2	2		2	
石油和天然气开采业	2	1	1	2	1
黑色金属矿采选业	9	9		9	
有色金属矿采选业	4	4		4	
非金属矿采选业	38	36	2	38	2
开采辅助活动	3	3		3	
其他采矿业	5	5		5	
制造业	**1937**	**1857**	**80**	**1975**	**119**
农副食品加工业	127	123	4	129	6
食品制造业	123	116	7	124	8
酒、饮料和精制茶制造业	63	61	2	63	3
烟草制品业	1	1		1	
纺织业	15	13	2	14	1
纺织服装、服饰业	78	73	5	80	7
皮革、毛皮、羽毛及其制品和制鞋业	3	3		3	
木材加工及木、竹、藤、棕、草制品业	45	41	4	43	2
家具制造业	97	94	3	98	4
造纸及纸制品业	47	46	1	47	1
印刷和记录媒介复制业	212	199	13	220	21
文教、工美、体育和娱乐用品制造业	67	65	2	68	3
石油加工、炼焦及核燃料加工业	4	2	2	5	3
化学原料及化学制品制造业	82	82		83	1
医药制造业	133	125	8	134	9
化学纤维制造业	6	5	1	6	1

注：本表按法人单位及其产业活动单位统计，含法人单位在外省的产业活动单位。

1-7 续1

行　业	法人单位数	单产业法人单位	多产业法人单位	产业活动单位数	多产业法人所属的产业活动单位
橡胶和塑料制品业	72	68	4	75	7
非金属矿物制品业	202	196	6	207	11
黑色金属冶炼及压延加工业	11	11		11	
有色金属冶炼及压延加工业	17	15	2	17	2
金属制品业	145	141	4	145	4
通用设备制造业	34	34		34	
专用设备制造业	77	75	2	81	6
汽车制造业	51	50	1	51	1
铁路、船舶、航空航天和其他运输设备制造业	27	26	1	27	1
电气机械和器材制造业	78	74	4	82	8
计算机、通信和其他电子设备制造业	32	31	1	35	4
仪器仪表制造业	18	18		18	
其他制造业	18	18		18	
废弃资源综合利用业	6	6		6	
金属制品、机械和设备修理业	46	45	1	50	5
电力、热力、燃气及水生产和供应业	**103**	**94**	**9**	**116**	**22**
电力、热力生产和供应业	63	61	2	70	9
燃气生产和供应业	11	9	2	13	4
水的生产和供应业	29	24	5	33	9
建筑业	**4929**	**4805**	**124**	**5283**	**478**
房屋建筑业	610	580	30	759	179
土木工程建筑业	638	622	16	725	103
建筑安装业	658	635	23	691	56
建筑装饰和其他建筑业	3023	2968	55	3108	140
批发和零售业	**14859**	**14365**	**494**	**16483**	**2116**
批发业	8274	8074	200	8564	479
零售业	6585	6291	294	7919	1637
交通运输、仓储和邮政业	**951**	**875**	**76**	**1215**	**340**
铁路运输业	8	5	3	13	8
道路运输业	388	365	23	442	77
水上运输业	63	57	6	64	7
航空运输业	27	23	4	32	9
管道运输业	1	1		1	
装卸搬运和其他运输服务业	306	288	18	339	51
仓储业	73	69	4	73	4
邮政业	85	67	18	251	184
住宿和餐饮业	**1128**	**1062**	**66**	**1313**	**251**
住宿业	350	335	15	393	58
餐饮业	778	727	51	920	193

1-7 续2

行　业	法人单位数	单产业法人单位	多产业法人单位	产业活动单位数	多产业法人所属的产业活动单位
信息传输、软件和信息技术服务业	**2159**	**2119**	**40**	**2271**	**153**
电信、广播电视和卫星传输服务	96	85	11	142	57
互联网和相关服务	466	459	7	491	32
软件和信息技术服务业	1597	1575	22	1638	64
金融业	**357**	**299**	**58**	**834**	**535**
货币金融服务	137	114	23	477	363
资本市场服务	102	94	8	148	54
保险业	74	48	26	144	96
其他金融业	44	43	1	65	22
房地产业	**4305**	**4120**	**185**	**4529**	**409**
房地产业	4305	4120	185	4529	409
租赁和商务服务业	**7827**	**7604**	**223**	**8076**	**472**
租赁业	707	686	21	718	32
商务服务业	7120	6918	202	7358	440
科学研究和技术服务业	**2297**	**2221**	**76**	**2570**	**349**
研究与试验发展	226	223	3	233	10
专业技术服务业	1431	1364	67	1681	317
科技推广和应用服务业	640	634	6	656	22
水利、环境和公共设施管理业	**388**	**383**	**5**	**405**	**22**
水利管理业	36	34	2	38	4
生态保护和环境治理业	55	54	1	59	5
公共设施管理业	297	295	2	308	13
居民服务、修理和其他服务业	**1117**	**1082**	**35**	**1201**	**119**
居民服务业	378	360	18	430	70
机动车、电子产品和日用产品修理业	481	469	12	502	33
其他服务业	258	253	5	269	16
教育	1768	1732	36	1904	172
教育	1768	1732	36	1904	172
卫生和社会工作	**474**	**452**	**22**	**542**	**90**
卫生	375	354	21	441	87
社会工作	99	98	1	101	3
文化、体育和娱乐业	**1255**	**1222**	**33**	**1295**	**73**
新闻出版业	67	62	5	73	11
广播、电视、电影和影视录音制作业	232	224	8	237	13
文化艺术业	314	311	3	320	9
体育	209	202	7	215	13
娱乐业	433	423	10	450	27
公共管理、社会保障和社会组织	**2189**	**2144**	**45**	**2429**	**285**
中国共产党	30	30		30	
国家机构	732	688	44	965	277
人民政协和民主党派	19	19		19	
社会保障	13	13		13	
群众团体、社会团体和其他成员组织	836	835	1	842	7
基层群众自治组织	559	559		560	1
国际组织					

1-8 按注册类型和机构类型分法人单位数(2017)

单位：个

指　标	法人单位数	单产业法人单位	多产业法人单位
总计	**50694**	**49040**	**1654**
按注册类型分			
内资	**50296**	**48688**	**1608**
国有	2170	2020	150
集体	263	246	17
股份合作	309	297	12
联营	66	63	3
有限责任公司	18661	17917	744
股份有限公司	785	699	86
私营	23611	23038	573
其他	4431	4408	23
港、澳、台商投资	**220**	**195**	**25**
合资经营(港或澳、台资)	56	50	6
合作经营(港或澳、台资)	5	5	
港、澳、台商独资经营	144	125	19
港、澳、台商投资股份有限公司	8	8	
其他港、澳、台商投资	7	7	
外商投资	**178**	**157**	**21**
中外合资经营	66	59	7
中外合作经营	6	6	
外资独资	87	75	12
外商投资股份有限公司	8	6	2
其他外商投资	11	11	
按机构类型分			
法人单位	50694	49040	1654
企业	45147	43593	1554
事业单位	1172	1114	58
机关	424	388	36
社会团体	809	808	1
民办非	1144	1140	4
其他组织机构	1998	1997	1

主要统计指标解释

行政区划 指国家对行政区域的划分。根据宪法规定，我国的行政区划分如下：

（1）全国分为省、自治区、直辖市；

（2）省、自治区分为自治州、自治县、市；

（3）自治州分为县、自治县、市；

（4）县、自治县分为乡、民族乡、镇；

（5）直辖市和较大的市分为区、县；

（6）国家在必要时设立的特别行政区。

气温 指空气的温度，我国一般以摄氏度（℃）为单位表示。气象观测的温度表是放离地面约1.5米处通风良好的百叶箱里测量的，因此，通常说的气温指的是离地面约1.5米百叶箱中的温度。其统计计算方法为：

年平均气温是将12个月的平均气温累加后除以12而得。

日照时数 指太阳实际照射地面的时间。其统计方法为：

年为均日照时数是将12个月的日照日数累加而得。

降水量 指从天空降落到地面的液态或固态（经水融化后）水，未经蒸发、渗透、流失而在地面上积聚的深度。其统计方法为：

年平均降水量是将12个月的月降水量累加而得。

相对湿度 指空气中实际所含水蒸气密度的百分比值。其统计方法为；

年相对湿度是将12个月的平均相对湿度累加后除以12而得。

2

国民经济核算

NATIONAL ACCOUNTS

2—1 地区生产总值及指数

（不含农垦）

年　份	地区生产总值	第一产业	第二产业	第三产业	人均地区生产总值(元)
绝对数（万元）					
1987	118213	15254	31968	70991	
1988	176861	22653	49012	105197	
1989	264275	25782	72846	165647	
1990	321264	26781	86590	207893	3255
1991	436544	29446	111272	295826	4363
1992	928350	36098	201114	691138	8855
1993	963422	53361	317313	592748	8659
1994	1025031	71716	332477	620838	8797
1995	1113036	80342	314202	718492	9299
1996	1204524	94246	305100	805178	9860
1997	1295028	102789	317492	874747	10376
1998	1415338	122781	353626	938932	11122
1999	1551511	138526	390097	1022888	11990
2000	1752333	154438	433323	1164571	12471
2001	1889780	158130	474413	1257237	12293
2002	2045836	171326	558298	1316212	12816
2003	2361214	185831	687323	1488059	14330
2004	2715248	215199	767000	1733049	16069
2005	2993380	230932	818924	1943523	17365
2006	3449036	259459	989558	2200019	19686
2007	3878224	268138	1060298	2549788	21780
2008	4399393	322870	1069614	3006909	24242
2009	4812787	341058	1114860	3356869	25920
2010	5951444	381901	1428286	4141257	30329
2011	7132980	477054	1779130	4876796	35669
2012	7972353	507645	1971328	5493380	39261

2—1 地区生产总值及指数

（不含农垦）

年 份	地区生产总值	第一产业	第二产业	第三产业	人均地区生产总值(元)
指数（以上年为100）					
1987	115.5	101.3	115.0	120.6	
1988	116.2	102.9	129.3	113.1	
1989	118.1	102.4	113.1	123.9	
1990	120.3	107.4	119.8	122.5	
1991	130.4	105.9	130.1	133.7	
1992	177.4	114.6	160.3	190.2	169.4
1993	105.8	121.2	148.9	92.4	99.7
1994	104.1	110.4	104.1	103.5	99.4
1995	102.8	109.6	93.5	107.0	100.1
1996	105.9	111.0	99.0	108.3	103.7
1997	109.1	110.4	107.9	109.4	106.8
1998	110.8	113.4	112.3	109.9	108.6
1999	111.0	117.9	113.7	109.1	109.1
2000	110.2	109.2	112.3	109.6	101.5
2001	110.3	107.8	115.3	108.8	100.8
2002	111.4	107.2	122.7	107.7	107.3
2003	113.7	106.6	127.3	108.8	110.1
2004	113.5	107.8	114.4	113.8	110.7
2005	111.2	107.2	110.9	111.9	109.4
2006	112.0	108.6	113.3	111.8	110.1
2007	111.5	107.7	109.9	113.8	109.8
2008	110.3	108.6	100.2	114.6	107.9
2009	110.9	108.1	109.4	111.7	108.3
2010	117.5	105.2	119.3	118.1	107.8
2011	112.4	106.2	113.5	112.6	110.3
2012	109.3	106.3	110.3	109.3	107.6

注：1、人均地区生产总值按常住人口计算
2、地区生产总值及人均地区生产总值和指数均根据2008年第二次经济普查结果进行调整。

2—2 分行业增加值

（不含农垦）

年　份	地区生产总　值	农　业	工　业	建筑业	交通运输邮电仓储业
绝对数（万元）					
1986	98381	17842	17990	9129	6221
1987	118213	15254	21830	10138	9118
1988	176861	22653	33858	15154	12048
1989	264275	25782	42665	30181	21199
1990	321264	26781	55885	30705	29942
1991	436544	29446	63270	48002	47226
1992	928350	36098	103210	97904	66317
1993	963422	53361	159371	157943	98040
1994	1025031	71716	164555	167922	146136
1995	1113036	80342	170922	143280	165908
1996	1204524	94246	166085	139015	198486
1997	1295028	102789	183644	133849	217518
1998	1415338	122781	209102	144523	242135
1999	1551511	138526	253260	136837	275724
2000	1752333	154438	300728	132595	313182
2001	1889780	158130	332627	141786	339777
2002	2045836	171326	424435	133863	368093
2003	2361214	185831	530506	156817	395474
2004	2715248	215199	575076	191924	453860
2005	2993380	230932	608744	210180	396319
2006	3449036	259459	766413	223145	431627
2007	3878224	268138	813144	247154	465771
2008	4399393	322870	749383	320231	483393
2009	4812787	341058	748190	366670	495550
2010	5951444	381901	989555	438731	554202
2011	7132980	477054	1235591	543539	599713
2012	7972353	507645	1351884	619444	634263

2—2 续

年　份	批发零售贸易和餐饮业	金融业	房地产业	其他社会服务业
绝对数（万元）				
1986	17126	15633	2919	11521
1987	24155	19009	3538	15171
1988	36705	27197	6619	22628
1989	60420	37375	10088	36566
1990	74436	43423	12202	47890
1991	104174	46029	29883	68515
1992	260097	61718	180782	122223
1993	143904	77847	121596	151360
1994	146689	97308	40562	190142
1995	169824	94239	51853	236668
1996	193183	99861	45645	268004
1997	224413	98757	45641	288418
1998	241309	91794	53295	310399
1999	271716	86607	56471	332369
2000	309054	86872	60398	395064
2001	338003	84881	64247	430329
2002	372651	80573	69084	425810
2003	415905	81271	78908	516501
2004	500526	86192	89824	602647

2—2 续1

年　份	批发和零售业	住宿和餐饮业	金　融保险业	房　地产　业	营利性服务业	非营利性服务业
绝对数（万元）						
2005	476991	119237	107615	116655	318053	408654
2006	536645	131235	140266	144255	358529	457463
2007	605242	143246	223035	196347	410173	505973
2008	716337	167057	314427	266225	479219	580251
2009	840360	181815	391872	287382	522107	637783
2010	1145278	205515	462013	392494	610928	770827
2011	1306713	237257	594619	457641	730902	949951
2012	1490318	269983	723185	502980	823960	1048691

2—3 地区生产总值及指数

（含农垦）

年　份	地区生产总值	第一产业	第二产业	第三产业	人均地区生产总值（元）
绝对数（万元）					
2005	3088614	265080	854708	1968825	21274
2006	3551156	296875	1029948	2224333	23820
2007	3981165	312550	1094318	2574297	26209
2008	4510082	376303	1097776	3036003	29215
2009	5059920	393098	1131955	3534867	32220
2010	6313099	443184	1419761	4450153	39617
2011	7617575	518919	1677180	5421477	36679
2012	8584869	540195	1831610	6213063	40508
2013	9894896	556132	2045560	7293205	45890
2014	10917021	570670	2174861	8171490	49943
2015	11619648	570865	2236678	8812105	52843
2016	12576653	639095	2335600	9601958	56315
2017	13905779	625058	2522183	10758538	61589
指数（以上年为100）					
2005	111.5	107.2	111.1	112.3	108.4
2006	112.0	108.8	113.9	111.6	109.1
2007	111.2	100.1	109.2	113.7	109.2
2008	110.1	108.5	99.9	114.7	108.4
2009	112.1	110.7	109.1	113.3	110.4
2010	119.1	104.9	119.7	120.4	117.5
2011	112.5	105.7	111.3	113.6	111.2
2012	108.4	106.0	109.5	108.3	106.2
2013	110.4	105.5	109.3	111.1	108.8
2014	109.2	97.8	105.6	111.1	107.7
2015	107.5	101.4	105.8	108.3	106.2
2016	107.7	103.5	105.8	108.5	106.7
2017	107.5	103.8	105.0	108.4	106.4

注：1、2005-2010年人均GDP按户籍人口计算，2011年后按常住人口计算，增速2012年后按常住人口计算。
2、地区生产总值及人均地区生产总值和指数均根据2013年第三次经济普查结果进行调整。
3、2013年起三次产业划分按2012年新产业划分标准执行。
4、2013年数据根据经济普查调整，下同。

2—4 分行业增加值

（含农垦）

年　份	地区生产总　值	农、林、牧、渔业	工　业	建筑业	批发和零售业	交通运输、仓储和邮政业
绝对数（万元）						
2005	3088614	265080	637887	216821	478670	397616
2006	3551156	296875	796975	232973	539780	433452
2007	3981165	312550	837680	256639	607953	467677
2008	4510082	376303	766257	331518	721204	486028
2009	5059920	393098	758354	377213	868476	509412
2010	6313099	443184	957711	465665	1191945	592955
2011	7617575	518919	1132231	549126	1386851	615319
2012	8584869	540195	1171879	664292	1535144	664522
2013	9894896	556132	1306818	743152	1717795	922315
2014	10917021	570670	1351965	822896	1893223	1167880
2015	11619648	570865	1351116	888965	1934886	1153073
2016	12576653	639095	1349243	989806	2014805	1227982
2017	13905779	660919	1422231	1103752	2089110	1419085

2—4 续

（含农垦）

年　份	住宿和餐饮业	信息传输、软件和信息技术服务业	金融业	房地产业	租赁和商务服务业	科学研究和技术服务业
绝对数（万元）						
2005	119916	120582	107615	119131	84016	32390
2006	131913	133122	140266	147324	95902	37730
2007	144409	156723	223035	199936	104500	42876
2008	168714	182299	314427	269984	125160	49555
2009	192075	211184	421587	317064	126769	60427
2010	229605	260906	484934	450970	144091	84564
2011	296655	352024	721212	527214	179087	119108
2012	331513	401581	851730	657840	256392	149486
2013	366828	489483	978696	794339	290215	206106
2014	384019	499787	1155287	841193	318700	267985
2015	423728	489325	1312205	883525	344038	290207
2016	444080	534924	1526031	976902	383514	324417
2017	529688	635897	1672696	1138291	488892	346231

2-4 续（一）

（含农垦）

年　份	水利、环境和公共设施管理业	居民服务、修理和其他服务业	教 育	卫生和社会工作	文化、体育和娱乐业	公共管理、社会保障和社会组织
绝对数（万元）						
2005	13338	62825	116064	55577	50630	191285
2006	15537	71712	135199	64739	57793	204257
2007	16956	82322	151148	75932	66628	219062
2008	19596	91008	176452	82761	80752	251887
2009	22649	106870	208938	99330	86710	285459
2010	31072	138665	270620	124290	88673	336493
2011	31775	136489	378295	139054	107756	407795
2012	40856	143041	439452	164494	89452	464001
2013	54163	158124	472334	228032	96131	489388
2014	60757	158831	498764	276459	107495	510887
2015	61751	180158	742310	286216	133797	542511
2016	79913	203434	794289	302008	156172	595598
2017	92046	254479	839356	342395	197787	672924

2—5 历年三次产业贡献率

（含农垦）　　单位：%

年　份	地区生产总值	第一产业	第二产业	#工业	第三产业
1988	100.0	2.3	49.0	34.5	48.7
1989	100.0	1.7	20.0	3.9	78.3
1990	100.0	3.6	26.9	16.5	69.5
1991	100.0	1.6	26.7	5.0	71.7
1992	100.0	1.3	19.8	8.2	78.9
1993	100.0	14.3	184.0	132.7	-98.3
1994	100.0	14.0	33.0	-4.4	53.0
1995	100.0	23.7	-74.3	-54.5	150.6
1996	100.0	13.5	-5.0	-16.5	91.5
1997	100.0	9.0	21.9	18.2	69.1
1998	100.0	9.8	28.1	13.4	62.1
1999	100.0	14.1	31.2	27.9	54.7
2000	100.0	8.1	30.4	33.2	61.6
2001	100.0	6.7	36.7	31.1	56.6
2002	100.0	5.3	50.0	47.4	44.8
2003	100.0	4.0	54.4	47.7	41.5
2004	100.0	4.6	31.1	23.5	64.3
2005	100.0	5.1	27.5	22.4	67.4
2006	100.0	5.5	30.5	30.1	64.0
2007	100.0	5.0	24.7	20.1	70.3
2008	100.0	5.8	0.6	-4.9	93.6
2009	100.0	6.2	18.2	8.3	75.6
2010	100.0	2.0	23.1	16.6	74.9
2011	100.0	3.3	20.3	13.1	76.4
2012	100.0	4.9	24.8	13.8	70.3
2013	100.0	3.3	19.1	7.4	77.6
2014	100.0	5.2	19.9	12.4	74.9
2015	100.0	1.0	15.5	6.6	83.5
2016	100.0	2.3	14.4	3.6	83.3
2017	100.0	2.5	12.5	6.2	85.0

注：本表按不变价格计算。三次产业贡献率指各产业增加值增量与GDP增量之比。

2—6 历年三次产业对全省生产总值增长的贡献

（不含农垦）

单位：百分点

年　份	地区生产总值	第一产业	第二产业	#工业	第三产业
1988	34.4	4.1	43.9	36.8	42.0
1989	73.0	4.5	34.4	23.7	234.3
1990	55.3	4.9	75.1	75.5	96.4
1991	64.1	4.0	64.3	18.6	97.5
1992	67.6	8.6	72.4	57.4	73.0
1993	14.0	13.6	51.3	87.8	–37.4
1994	13.5	5.6	11.6	–3.5	25.9
1995	23.0	5.6	45.4	60.2	76.7
1996	38.3	12.7	–18.9	–40.3	69.8
1997	41.3	9.2	52.6	44.1	65.7
1998	40.0	11.1	52.4	37.5	58.2
1999	41.4	13.0	66.3	77.1	62.4
2000	37.0	7.3	65.1	83.2	53.4
2001	37.7	6.5	72.6	77.5	51.0
2002	38.7	6.4	62.3	65.6	45.6
2003	41.0	5.6	52.4	51.6	55.0
2004	41.7	7.4	35.5	33.9	67.7
2005	35.3	9.2	24.1	26.5	57.0
2006	29.6	7.3	22.8	25.3	48.3
2007	23.6	7.7	13.0	11.4	42.7
2008	30.9	8.3	1.1	–22.1	45.4
2009	27.3	8.3	18.8	19.2	38.8
2010	31.8	6.1	25.3	29.6	40.4
2011	29.8	7.1	22.1	24.7	41.1
2012	28.9	7.2	23.3	27.1	41.6

注：本表按不变价格计算。

2—7 历年三次产业对全省生产总值增长的贡献

（含农垦）　　　　单位：百分点

年　　份	地区生产总值	第一产业	第二产业	#工业	第三产业
2005	37.4	10.6	25.6		59.6
2006	30.6	8.5	24.9		48.2
2007	23.7	0.1	12.5		42.9
2008	31.2	9.6	−0.7		46.1
2009	35.1	12.2	22.2		49.9
2010	41.7	7.8	29.8		54.8
2011	31.8	7.9	19.2		45.6
2012	30.4	9.0	23.0		42.2
2013	35.7	8.0	26.8		46.4
2014	38.6	−4.0	13.6	0.9	66.8
2015	34.6	2.2	22.8	19.6	47.1
2016	32.3	4.8	28.2	20.1	39.3
2017	34.3	6.4	41.5	106.6	45.1

注：本表按不变价格计算。

主要统计指标解释

地区生产总值 是按市场价格计算的国内生产总值的简称。它是一个国家（地区）所有常住单位在一定时间内生产活动的最终成果。地区生产总值有三种表现形态，即价值形态、收入形态和产品形态。从价值形态看，它是所有常住单位在一定时间内所生产的全部货物和服务价格超过同期投入的全部非固定资产货物和服务价值的差额，即所有常住单位的增加值之和；从收入形态看，它是所有常住单位的在一定时间内所创造并分配给常住单位和非常住单位的初次分配收入之和；从产品形态看，它是最终使用的货物和服务减去进口货物和服务。在实际核算中，地区生产总值的三种表现形态为三种计算方法，即生产法、收入法和支出法。三种方法分别从不同的方面反映地区生产总值及其构成。

增加值 指各部门（单位）在一定时期内从事经济、科技、社会活动获得最终成果的货币表现。反映生产单位或部门对国内生产总值的贡献。增加值包括固定资产折旧、劳动者报酬、生产税净额、营业盈余。

三次产业 根据社会生产活动历史发展的顺序对产业结构的划分，产品直接取自自然界的部门称为第一产业，对初级产品进行再加工的部门称为第二产业，为生产和消费提供各种服务的部门称为第三产业。它是世界上通用的产业结构分类，但各国的划分不尽一致。我国的三次产业划分是：

第一产业 农业（包括种植业、林业、牧业、渔业等）

第二产业 工业（包括采掘工业、制造业、自来水、电力、蒸气、热水、煤气）和建筑业

第三产业 除第一、第二产业以外的其他各业。由于第三产业包括的行业多、范围广，根据我国的实际情况，第三产业可分为两大部门：一是流通部门，二是服务部门。具体又可分为四个层次。

第一层次：流通部门，包括交通运输业、邮电通讯业、商业饮食业、物质供销和仓储业。

第二层次：为生活服务的部门，包括金融、保险业、房地产业、公用事业、居民服务、旅游业、咨询信息和各类技术服务业等。

第三层次：为提高科学文化和居民素质服务的部门，包括教育、文化、广播电视事业、科研、卫生、体育和社会福利等。

第四层次：为社会公共需要服务的部门，包括国家机关、党政机关、社会团体以及军队和警察等。

总消费 是常住单位在一定时期内对于物质产品和服务的最终消费支出的供不应求总消费分为居民消费和社会消费。

（1）居民消费是常住居民在核算期内为个人最终消费需求而购买的物质产品和服务的全部支出。一是居民以货币直接购买的用于生活消费的各种物质产品。包括各种耐用消费品和非耐用消费品支出，不包括居民购买的房屋和用于生产目的的支出；二是居民直接购买的用于生活消费的各种支出，包括交通费、房租、洗理、日用品修理、医疗保健、教育、文化、家庭保姆等支出；三是居民以实物工资获得的各种生活消费，包括居民得到的免费和低于市场价格获得的各种物质产品和服务；四是居民自产自用的计入核算期社会产品中的物质产品、自有住房的虚拟房租消费等。

（2）社会消费包括政府消费和集体消费两部分。政府消费，是指政府部门向社会提供的公共服务支出和对居民提供的消费性货物和服务的转移支出；集体消费，是各种生产单位和团体支付与本身生产活动无关的仅供集体最终消费的物质产品和服务的支出。

总投资 是常住单位在核算期内对固定资产和库存的投资支出合计，分为固定资产形成和库存增加。

（1）固定资产形成是常住单位在核算期内建造和购置的固定资产的全部投资。包括各类房屋、建筑物、机器设备、役畜种畜、各种经济林木营造和在建工程等，不包括居民拥有的耐用消费品和作为纯军事目的而使用的耐用品。具体固定资产形成包括四个部分，一是由基本建设投资所形成的固定资产价值；二是由更新改造投资增加的固定资产价值；三是通过大修理增加的固定资产价值；四是由其他资金支出形成的固定资产价值。

（2）库存增加常住单位在核算期内库存实物量变动的市场价值。期初与期末差额为正值表示库存增加，负值表示库存减少。具体包括生产单位从其他单位购买的原材料、燃料和各种储备物资等。二是生产单位生产的各种产成品、在制品、半成品等。

当年价格 指报告期的实际价格，如工厂的产品出厂价格，农产品的收购价格，商业的零售价格等。按当年价格计算，是指一些与货币表现的物量指标，如工农业总产值、地区生产总值等，按照当

年的实际价格计算总量。使用当年价格计算的数字，是为了使国民经济各项指标互相衔接，便于考察当年社会经济效益，便于对生产和流通、生产和分配、生产和消费之间进行经济核算的综合平衡。

按当年价格计算的价值指标，在不同年份之间进行对比时，因为包含有各年间价格变动因素，不能确切地反映实物量的增减变动。必须消除价格变动因素后，才能真实反映经济发展动态。因此，在计算增长速度时都使用按可比价格计算的数字。

可比价格 指在不同时期的价格指标对比时，扣除了价格变动因素，以确切表示实物量的变化。按可比价格计算有两种方法：一种是直接用按产品产量乘其不变价格计算；一种是用物价指数换算。

平均每年增长速度 在我国计算平均增长速度有两种方法，一种是习惯上经常使用的“水平法”，又称几何平均法，是以间隔期最后一年的水平同基期水平对比来计算平均每年增长（或下降）速度。另一种是“累计法”，又称代数平均法或方程法，是以间隔期内各年水平的总和同基期水平对比来计算平均每年增长（或下降）速度。

在一般情况下，两种方法计算的平均每年增长速度比较接近，但在经济发展不平衡，出现大起大落时，两种方法计算的结果差别较大。

本《年鉴》内年所列的从某年平均增长速度的年份，均不包括基期年在内。如海南省办经济特区以来15年的平均增长速度是以1987年为基期计算的，则写为1988—2003年平均增长速度，其余类推。

各个计划时期：表内所用各个“时期”代表的年份如下：

第一个五年计划时期（简称一五时期）为1953年到1957年

第二个五年计划时期（简称二五时期）为1958年到1962年

第三个五年计划时期（简称三五时期）为1966年到1970年

第四个五年计划时期（简称四五时期）为1971年到1975年

第五个五年计划时期（简称五五时期）为1976年到1980年

第六个五年计划时期（简称六五时期）为1981年到1985年

第七个五年计划时期（简称七五时期）为1986年到1990年

第八个五年计划时期（简称八五时期）为1991年到1995年

第九个五年计划时期（简称九五时期）为1996年到2000年

第十个五年计划时期（简称十五时期）为2001年到2005年

3

人　口

POPULATION

3—1 历 年 人 口 数

单位：人

年份	总人口		按性别分		按农业、非农业分	
	常住人口	户籍人口	男	女	非农业人口	农业人口
1954		442276	223032	219244	107246	335030
1955		469286	233472	235814	120690	348596
1956		481470	239908	241562	133918	347552
1957		473807	233724	240083	129372	344435
1958		504569	242804	261765	124436	380133
1959		464148	224656	239492	148825	315323
1960		457014	221455	235559	145609	311405
1961		478244	234116	244128	151509	326735
1962		495434	243067	252367	153589	341845
1963		507141	253874	253267	167321	339820
1964		512680	257730	254950	162041	350639
1965		530173	266450	263723	170559	359614
1966		538597	263378	275219	170744	367853
1967		563987	282156	281831	191376	372611
1968		583759	291908	291851	199179	384580
1969		604414	302094	302320	218488	385926
1970		625680	311556	314124	212254	413426
1971		627788	316393	311395	171213	456575
1972		642811	323793	319018	172894	469917
1973		656448	330186	326262	177908	478540
1974		665155	336137	329018	179056	486099
1975		673747	341520	332227	182214	491533
1976		682815	346321	336494	185563	497252
1977		693059	352204	340855	191965	501094
1978		709161	361186	347975	203420	505741
1979		723823	368925	354898	212969	510854
1980		742340	378713	363627	229942	512398

3—1 续

单位：人

年　　份	总人口		按性别分		按城乡分	
	常住人口	户籍人口	男	女	城镇人口	乡村人口
1981		757648	387551	370097	243733	513915
1982		772287	395601	376686	253715	518572
1983		783516	402245	381271	260750	522766
1984		796244	407206	389038	275456	520788
1985		808903	415199	393704	288520	520383
1986		821955	423751	398204	298262	523693
1987		840280	433284	406996	311121	529159
1988		879060	453392	425668	334154	544906
1989		910542	471817	438725	354603	555939
1990	986956	935576	486101	449475	373374	562202
1991	1014342	959863	499458	460405	392540	567323
1992	1082501	990132	515765	474367	415255	574877
1993	1142750	1027949	534722	493227	444725	583224
1994	1187582	1070445	554862	515583	475237	595208
1995	1206193	1102460	571276	531184	502576	599884
1996	1236945	1132393	587120	545273	533341	599052
1997	1259163	1155922	600041	555881	560837	595085
1998	1286024	1181723	613868	567855	583241	598482
1999	1301921	1205914	624671	581243	604121	601793
2000	1508341	1261913	654455	607458	638423	623490
2001	1566200	1296199	668517	627682	671899	624300
2002	1626411	1341868	692038	649830	715069	626799
2003	1669198	1391913	717932	673981	760519	631394
2004	1710338	1430688	736248	694440	822506	608182
2005	1737300	1473015	754206	718809	864879	608136
2006	1766761	1508612	773466	735146	897718	610894
2007	1794543	1529352	784793	744559	914807	614545
2008	1835036	1558214	799935	758279	941271	616943
2009	1878465	1582686	812953	769733	955895	626791
2010	2046170	1604369	824686	779683	967336	637033
2011	2097300	1623884	835011	788873	975689	648195
2012	2141300	1615876	831864	784012	971158	644718
2013	2171100	1632328	837977	794351	977700	654628
2014	2200700	1653064	848529	804535	987958	665106
2015	2223000	1648005	847261	800744	907804	740201
2016	2243600	1670344	857903	812441	975606	694738
2017	2272100	1710495	876984	833511	999453	711042

注：2014年及以前的年份，城镇及乡村人口口径为非农业人口和农业人口。

3—2 历年人口出生、死亡、自然增长情况

年　份	出　生		死　亡		自然增长	
	出生人数(人)	出生率(‰)	死亡人数(人)	死亡率(‰)	自然增长人数(人)	自然增长率(‰)
1954	11541	26.39	4348	9.94	7193	16.45
1955	13540	29.71	5264	11.55	8276	18.16
1956	15277	32.14	4879	10.26	10398	21.88
1957	15479	32.41	4039	8.46	11440	23.95
1958	12772	26.11	3840	7.85	8932	18.26
1959	11076	22.87	7443	15.37	3633	7.50
1961	10379	22.19	5044	10.79	5335	11.40
1962	12098	24.85	2466	5.07	9632	19.78
1963	18590	37.08	3647	7.28	14943	29.80
1964	16574	32.50	3675	7.21	12899	25.29
1965	16989	32.58	3032	5.81	13957	26.77
1966	15426	24.32	3413	5.38	12013	18.94
1970	15957	25.94	2316	3.77	13641	22.17
1971	15121	24.13	2585	4.12	12536	20.01
1972	15949	25.10	3499	5.51	12450	19.59
1973	15490	23.84	3650	5.62	11840	18.22
1974	12980	19.64	4215	6.38	8765	13.26
1975	12064	18.02	4062	6.07	8002	11.95
1976	11272	16.62	4545	6.70	6727	9.92
1977	12267	17.83	4278	6.22	7989	11.61
1978	14249	20.32	3775	5.38	10474	14.94
1979	15604	21.78	3942	5.50	11662	16.28
1980	14374	19.61	4054	5.53	10320	14.08

3—2 续

年份	出生		死亡		自然增长	
	出生人数(人)	出生率(‰)	死亡人数(人)	死亡率(‰)	自然增长人数(人)	自然增长率(‰)
1981	14828	19.77	4070	5.43	10758	14.34
1982	12700	16.60	3745	4.90	8955	11.70
1983	11190	14.38	4002	5.14	7188	9.24
1984	11466	14.52	3496	4.43	7970	10.09
1985	10129	12.62	3618	4.51	6511	8.11
1986	10671	13.09	3778	4.63	6893	8.46
1987	11634	14.00	3898	4.69	7736	9.31
1988	12492	14.53	3925	4.57	8567	9.96
1989	19446	21.73	4324	4.83	15122	16.90
1990	15551	16.39	4333	4.57	11218	11.82
1991	17077	17.07	4306	4.30	12771	12.77
1992	18613	17.75	4467	4.26	14146	13.49
1993	19074	17.14	4874	4.38	14200	12.76
1994	19319	16.58	4679	4.02	14640	12.56
1995	18829	15.73	4742	3.96	14087	11.77
1996	18816	15.40	4994	4.09	13822	11.31
1997	17961	14.39	4436	3.55	13525	10.84
1998	17672	13.89	4621	3.63	13051	10.26
1999	16281	12.58	4616	3.57	11665	9.01
2000	17581	12.51	5296	3.77	12285	8.74
2001	18466	12.01	4794	3.12	13672	8.89
2002	19033	11.92	4837	3.03	14196	8.89
2003	17393	10.42	5525	3.31	11868	7.11
2004	17276	10.35	5358	3.21	11918	7.14
2005	17755	10.22	5386	3.10	12369	7.12
2006	17915	10.14	5530	3.13	12385	7.01
2007	18412	10.26	5671	3.16	12741	7.10
2008	19727	10.75	6423	3.50	13304	7.25
2009	20062	10.68	6669	3.55	13393	7.13
2010	23179	11.37	8289	4.07	14890	7.30
2011	26002	12.52	8993	4.33	17009	8.19
2012	26534	12.52	9198	4.34	17336	8.18
2013	27211	12.62	9595	4.45	17616	8.17
2014	27630	12.64	10077	4.61	17553	8.03
2015	28489	12.88	10794	4.88	17695	8.00
2016	28765	12.88	10899	4.88	17866	8.00
2017	30187	13.37	11041	4.89	19146	8.48

3—3 人口变动情况抽样调查分区主要指标

（2017年底）

指　标	全　市	秀英区	龙华区	琼山区	美兰区
一、年底常住人口(万人)	227.21	38.78	66.98	51.17	70.28
二、各年龄段占的比率(%)					
0—14岁	16.78	18.30	16.88	18.09	14.90
15—64岁	76.04	74.85	76.45	74.49	77.43
65岁及以上	7.18	6.85	6.67	7.42	7.67
三、自然增长情况(‰)					
出生率	13.37	14.08	13.22	14.02	12.67
死亡率	4.89	5.09	4.84	5.08	4.69
自然增长率	8.48	8.99	8.38	8.94	7.98
四、分城乡人口(万人)					
城镇人口	177.69	25.39	58.88	36.01	57.41
乡村人口	49.52	13.39	8.10	15.16	12.87

注：城乡人口是按照国家统计局《统计上划分城乡的规定》计算

3—4 分乡镇（街道）户籍总人口

（2017年底）　　单位：户、人

乡镇（街道）名称	总户数	总人口	按性别分		按城乡分	
			男	女	城镇人口	乡村人口
海口市	**549260**	**1710495**	**876985**	**833510**	**999453**	**711042**
秀英区	**102616**	**324972**	**168037**	**156935**	**134829**	**190143**
秀英办事处	9626	25233	12834	12399	25233	
海秀办事处	13643	38155	19999	18156	38155	
长流镇	16193	45125	22715	22410	24633	20492
西秀镇	19646	54243	27888	26355	7759	46484
海秀镇	5529	16079	8076	8003	13431	2648
石山镇	11674	41962	22037	19925	5311	36651
永兴镇	9701	34504	17982	16522	9573	24931
东山镇	16604	69671	36506	33165	10734	58937
龙华区	**147736**	**474602**	**244702**	**229900**	**318851**	**155751**
中山办事处	10615	34541	17492	17049	34541	
滨海办事处	16891	53495	27461	26034	53495	
大同办事处	15477	52356	27413	24943	52356	
海垦办事处	20034	55462	28180	27282	49271	6191
金宇办事处	11768	32218	16596	15622	16430	15788
金贸办事处	18469	54610	28112	26498	54610	
城西镇	16538	45330	22488	22842	37131	8199
新坡镇	9230	39084	20391	18693	4482	34602
遵谭镇	7575	28993	15178	13815	5152	23841
龙桥镇	7196	27714	14414	13300	4580	23134
龙泉镇	13943	50799	26977	23822	6803	43996
琼山区	**123260**	**390406**	**203023**	**187383**	**179511**	**210895**
国兴街道办事处	6187	17834	9189	8645	17834	
府城街道办事处	35440	103179	53267	49912	102669	510
凤翔街道办事处	6758	20172	10157	10015	12988	7184
滨江街道办事处	8596	23045	11783	11262	23045	
云龙镇	6401	21902	11238	10664	7076	14826
红旗镇	7248	26443	13823	12620	2356	24087
三门坡镇	14104	46746	24329	22417	4254	42492
大坡镇	8092	25894	13480	12414	1986	23908
甲子镇	10417	36965	19697	17268	1232	35733
龙塘镇	11652	37705	19947	17758	5994	31711
旧州镇	8365	30521	16113	14408	77	30444
美兰区	**175648**	**520515**	**261223**	**259292**	**366262**	**154253**
博爱办事处	14168	42996	21730	21266	39996	3000
白沙办事处	8654	24664	12560	12104	21664	3000
白龙办事处	11801	34918	17701	17217	32257	2661
和平南办事处	12024	40684	20856	19828	37684	3000
海甸办事处	16224	43176	21626	21550	38176	5000
人民路办事处	15372	44888	22763	22125	38083	6805
海府办事处	20974	65636	33307	32329	62636	3000
新埠办事处	6008	16026	7732	8294	16026	
蓝天办事处	8687	23781	11988	11793	23780	1
灵山镇	28098	84523	41575	42948	15815	68708
演丰镇	8639	25268	12262	13006	5315	19953
三江镇	5443	15212	7816	7396	7844	7368
大致坡镇	8385	26989	13766	13223	4084	22905
桂林洋农场	6046	17132	8411	8721	17132	
三江农场	5067	12071	6028	6043	3219	8852
高校区街道办事处	58	2551	1102	1449	2551	

主要统计指标解释

总人口数　是指一定时点，一定地区范围内的有生命的个人的总和。年度统计的年末人口数是指每年12月31日24时的人口数。户籍人口是在公安部门户籍登记的基础上取得的。常住人口是指：1.常住本市，并在本市登记了常住户口的人；2.已在本市常住半年以上，常住户口在外地的人；3.在本市居住不满半年，但已离开常住户口登记地半年以上的人；4.普查时住在本市，常住户口待定的人；5.原住本市，普查时在国外工作或者学习，暂无常住户口的人。

农业人口和非农业人口　是按职业性质划分的人口分组。农业人口是指从事农、林、牧、渔业生产活动的劳动者及其赡（抚）养人口；非农业人口是指上述农业（农、林、牧、渔）以外的其他各种职业的劳动者及其赡（抚）养人口。由农业和非农业劳动者共同赡（抚）养的人口按其主要生活费用来源进行划分。

出生率　是指在一定时期内（通常为一年）出生人数（活产婴儿）与同期平均人口数之比，它反映了该时期人口出生水平，一般以千分率表示。计算公式：

$$出生率=\frac{年出生人数}{年平均人口数}\times 1000‰$$

死亡率　是指在一定时期内（通常为一年）死亡人数与同期平均人口数之比，一般以千分率表示。计算公式：

$$死亡率=\frac{年死亡人数}{年平均人口数}\times 1000‰$$

人口自然增长率　是指在一定时期内（通常为一年）人口自然增长数（出生人数减死亡人数）与同期平均人口数之比，一般以千分率表示。计算公式：

$$人口自然增长率=\frac{本年出生人数-本年死亡人数}{年平均人口数}\times 1000‰$$

人口自然增长率=人口出生率–人口死亡率

年平均人口数是年初、年末人口数的平均数。

人口平均增长速度　指在两年以上的时期内，平均每年人口增长程度或增长速度（包括人口机械变动因素），最常用的计算方法是几何平均数法。计算公式：

人口平均增长率=人口平均发展速度–1

4

就业和工资

EMPLOYMENT AND WAGES

4—1 全市从业人员年未人数

单位：人

指　标	2013年	2014年	2015年	2016年	2017年
一、就业人员	**1530004**	**1612228**	**1684317**	**1650537**	**1751574**
1、城镇国有单位	151372	152477	153296	151453	158588
2、城镇集体单位	10127	8776	7079	7061	5877
3、城镇其他经济类型单位	332068	351512	331245	355644	357087
4、城镇私营单位	474425	550471	611794	549852	582442
5、城镇个体	210704	192016	194245	214371	267351
6、乡村	351308	356976	373335	372156	380229
二、按三次产业分					
第一产业	242592	307738	301355	289067	285562
第二产业	272182	274800	283841	273673	275274
第三产业	1015230	1029690	1099121	1087797	1190738

备注：从2011年起职工、其他从业人员均含农垦单位数(下同)

4—2 全市分行业从业人员年末人数

单位：人

指　　标	2016年	2017年
总　计	**1650537**	**1751574**
1、农、林、牧、渔业	289067	285562
2、采矿业	1661	1494
3、制造业	110263	106715
4、电力、热力、燃气及水的生产和供应业	6362	12109
5、建筑业	155387	154956
6、批发和零售业	342276	342523
7、交通运输、仓储和邮政业	82301	92518
8、住宿和餐饮业	91182	101872
9、信息传输、软件和信息技术服务业	46009	70112
10、金融业	30871	34120
11、房地产业	95489	107138
12、租赁和商务服务业	119062	128274
13、科学研究和技术服务	34441	38841
14、水利、环境和公共设施管理业	13608	17965
15、居民服务、修理和其他服务业	50544	56157
16、教育	49914	51864
17、卫生和社会工作	30188	33500
18、文化、体育和娱乐业	20486	22235
19、公共管理、社会保障和社会组织	45779	46268
20、其他	35647	47351

4—3 各区按行业分组城镇非私营单位在岗职工年末人数

（2017年）

单位：人

指　　标	全　市	秀英区	龙华区	琼山区	美兰区
总　计	**499416**	**95610**	**218588**	**49233**	**135985**
1、农、林、牧、渔业	36625	186	33967	807	1665
2、采矿业	12	1	11		
3、制造业	45369	21474	15466	2563	5866
4、电力、热力、燃气及水的生产和供应业	9413	354	1390	469	7200
5、建筑业	36828	3674	22421	3595	7138
6、批发和零售业	39450	9010	17892	1804	10744
7、交通运输、仓储和邮政业	51538	20952	6503	831	23252
8、住宿和餐饮业	15976	2555	5916	1415	6090
9、信息传输、软件和信息技术服务业	16201	1594	12224	134	2249
10、金融业	22801	202	19566	13	3020
11、房地产业	49213	6776	23530	5675	13232
12、租赁和商务服务业	13979	1237	4592	1672	6478
13、科学研究和技术服务	14585	1251	5918	2229	5187
14、水利、环境和公共设施管理业	14275	3912	7593	319	2451
15、居民服务、修理和其他服务业	1853	289	916	261	387
16、教育	47580	5667	11998	13607	16308
17、卫生和社会工作	29828	6712	8458	6385	8273
18、文化、体育和娱乐业	7994	487	5027	1347	1133
19、公共管理、社会保障和社会组织	45896	9277	15200	6107	15312

4—4 各区按行业分组城镇非私营单位国有单位在岗职工年末人数

（2017年） 单位：人

指 标	全 市	秀英区	龙华区	琼山区	美兰区
总 计	**155229**	**26576**	**53049**	**27252**	**48352**
1、农、林、牧、渔业	1840	79	328	485	948
2、采矿业					
3、制造业	1345	935	209	81	120
4、电力、热力、燃气及水的生产和供应业	6971		1352	112	5507
5、建筑业	5134	74	2281	2629	150
6、批发和零售业	1264	553	174	257	280
7、交通运输、仓储和邮政业	7235	3944	3220	13	58
8、住宿和餐饮业	673	49	401	6	217
9、信息传输、软件和信息技术服务业	1596	1375	185	21	15
10、金融业	6738		4376		2362
11、房地产业	2147	611	785	121	630
12、租赁和商务服务业	1631	295	798	139	399
13、科学研究和技术服务	6916	552	2655	1443	2266
14、水利、环境和公共设施管理业	5874	115	3730	236	1793
15、居民服务、修理和其他服务业	112		106		6
16、教育	34400	3763	8715	10220	11702
17、卫生和社会工作	21850	4944	6096	4694	6116
18、文化、体育和娱乐业	3868	10	2591	688	579
19、公共管理、社会保障和社会组织	45635	9277	15047	6107	15204

4—5 各区按行业分组城镇非私营单位城镇集体单位在岗职工年末人数

（2017年）　　　　单位：人

指　标	全　市	秀英区	龙华区	琼山区	美兰区
总　计	**5749**	**589**	**615**	**1308**	**3237**
1、农、林、牧、渔业					
2、采矿业	11		11		
3、制造业	68	22		13	33
4、电力、热力、燃气及水的生产和供应业					
5、建筑业	2393		100		2293
6、批发和零售业	270	7	46	97	120
7、交通运输、仓储和邮政业	59		21		38
8、住宿和餐饮业					
9、信息传输、软件和信息技术服务业					
10、金融业					
11、房地产业	228	51	118	29	30
12、租赁和商务服务业	73		41		32
13、科学研究和技术服务	389		114	40	235
14、水利、环境和公共设施管理业					
15、居民服务、修理和其他服务业	17		10	7	
16、教育	95	51	9	33	2
17、卫生和社会工作	2122	458	145	1089	430
18、文化、体育和娱乐业	24				24
19、公共管理、社会保障和社会组织					

4—6 各区按行业分组城镇非私营单位其他各种经济单位在岗职工年末人数

（2017年） 单位：人

指标	全市	秀英区	龙华区	琼山区	美兰区
总计	**338438**	**68445**	**164924**	**20673**	**84396**
1、农、林、牧、渔业	34785	107	33639	322	717
2、采矿业	1	1			
3、制造业	43956	20517	15257	2469	5713
4、电力、热力、燃气及水的生产和供应业	2442	354	38	357	1693
5、建筑业	29301	3600	20040	966	4695
6、批发和零售业	37916	8450	17672	1450	10344
7、交通运输、仓储和邮政业	44244	17008	3262	818	23156
8、住宿和餐饮业	15303	2506	5515	1409	5873
9、信息传输、软件和信息技术服务业	14605	219	12039	113	2234
10、金融业	16063	202	15190	13	658
11、房地产业	46838	6114	22627	5525	12572
12、租赁和商务服务业	12275	942	3753	1533	6047
13、科学研究和技术服务	7280	699	3149	746	2686
14、水利、环境和公共设施管理业	8401	3797	3863	83	658
15、居民服务、修理和其他服务业	1724	289	800	254	381
16、教育	13085	1853	3274	3354	4604
17、卫生和社会工作	5856	1310	2217	602	1727
18、文化、体育和娱乐业	4102	477	2436	659	530
19、公共管理、社会保障和社会组织	261		153		108

4—7 各区城镇非私营单位就业人员女职工年末人数

（2017年）　　单位：人

指　标	全　市	秀英区	龙华区	琼山区	美兰区
总　计	215445	38647	96278	23549	56971
一、按经济类型分					
1、国有经济单位	68321	11555	24049	12100	20617
2、城镇集体经济单位	2097	374	337	815	571
3、其他各种经济类型单位	145027	26718	71892	10634	35783
二、按行业分					
1、农、林、牧、渔业	13447	46	12409	280	712
2、采矿业					
3、制造业	19544	9855	5824	1261	2604
4、电力、热力、燃气及水的生产和供应业	2724	106	365	221	2032
5、建筑业	4564	1098	2701	82	683
6、批发和零售业	20107	3879	9355	652	6221
7、交通运输、仓储和邮政业	12664	4540	1363	151	6610
8、住宿和餐饮业	8598	1184	3203	898	3313
9、信息传输、软件和信息技术服务业	6129	545	4635	33	916
10、金融业	16939	84	15488	1	1366
11、房地产业	21009	2583	9680	2773	5973
12、租赁和商务服务业	5687	405	1972	753	2557
13、科学研究和技术服务	4732	477	1923	653	1679
14、水利、环境和公共设施管理业	9024	2518	5321	129	1056
15、居民服务、修理和其他服务业	1152	104	593	217	238
16、教育	30277	3508	8101	8413	10255
17、卫生和社会工作	20902	4651	6075	4369	5807
18、文化、体育和娱乐业	3785	175	2359	693	558
19、公共管理、社会保障和社会组织	14161	2889	4911	1970	4391

备注：女职工指标指单位从业人员的女性。

4—8 按经济类型分组城镇非私营单位就业人员年未人数

（2017年）　　单位：人

指　　标	合　计	#国有经济单位	集体经济单位	其他各种经济类型单位
总　　计	**521552**	**158588**	**5877**	**357087**
一、按行业分				
1、农、林、牧、渔业	36824	1845		34979
2、采矿业	12		11	1
3、制造业	45584	1350	70	44164
4、电力、热力、燃气及水的生产和供应业	10301	7854		2447
5、建筑业	42949	5327	2396	35226
6、批发和零售业	39730	1267	274	38189
7、交通运输、仓储和邮政业	53131	7240	59	45832
8、住宿和餐饮业	16236	673		15563
9、信息传输、软件和信息技术服务业	16254	1635		14619
10、金融业	31639	7334		24305
11、房地产业	50263	2178	249	47836
12、租赁和商务服务业	14081	1648	76	12357
13、科学研究和技术服务	15068	7079	457	7532
14、水利、环境和公共设施管理业	14545	6005		8540
15、居民服务、修理和其他服务业	1865	122	17	1726
16、教育	48191	34825	95	13271
17、卫生和社会工作	30420	22275	2149	5996
18、文化、体育和娱乐业	8191	3925	24	4242
19、公共管理、社会保障和社会组织	46268	46006		262
二、按三次产业分				
第一产业	36824	1845		34979
第二产业	98846	14531	2477	81838
第三产业	385882	142212	3400	240270

4—9 城镇非私营单位在岗职工年末人数

（2017年）　　单位：人

指　　标	在岗职工
总　　计	**499416**
一、按企业、事业、机关分	
1、企业	363394
2、事业	80778
3、机关	37733
4、民间非盈利组织	11473
5、其他	6038
二、按国民经济行业分	
1、农、林、牧、渔业	36625
2、采矿业	12
3、制造业	45369
4、电力、热力、燃气及水的生产和供应业	9413
5、建筑业	36828
6、批发和零售业	39450
7、交通运输、仓储和邮政业	51538
8、住宿和餐饮业	15976
9、信息传输、软件和信息技术服务业	16201
10、金融业	22801
11、房地产业	49213
12、租赁和商务服务业	13979
13、科学研究和技术服务	14585
14、水利、环境和公共设施管理业	14275
15、居民服务、修理和其他服务业	1853
16、教育	47580
17、卫生和社会工作	29828
18、文化、体育和娱乐业	7994
19、公共管理、社会保障和社会组织	45896

4—10 城镇非私营单位国有单位年末人数

（2017年） 单位：人

指　　标	在岗职工
总　　计	**155229**
一、按隶属关系分	
1、中央	21011
2、省、自治区、直辖市	56856
3、地区	35650
4、县及县以下	27305
5、其他	14407
二、按企业、事业、机关分	
1、企业	38822
2、事业	76394
3、机关	37733
4、民间非盈利组织	1151
5、其他	1129
三、按国民经济行业分	1264
1、农、林、牧、渔业	7235
2、采矿业	673
3、制造业	1596
4、电力、热力、燃气及水的生产和供应业	6738
5、建筑业	2147
6、批发和零售业	1631
7、交通运输、仓储和邮政业	6916
8、住宿和餐饮业	5874
9、信息传输、软件和信息技术服务业	112
10、金融业	34400
11、房地产业	21850
12、租赁和商务服务业	3868
13、科学研究和技术服务	45635
14、水利、环境和公共设施管理业	6005
15、居民服务、修理和其他服务业	122
16、教育	34825
17、卫生和社会工作	22275
18、文化、体育和娱乐业	3925
19、公共管理、社会保障和社会组织	46006

4—11 城镇非私营单位集体单位年末人数

（2017年）　　单位：人

指　　标	在岗职工
总　　计	**5749**
一、按企业、事业、机关分	
1、企业	3547
2、事业	1958
3、机关	
4、民间非盈利组织	179
5、其他	65
二、按国民经济行业分	
1、农、林、牧、渔业	
2、采矿业	11
3、制造业	68
4、电力、热力、燃气及水的生产和供应业	
5、建筑业	2393
6、批发和零售业	270
7、交通运输、仓储和邮政业	59
8、住宿和餐饮业	
9、信息传输、软件和信息技术服务业	
10、金融业	
11、房地产业	228
12、租赁和商务服务业	73
13、科学研究和技术服务	389
14、水利、环境和公共设施管理业	
15、居民服务、修理和其他服务业	17
16、教育	95
17、卫生和社会工作	2122
18、文化、体育和娱乐业	24
19、公共管理、社会保障和社会组织	

4—12 城镇非私营单位其他各种经济单位年末人数

（2017年） 单位：人

指　　标	在岗职工
总　　计	**338438**
一、企业、事业分	
1、企业	321025
2、事业	2426
4、民间非盈利组织	10143
5、其他	4844
二、按国民经济行业分	
1、农、林、牧、渔业	34785
2、采矿业	1
3、制造业	43956
4、电力、热力、燃气及水的生产和供应业	2442
5、建筑业	29301
6、批发和零售业	37916
7、交通运输、仓储和邮政业	44244
8、住宿和餐饮业	15303
9、信息传输、软件和信息技术服务业	14605
10、金融业	16063
11、房地产业	46838
12、租赁和商务服务业	12275
13、科学研究和技术服务	7280
14、水利、环境和公共设施管理业	8401
15、居民服务、修理和其他服务业	1724
16、教育	13085
17、卫生和社会工作	5856
18、文化、体育和娱乐业	4102
19、公共管理、社会保障和社会组织	261

4—13 历年按经济类型分组城镇非私营单位在岗职工工资总额和平均工资

年　份	工资总额(万元)	国有经济单位	城镇集体经济单位	其他各种经济类型单位	平均工资(元)	国有经济单位	城镇集体经济单位	其他各种经济类型单位
1957	1646				705			
1962	2159				684			
1965	2443	2443			732	732		
1970	2465	2465			707	707		
1971	2398	2398			629	629		
1972								
1973	4033	3197	836		698	714	607	
1974	4126	3254	872		696	719	622	
1975	4243	3255	988		696	719	628	
1976	4415	3356	1059		676	698	613	
1977	4736	3533	1203		673	697	612	
1978	5357	4092	1265		685	712	610	
1979	6069	4728	1341		747	789	630	
1980	7172	5627	1545		844	891	709	
1981	7791	6248	1543		855	920	664	
1982	8795	7108	1687		908	989	676	
1983	9386	7708	1678		964	1047	707	
1984	11102	8834	2252	16	1128	1232	845	1707
1985	13694	11058	2463	173	1294	1403	955	1501
1986	15221	12512	2401	308	1358	1482	946	1377
1987	16825	14156	2233	436	1449	1597	904	1532
1988	22760	18956	3082	722	1824	1964	1270	1796
1989	33548	27997	3404	2147	2406	2571	1447	3063
1990	44540	37232	3782	3526	2921	3119	1647	3482
1991	54216	44086	4034	6096	3264	3387	2017	3822
1992	95127	76996	7889	10242	4450	4668	3134	4328
1993	133717	100650	12225	20838	5793	5790	4030	7821
1994	181740	141328	12736	27676	7657	7910	5014	8331
1995	205964	155828	16065	34071	8205	8455	5870	8656
1996	197234	145328	11303	40603	8162	8352	4844	9163
1997	211968	151221	11907	48840	8470	8554	4986	9717
1998	185803	129480	6659	49664	8525	8639	3928	9731
1999	198138	136655	7268	54216	10425	10659	6790	10599
2000	207888	143956	7540	56392	11658	12377	7407	10881
2001	233318	163739	6775	62804	13323	14211	7871	12243
2002	313423	217628	9314	86481	13777	15165	7966	11960
2003	340392	233133	10784	96475	14820	16308	8405	13055
2004	424218	293311	10328	120579	17613	19431	9166	15333
2005	498116	343348	12278	142490	20220	22118	11151	17788
2006	557936	350096	15096	192744	21815	22896	12516	21231
2007	683963	407226	20547	256190	25722	27920	14915	24107
2008	789541	429397	20206	339938	27361	28992	19917	26087
2009	943375	495653	24785	422937	30643	32283	30424	29745
2010	1114645	583442	31409	499794	34192	36904	21998	32534
2011	1645326	927027	34720	683577	38060	38543	30212	37916
2012	1821039	959147	38731	823161	40805	40307	35137	41724
2013	2207863	829302	34287	1344274	46175	55602	34605	42128
2014	2533640	972561	33845	1527234	50608	64926	32714	44853
2015	2822584	1126235	29769	1666580	57455	74332	41141	50120
2016	3038393	1202900	32647	1802846	62030	81334	45943	53844
2017	3338371	1333678	31185	1973508	68037	86713	53666	59613

注：不包私营、乡镇企业和个体户，从2011年起在岗职工含农垦单位数(下同)。

4—14 各区按行业分组城镇非私营单位就业人员工资总额和平均工资

（2017年）

指　　标	全 市	秀英区	龙华区	琼山区	美兰区
一、工资总额(万元)	**3418561**	**577159**	**1442927**	**332386**	**1066089**
1、农、林、牧、渔业	153951	883	142827	2941	7300
2、采矿业	35	2	33	0	0
3、制造业	245549	113219	84019	19483	28827
4、电力、热力、燃气及水生产和供应业	85791	2065	13406	2775	67544
5、建筑业	171036	10836	85013	11392	63797
6、批发和零售业	220579	57186	93648	14706	55039
7、交通运输、仓储和邮政业	409784	124322	42748	2194	240520
8、住宿和餐饮业	64622	12022	22552	4718	25332
9、信息传输、软件和信息技术服务业	156259	9863	136229	771	9396
10、金融业	335734	4534	281787	45	49368
11、房地产业	240964	36312	110657	27134	66862
12、租赁和商务服务业	77081	7132	23795	6679	39475
13、科学研究、技术服务业	116025	8006	47044	17977	43000
14、水利、环境和公共设施管理业	60678	17521	27704	1971	13482
15、居民服务、修理和其他服务业	6898	1338	3233	816	1511
16、教育	366703	38232	89984	104118	134369
17、卫生和社会工作	257048	59336	74500	54923	68289
18、文化、体育和娱乐业	58990	3226	40930	8688	6146
19、公共管理、社会保障和社会组织	390834	71126	122818	51057	145834
二、平均工资(元)	**66857**	**65835**	**61998**	**68921**	**74713**
1、农、林、牧、渔业	37597	47203	37323	36172	43453
2、采矿业	28750	15000	30000	0	0
3、制造业	54630	56891	51163	75899	47585
4、电力、热力、燃气及水生产和供应业	85144	59342	83270	58174	88397
5、建筑业	42520	36385	39023	34437	52490
6、批发和零售业	55672	64052	52148	82430	50259
7、交通运输、仓储和邮政业	87097	77566	58192	26023	105344
8、住宿和餐饮业	39670	44874	37718	32897	40870
9、信息传输、软件和信息技术服务业	101566	60994	117066	59308	46956
10、金融业	108490	207046	101853	25167	162233
11、房地产业	48999	57049	47142	52893	47056
12、租赁和商务服务业	56186	55288	51705	41228	63598
13、科学研究、技术服务业	77557	64148	77643	79825	79614
14、水利、环境和公共设施管理业	42584	47445	35784	61781	54035
15、居民服务、修理和其他服务业	35213	43570	35490	35960	29403
16、教育	76491	68210	74086	76350	81175
17、卫生和社会工作	87342	91048	85790	91478	83026
18、文化、体育和娱乐业	72791	67077	79801	62190	56024
19、公共管理、社会保障和社会组织	84437	76677	80215	81469	94495

4—15 各区按行业分组城镇非私营单位在岗职工工资总额和平均工资

（2017年）

指标	全市	秀英区	龙华区	琼山区	美兰区
一、工资总额(万元)	**3338371**	**575060**	**1403679**	**329945**	**1029687**
1、农、林、牧、渔业	153024	883	141928	2935	7278
2、采矿业	35	2	33		
3、制造业	243296	112816	82853	19251	28376
4、电力、热力、燃气及水生产和供应业	85568	2065	13384	2775	67344
5、建筑业	141598	10799	83867	11392	35540
6、批发和零售业	219304	57107	92603	14663	54931
7、交通运输、仓储和邮政业	402728	123984	36238	2187	240319
8、住宿和餐饮业	63870	12022	22380	4699	24769
9、信息传输、软件和信息技术服务业	156117	9790	136170	771	9386
10、金融业	315379	4534	261432	45	49368
11、房地产业	236415	36172	108880	26634	64729
12、租赁和商务服务业	76122	7131	23488	6679	38824
13、科学研究、技术服务业	114164	7920	46549	17699	41996
14、水利、环境和公共设施管理业	59875	17511	26969	1970	13425
15、居民服务、修理和其他服务业	6851	1334	3188	817	1512
16、教育	363630	38201	89470	103529	132430
17、卫生和社会工作	252122	58449	71302	54621	67750
18、文化、体育和娱乐业	58545	3227	40663	8530	6125
19、公共管理、社会保障和社会组织	389728	71113	122282	50748	145585
二、平均工资(元)	**68037**	**65873**	**63802**	**69324**	**75839**
1、农、林、牧、渔业	37558	47203	37279	36240	43471
2、采矿业	28750	15000	30000		
3、制造业	54428	56809	50852	75317	47348
4、电力、热力、燃气及水生产和供应业	91360	59342	96078	58174	94214
5、建筑业	40363	36383	39057	34437	48472
6、批发和零售业	55767	64129	52154	82517	50456
7、交通运输、仓储和邮政业	88107	77758	59183	26031	105398
8、住宿和餐饮业	39733	44874	37740	32887	41029
9、信息传输、软件和信息技术服务业	101811	61963	117125	59308	46980
10、金融业	141090	207046	137069	25167	162233
11、房地产业	49223	57225	47477	53720	46847
12、租赁和商务服务业	55968	55288	51951	41228	62924
13、科学研究、技术服务业	78679	64386	78300	80593	81720
14、水利、环境和公共设施管理业	42804	47468	35900	61937	54375
15、居民服务、修理和其他服务业	35180	43582	35427	35960	29403
16、教育	76891	68277	74683	76542	81792
17、卫生和社会工作	87421	90999	85423	91954	83335
18、文化、体育和娱乐业	74014	67077	81570	63098	56092
19、公共管理、社会保障和社会组织	84993	76697	80815	83016	94918

4—16 各区按行业分组城镇非私营单位国有单位在岗职工工资总额和平均工资

（2017年）

指 标	全 市	秀英区	龙华区	琼山区	美兰区
一、工资总额(万元)	**1333678**	**227706**	**415995**	**226081**	**463896**
1、农、林、牧、渔业	10223	520	3956	1681	4066
2、采矿业					
3、制造业	11415	9774	719	241	681
4、电力、热力、燃气及水生产和供应业	72572		13193	916	58463
5、建筑业	17619	282	9519	7269	549
6、批发和零售业	21268	10751	1074	7991	1452
7、交通运输、仓储和邮政业	56262	38292	17270	89	611
8、住宿和餐饮业	2756	156	1589	14	997
9、信息传输、软件和信息技术服务业	10059	8255	1490	243	71
10、金融业	82003		44104		37899
11、房地产业	10511	2607	4126	508	3270
12、租赁和商务服务业	11000	1858	5134	887	3121
13、科学研究、技术服务业	63668	4185	23602	13960	21921
14、水利、环境和公共设施管理业	24905	769	13698	1564	8874
15、居民服务、修理和其他服务业	410		400		10
16、教育	310444	30406	74045	91616	114377
17、卫生和社会工作	208525	48667	57736	43351	58771
18、文化、体育和娱乐业	32124	71	22865	5003	4185
19、公共管理、社会保障和社会组织	387914	71113	121475	50748	144578
二、平均工资(元)	**86713**	**86278**	**79405**	**84406**	**96170**
1、农、林、牧、渔业	56386	65797	130125	34601	43067
2、采矿业					
3、制造业	83931	102994	34416	29354	56708
4、电力、热力、燃气及水生产和供应业	104225		96937	80351	106529
5、建筑业	34211	36584	41514	27650	36351
6、批发和零售业	166942	192322	61730	308533	51507
7、交通运输、仓储和邮政业	80895	98312	57722	68077	111055
8、住宿和餐饮业	39322	31735	39049	24000	41728
9、信息传输、软件和信息技术服务业	63623	60832	79658	115905	44313
10、金融业	121091		100419		159237
11、房地产业	49069	43091	52763	35243	53519
12、租赁和商务服务业	67735	63228	64735	63371	78605
13、科学研究、技术服务业	91806	75949	89032	96672	95767
14、水利、环境和公共设施管理业	44409	66267	39819	64884	49002
15、居民服务、修理和其他服务业	36563		37726		16000
16、教育	90802	81387	85512	90414	98085
17、卫生和社会工作	98482	100489	95054	101216	98380
18、文化、体育和娱乐业	83267	70800	88418	73905	71544
19、公共管理、社会保障和社会组织	85084	76697	81097	83016	94942

4—17 各区按行业分组城镇非私营单位集体单位在岗职工工资总额和平均工资

（2017年）

指　标	全 市	秀英区	龙华区	琼山区	美兰区
一、工资总额(万元)	**31185**	**3391**	**2892**	**9555**	**15347**
1、农、林、牧、渔业					
2、采矿业	33		33		
3、制造业	241	79		29	133
4、电力、热力、燃气及水生产和供应业					
5、建筑业	9864		374		9490
6、批发和零售业	803	32	181	372	218
7、交通运输、仓储和邮政业	292		66		226
8、住宿和餐饮业					
9、信息传输、软件和信息技术服务业					
10、金融业					
11、房地产业	872	187	493	96	96
12、租赁和商务服务业	172		64		108
13、科学研究、技术服务业	3291		768	238	2285
14、水利、环境和公共设施管理业					
15、居民服务、修理和其他服务业	69		43	26	
16、教育	524	184	27	309	4
17、卫生和社会工作	14894	2909	843	8485	2657
18、文化、体育和娱乐业	130				130
19、公共管理、社会保障和社会组织					
二、平均工资(元)	**53666**	**58459**	**47252**	**75361**	**45798**
1、农、林、牧、渔业					
2、采矿业	30000		30000		
3、制造业	37169	41684		22615	40303
4、电力、热力、燃气及水生产和供应业					
5、建筑业	39438		33991		39689
6、批发和零售业	29123	46286	34865	38361	18167
7、交通运输、仓储和邮政业	49508		31333		59553
8、住宿和餐饮业					
9、信息传输、软件和信息技术服务业					
10、金融业					
11、房地产业	38580	38938	41763	32067	32000
12、租赁和商务服务业	29638		24423		33875
13、科学研究、技术服务业	85036		70468	59500	96000
14、水利、环境和公共设施管理业					
15、居民服务、修理和其他服务业	40294		43300	36000	
16、教育	55189	36000	30000	93848	20000
17、卫生和社会工作	71161	63923	57747	80966	59847
18、文化、体育和娱乐业	56391				56391
19、公共管理、社会保障和社会组织					

4—18 各区按行业分组城镇非私营单位其他各种经济单位在岗职工工资总额和平均工资

（2017年）

指　　标	全 市	秀英区	龙华区	琼山区	美兰区
一、工资总额(万元)	**1973508**	**343963**	**984792**	**94309**	**550444**
1、农、林、牧、渔业	142801	363	137972	1254	3212
2、采矿业	2	2			
3、制造业	231640	102963	82134	18981	27562
4、电力、热力、燃气及水生产和供应业	12996	2065	191	1859	8881
5、建筑业	114115	10517	73974	4123	25501
6、批发和零售业	197233	46324	91348	6300	53261
7、交通运输、仓储和邮政业	346174	85692	18902	2098	239482
8、住宿和餐饮业	61114	11866	20791	4685	23772
9、信息传输、软件和信息技术服务业	146058	1535	134680	528	9315
10、金融业	233376	4534	217328	45	11469
11、房地产业	225032	33378	104261	26030	61363
12、租赁和商务服务业	64950	5273	18290	5792	35595
13、科学研究、技术服务业	47205	3735	22179	3501	17790
14、水利、环境和公共设施管理业	34970	16742	13271	406	4551
15、居民服务、修理和其他服务业	6372	1334	2745	791	1502
16、教育	52662	7611	15398	11604	18049
17、卫生和社会工作	28703	6873	12723	2785	6322
18、文化、体育和娱乐业	26291	3156	17798	3527	1810
19、公共管理、社会保障和社会组织	1814		807		1007
二、平均工资(元)	**59613**	**57017**	**58969**	**48259**	**65385**
1、农、林、牧、渔业	36681	33602	36532	38698	43995
2、采矿业	15000	15000			
3、制造业	53526	54504	51066	77126	47196
4、电力、热力、燃气及水生产和供应业	54082	59342	59563	51209	53502
5、建筑业	41602	36378	38791	60717	53239
6、批发和零售业	52213	55550	52110	44336	50797
7、交通运输、仓储和邮政业	89462	71114	60777	25370	105462
8、住宿和餐饮业	39752	45119	37644	32924	41001
9、信息传输、软件和信息技术服务业	106201	68848	117738	48404	47002
10、金融业	149783	207046	148034	25167	172986
11、房地产业	49283	58889	47320	54412	46571
12、租赁和商务服务业	54493	52945	49406	39134	62002
13、科学研究、技术服务业	65672	55003	69636	49167	68109
14、水利、环境和公共设施管理业	41730	46858	32590	52714	69163
15、居民服务、修理和其他服务业	35047	43582	35015	35959	29561
16、教育	40485	42097	46492	34536	39862
17、卫生和社会工作	51503	61093	59818	45726	36925
18、文化、体育和娱乐业	65254	66998	74188	52259	37401
19、公共管理、社会保障和社会组织	69221		53059		91555

4—19 按经济类型分城镇非私营单位在岗职工工资总额和平均工资的增长速度

单位：%

年　份	工资总额(万元)	国有经济单位	城镇集体经济单位	其他各种经济类型单位	平均工资(元)	国有经济单位	城镇集体经济单位	其他各种经济类型单位
“一五”时期		21.8				3.6		
“二五”时期		5.6				-0.6		
“三五”时期		0.2				-1.7		
“四五”时期		5.7				0.3		
“五五”时期	11.1	11.6	9.4		3.8	4.4	1.3	
“六五”时期	13.8	14.4	9.8		8.9	9.4	6.1	
“七五”时期	26.6	27.5	9	82.7	17.7		11.5	18.3
“八五”时期	35.8	33.2	33.5	57.4	22.9	22.1	28.9	20
“九五”时期	0.2	-1.6	-14	10.6	7.3	7.9	4.8	4.7
“十五”时期	19.1	19	10.2	20.4	11.6	12.3	8.5	10.3
“十一五”时期	17.5	11.2	20.7	28.5	11.1	10.8	14.6	12.8
“十二五”时期	20.4	14.1	-1.1	27.2	10.9	15	13.3	9
1979-1996年	22.7	22.3	13.4		15.1	14.9	12.7	
1988-1996年	31	29	17.6	65.5	20.6	19.8	18.2	22.6
1996年比1995年	-4.2	-6.7	-29.6	19.2		-1.2	-17.4	5.9
1997年比1996年	7.5	4.1	5.3	20.2	3.8	2.4	2.9	6
1998年比1997年	-12.3	-14.3	-44.1	1.7	6.5	6	-21.2	1.4
1999年比1998年	6.6	5.5	9.1	9.2	22.2	23.3	72.8	8.9
2000年比1999年	4.9	5.3	3.7	4	8.3	16.1	9.1	2.7
2001年比2000年	12.2	13.7	-10.2	11.4	14.3	14.8	6.3	12.5
2002年比2001年	13.6	10.3	-1.1	24.9	8.5	11.6	8.7	1.9
2003年比2002年	8.6	7.1	15.8	11.6	7.6	7.5	5.5	9.2
2004年比2003年	24.6	25.8	-4.2	24.9	18.8	19.2	9.1	17.4
2005年比2004年	17.4	17.1	18.9	18.2	14.8	13.8	21.7	16
2006年比2005年	12	2	23	35.3	7.9	3.5	12.2	19.4
2007年比2006年	22.6	16.3	36.1	32.9	17.9	21.9	19.2	13.5
2008年比2007年	15.4	5.4	-1.7	32.7	6.4	3.8	33.5	8.2
2009年比2008年	19.5	15.4	22.7	24.4	12	11.4	52.8	14
2010年比2009年	18.2	17.7	26.7	18.2	11.6	14.3	-27.7	9.4
2011年比2010年	47.6	58.9	10.5	36.8	11.3	4.4	37.3	16.5
2012年比2011年	10.7	3.5	11.6	20.4	7.2	4.6	16.3	10.0
2013年比2012年	21.2	-13.5	-11.5	63.3	13.2	37.9	-1.5	1.0
2014年比2013年	14.8	17.3	-1.3	13.6	9.6	16.8	-5.5	6.5
2015年比2014年	11.4	15.8	-12.0	9.1	13.5	14.5	25.8	11.7
2016年比2015年	7.6	6.8	9.7	8.2	8.0	9.4	11.7	7.4
2017年比2016年								

4—20 离退休人员保险福利费用构成情况

（2017年）

指 标	全年发放养基本老金(千元)		
	合 计	离休金	退休金
总 计	3564774	33624	3531150
一、城镇单位	**2564244**	**32364**	**2531880**
(一)企业	1280870	14630	1266240
(1)国有企业	899250	12490	886760
(2)集体企业	381620	2140	379480
(二)事业	418316	6206	412110
(三)机关	865058	11528	853530
二、其他	**1000530**	**1260**	**999270**

4—21 离退休年末人数

（2017年）

指　　标	离退休人员年末人数（人）		
	合　　计	离休人员	退休人员
总　　计	**111805**	**295**	**111510**
一、城镇单位	**74954**	**277**	**74677**
(一)企业	51790	125	51665
(1)国有企业	30882	113	30769
(2)个体企业	20908	12	20896
(二)事业	8579	54	8525
(三)机关	14585	98	14487
二、其他	**36851**	**18**	**36833**

主要统计指标解释

从业人员 指从事一定社会劳动并取得劳动报酬或经营收入的人员，包括在岗职工、再就业的离退休人员、私营业主、个体户主、私营和个体就业人员、乡镇企业就业人员、农村就业人员、其他就业人员（包括民办教师、宗教职业者、现役军人等）。这一指标反映了一定时期内全部劳动力资源的实际利用情况，是研究我国基本国情国力的重要指标。

单位从业人员 指在各类法人单位工作，并由单位支付劳动报酬的人员，包括在岗职工和其他就业人员。

在岗职工 指在本单位工作且与本单位签订劳动合同，并由单位支付各项工资和社会保险、住房公积金的人员，以及上述人员中由于学习、病伤产假等原因暂未工作，仍由单位支付工资的人员。

在岗职工还包括：

(1)应订立劳动合同而未订立劳动合同人员(如使用的农村户籍人员)；

(2)处于试用期人员；

(3)编制外招用的人员；

(4)派往外单位工作，但工资仍由本单位发放的人员(如挂职锻炼、外派工作等情况)。

其他从业人员 是指除在岗职工以外，实际参加本单位生产或工作并从本单位取得劳动报酬的人员。具体包括：非全日制人员、聘用的正式离退休人员、兼职人员和第二职业者，以及在本单位工作的外籍和港澳台方人员。

城镇私营和个体就业人员 城镇私营就业人员指在工商管理部门注册登记，其经营地址设在县城关镇（含城关镇）以上的私营企业就业人员；包括私营企业投资者和雇工。城镇个体就业人员指在工商管理部门注册登记，并持有城镇户口或在城镇长期居住，经批准从事个体工商经营的就业人员；包括个体经营者和在个体工商户劳动的家庭帮工和雇工。

工资总额 根据《关于工资总额组成的规定》，工资总额是指本单位在报告期内（季度或年度）直接支付给本单位人员的劳动报酬总额。包括计时工资、计件工资、奖金、津贴和补贴、加班加点工资、特殊情况下支付的工资。

工资总额是税前工资，包括单位从个人工资中直接为其代扣或代缴的房费、水费、电费、住房公积金和社会保险基金个人缴纳部分等。

工资总额不论是计入成本的还是不计入成本的，不论是以货币形式支付的还是以实物形式支付的，均应列入工资总额的计算范围。

平均工资 是指在报告期内单位发放工资的人均水平，它表明一定时期职工工资收入的高低程度，是反映就业人员工资水平的主要指标。计算公式为：

平均工资 = 报告期工资总额/报告期平均人数

5

农　业

AGRICULTURE

5—1 农村基本情况

指 标	单 位	2013年	2014年	2015年	2016年	2017年
农村乡镇	个	22	22	22	22	22
村民委员会	个	248	249	249	245	248
自然村	个	2205	2204	2203	2204	2195
村民小组	个	2754	2750	2757	2751	2740
乡村户数	户	167991	182320	182006	192760	194728
#农业户	户	149323	150922	156419	161919	157151
乡村人口	人	724634	745953	772972	791293	793458
#农业人口	人	638716	628839	661276	644738	587864
乡村实有劳动力合计	人	392366	401150	413096	417543	422899
按性别分						
男劳动力	人	201424	207926	214644	218207	218492
女劳动力	人	190942	193224	198452	199336	204407
按行业分						
农林牧渔业劳动力	人	210868	211203	215504	216081	220937
工业劳动力	人	30296	28079	33677	35026	34046
建筑业劳动力	人	28479	30050	31281	33058	33392
交通运输和邮电劳动力	人	11882	13367	12838	12893	14370
商业、饮食业劳动力	人	35266	35703	38303	39045	39432
其他劳动力	人	32184	35881	38442	32576	34245

注：2011年及以后为含农垦数。

5—2 分区农村基层基本情况

（2017年）

指　标	单　位	全　市	秀英区	龙华区	琼山区	美兰区
农村乡镇	个	22	6	5	7	4
村民委员会	个	248	70	51	74	53
自然村	个	2195	323	304	818	750
村民小组	个	2740	582	329	1008	821
乡村户数	户	194728	56167	35823	45924	56814
#农业户	户	157151	48008	27547	43154	38442
乡村人口	人	793458	244853	148745	199058	200802
#农业人口	人	587864	207665	67891	181388	130920
乡村实有劳动力合计	人	422899	131537	75529	112534	103299
按性别分						
男劳动力	人	218492	67117	39026	58838	53511
女劳动力	人	204407	64420	36503	53696	49788
按行业分						
农林牧渔业劳动力	人	220937	61116	42851	69118	47852
工业劳动力	人	34046	12471	6384	7556	7635
建筑业劳动力	人	33392	7323	6213	6316	13540
交通运输和邮电劳动力	人	14370	6304	1540	2549	3977
商业、饮食业劳动力	人	39432	14802	7053	6857	10720
其他劳动力	人	34245	9155	5371	8179	11540

注：2011年及以后为含农垦数。

5—3 耕地面积

单位：%

指　标	2013年	2014年	2015年	2016年	2017年
年末耕地面积	49241	49465	48293	47880	48071.5
水　田	19100	19126	18763	19096	18535.3
旱　田	6901	7277	6750	6890	7295
旱　地	23240	23062	22780	21894	22241
年内增加的耕地面积	151	260	25	2	186.6
年内减少的耕地面积	252	273	210	453	140.08
#国家基地占用	176	175	67	453	68.45

注：2011年及以后为含农垦数。

5—4 分区耕地面积

（2017年）　　　　单位：公顷

指　　标	全 市	秀英区	龙华区	琼山区	美兰区
年末耕地面积	48071.5	8957.53	5957	19985.5	13171.45
水　田	18535.3	2885.69	1695.74	8197.44	5756.41
旱　田	7295	1833.66	771.21	2969.54	1720.77
旱　地	22241	4238.18	3490.06	8818.53	5694.27
年内增加的耕地面积	186.6	66.66			119.93
年内减少的耕地面积	140.08	34.77			105.318
#国家基地占用	68.45	3.8			64.65

注：2011年及以后为含农垦数。

5—5 主要农业机械拥有量

指 标	单 位	2013年	2014年	2015年	2016年	2017年
农业机械总动力	万瓦特	59110	60242	55163	59108	57505
其中:主要机械与动力						
大中型拖拉机	台	1019	1130	1104	1226	1130
	万瓦特	2567	2542	1953	2836	2181
小型拖拉机	台	4339	4503	4218	4124	4164
	万瓦特	3865	4051	3716	3803	3838
农用排灌柴油机	台	10011	8880	9235	9152	8639
	万瓦特	4903	3489	2705	2784	2485
农用排灌电动机	台	3351	2707	1559	1989	2198
	万瓦特	8899	8774	8685	8821	10623
农用水泵	台	9529	9177	8485	9068	8936
农用运输车	辆	4667	3797	3863	4009	3952
	万瓦特	6507	7453	5229	5986	5842
渔用机动船	艘	1833	1992	1864	1644	1646
	万瓦特	1562	1591	1233	914	919

注：2011年及以后为含农垦数。

5—6 农业用电、化肥、水利情况

指　标	单　位	2013年	2014年	2015年	2016年	2017年
一、农村电气化情况						
农村用电量	万千瓦时	35707	41783	46287	36966	42228
二、农用化肥施用量						
实物量	吨	88670	96179	89740	93982	96788
氮 肥	吨	26584	29949	26193	26641	27741
磷 肥	吨	23280	23183	21756	22856	22815
钾 肥	吨	11642	12022	11190	13596	14255
复合肥	吨	27164	31025	30601	30889	31877
折纯量	吨	32920	35412	33353	35338	35840
氮 肥	吨	10724	11107	9847	10353	9986
磷 肥	吨	2794	2782	2611	2742	2737
钾 肥	吨	5821	6011	5595	6798	7177
复合肥	吨	13582	15512	15301	15445	15939
三、农药施用量	吨	1616	1425	1260	1350	1331
四、农田水利情况						
有效灌溉面积	公顷	18874	17555	18313	16228	16941
# 机电灌溉面积	公顷	4933	4155	4123	3714	4218
旱涝保收面积	公顷	9567	9445	9518	8016	8183

注：2011年及以后为含农垦数。

5—7 农林牧渔业总产值

单位：万元

年　份	总 计	农 业	林 业	牧 业	渔 业	农林牧渔业服务业
2013	920755	373518	60751	356614	85272	44600
2014	929870	402154	56547	326956	93438	50775
2015	932000	413488	53082	307759	102007	55664
2016	1038285	479570	54843	328752	113274	61846
2017	1037054	494976	57914	291317	122556	70291

注：以上2008-2010年3年数据为农业普查后的衔接数，2011年及以后为含农垦数。

5—8 农林牧渔业总产值构成

单位：%

年 份	总 计	农 业	林 业	牧 业	渔 业	农林牧渔业服务业
2012	100	39.0	7.7	40.4	8.3	4.6
2013	100	40.6	6.6	38.7	9.3	4.8
2014	100	43.2	6.1	35.2	10.0	5.5
2015	100	44.4	5.7	33.0	10.9	6.0
2016	100	46.2	5.3	31.6	10.9	6.0
2017	100	47.7	5.6	28.1	11.8	6.8

注：以上2008-2010年3年数据为农业普查后的衔接数，2011年及以后为含农垦数。

5—9 农林牧渔业总产出、中间消耗及增加值

单位：万元

指 标	2013年	2014年	2015年	2016年	2017年
农林牧渔业总产出	**920755**	**929870**	**932000**	**1038285**	**1037054**
农 业	373518	402154	413488	479570	494976
林 业	60751	56547	53082	53843	57914
牧 业	356614	326956	307759	328752	291317
渔 业	85272	93438	102007	113274	122556
农林牧渔业服务业	**44600**	**50775**	**55664**	**61846**	**70291**
农林牧渔业中间消耗	339779	330917	330162	364749	358651
物质消耗	286397	278927	278291	307444	302304
农 业	121734	118559	118288	130680	128495
林 业	18871	18379	18337	20258	19919
牧 业	105684	102928	102692	113449	111552
渔 业	15612	15205	15170	16759	16479
农林牧渔业服务业	**24497**	**23858**	**23804**	**26298**	**25858**
对非物质部门的劳动支出	53382	51990	51871	57305	56347
农 业	14654	14272	14239	15731	15468
林 业	3088	3007	3001	3315	3260
牧 业	28477	27734	27671	30570	30059
渔 业	4520	4402	4392	4852	4771
农林牧渔业服务业	**2643**	**2574**	**2568**	**2837**	**2790**
农林牧渔业增加值	580976	598953	601838	673536	678403
农 业	256887	281832	288504	334939	345786
林 业	42770	38058	35058	37324	39494
牧 业	197636	185476	177199	189636	171207
渔 业	58839	65304	70104	77197	82846
农林牧渔业服务业	24844	28283	30973	34440	39070

注:以上2008-2010年3年数据为农业普查后的衔接数，2011年及以后为含农垦数。

5—10 分区农林牧渔业总产值及增加值

（2017年）

单位：万元

地　区	农林牧渔业总产值	中间消耗	农业增加值
全　市	1037054	358651	678403
秀英区	279727	100364	179363
龙华区	131499	42603	88896
琼山区	343111	118211	224900
美兰区	282717	97474	185243

注：2011年及以后为含农垦数。

5—11 主要农作物播种面积及农产品产量

指 标	2013年	2014年	2015年	2016年	2017年
播种面积(公顷)	**83004**	**82004**	**80548**	**76247**	**73376**
一、粮食作物	**40948**	**41010**	**38395**	**35314**	**33581**
(一)按品种分					
稻 谷	33247	32218	31334	28048	27115
早 稻	16495	16436	16126	13945	12967
晚 稻	16711	15782	15208	14103	14147
山兰坡稻	40				
旱 粮	756	351	350	446	
薯 类	6945	8441	6710	6819	6027
(二)按季节分					
春 收	3088	2913	2634	1942	1870
夏 收	18946	18773	18091	16012	15008
秋(冬)收	18913	19324	17669	17359	16703
二、经济作物	**5546**	**5729**	**4890**	**4305**	**4661**
糖 蔗	1983	1882	1458	1021	882
果 蔗	159	151	175	136	205
花 生	2754	2900	2512	2384	2833
芝 麻	650	796	745	764	741
三、其他作物	**28012**	**26820**	**28818**	**28524**	**26404**
蔬 菜	27245	26388	28354	28123	25919
瓜 类	767	432	464	401	485
农产品产量(吨)					
一、粮食作物	**181625**	**167839**	**165262**	**151025**	**148004**
(一)按品种分					
稻 谷	157051	137538	138559	125672	123103
早 稻	85504	87880	77135	68325	65020
晚 稻	71441	49655	61424	57347	58083
山兰坡稻	105				
旱 粮	1863	305	304	1188	
薯 类	22710	29996	26398	24164	23265
(二)按季节分					
春 收	10201	9898	8923	6771	6128
夏 收	94377	96193	84139	76776	73968
秋(冬)收	77047	61748	72200	67477	67907
二、经济作物					
糖 蔗	76790	65386	57409	32641	25820
果 蔗	7980	8099	11218	6332	10487
花 生	4918	5042	6238	6782	7331
芝 麻	907	1042	973	804	779
三、其他作物					
蔬 菜	546169	538749	566051	556321	514658
瓜 类	18407	12835	12761	9393	14552

5—12 年分区主要农作物播种面积及农产品产量

（2017年）

指　标	全　市	秀英区	龙华区	琼山区	美兰区
播种面积(公顷)	**73376**	**17334**	**11004**	**31460**	**13578**
一、粮食作物	**33581**	**5691**	**4354**	**17300**	**6236**
(一)按品种分					
稻　谷	27115	4582	3364	14505	4664
早　稻	12967	1916	1557	6911	2583
晚　稻	14147	2665	1807	7594	2081
山兰坡稻					
旱　粮					
薯　类	6027	958	868	2652	1549
(二)按季节分					
春　收	1870	315	317	730	508
夏　收	15008	2305	1986	7542	3175
秋(冬)收	16703	3071	2051	9028	2553
二、经济作物	**4661**	**1606**	**562**	**2023**	**470**
糖　蔗	882	847		35	
果　蔗	205	93		81	31
花　生	2833	340	430	1643	420
芝　麻	741	326	132	264	19
三、其他作物	26404	8759	5347	8531	3767
蔬　菜	25919	8565	5274	8484	3596
瓜　类	485	194	73	47	171
农产品产量(吨)					
一、粮食作物	**148004**	**26683**	**20889**	**77174**	**23258**
(一)按品种分					
稻　谷	123103	20770	16884	67294	18155
早　稻	65020	9229	10084	35356	10351
晚　稻	58083	11541	6800	31938	7804
山兰坡稻					
旱　粮					
薯　类	23265	4881	3777	9669	4938
(二)按季节分					
春　收	6128	1296	838	2286	1708
夏　收	73968	11979	11411	38365	12213
秋(冬)收	67907	13407	8639	36523	9338
二、经济作物					
糖　蔗	25820	23520		2300	
果　蔗	10487	4670		4723	1094
花　生	7331	837	672	5180	642
芝　麻	779	418	152	188	21
三、其他作物					
蔬　菜	514658	165081	116207	169437	63933
瓜　类	14552	6272	1008	898	6374

5—13 主要农产品单位面积产量

单位：千克/公顷

指　标	2013年	2014年	2015年	2016年	2017年
一、粮食作物	**4440**	**4095**	**4305**	**4275**	**4410**
稻　谷	4725	4275	4425	4485	4545
旱　粮	2464	869	868	2663	
薯　类	3270	3555	3930	3540	3855
二、经济作物					
糖　蔗	38730	34740	39360	31950	29280
果　蔗	50310	53580	64050	46425	51105
花　生	1785	1740	2490	2850	2595
芝　麻	1395	1305	1305	1050	1050
三、其他作物					
蔬　菜	20040	20415	19965	19785	19860
瓜　类	24000	29685	27480	23430	30000

5—14 水果面积和产量

单位：千克/公顷

指　标				#当年新种面积			#收获面积			总产量（吨）		
	2015年	2016年	2017年	2015年	2016年	2017年	2015年	2016年	2017年	2015年	2016年	2017年
水果合计	**18058**	**17640**	**18808**	**681**	**499**	**798**	**11968**	**12281**	**13342**	**208233**	**211082**	**233728**
#菠　萝	2004	2058	2287	124	103	163	1595	1665	1799	49574	48527	50636
荔　枝	6308	5845	6371	136	93	1.5	3974	4074	4206	28298	29944	29621
柑桔橙	745	705	638	41	52	76	294	288	238	3058	2895	2775
香　蕉	2993	2998	3469	318	131	443	2306	2325	3030	70331	73274	92047
龙　眼	742	674	647	12	9	1.1	265	204	272	2252	1230	1525
芒　果	90	49	53			/	53	32	37	401	323	371

5—15 分区水果面积和产量

（2017年）

指标	水果				菠萝			
	年末面积（公顷）	当年新种面积	收获面积	总产量（吨）	年末面积（公顷）	当年新种面积	收获面积	总产量（吨）
全市	**18808**	**798**	**13342**	**233728**	**2287**	**163**	**1799**	**50636**
秀英区	5106	278	2770	45528	/	/	/	/
龙华区	878	69	448	7797	1		1	15
琼山区	10645	339	8729	155093	1798		1570	46496
美兰区	2178	113	1396	25311	488		228	4126

5—15 续1

（2017年）

指标	荔枝				柑桔橙			
	年末面积（公顷）	当年新种面积	收获面积	总产量（吨）	年末面积（公顷）	当年新种面积	收获面积	总产量（吨）
全市	**6371**	**6**	**4206**	**29621**	**638**	**76**	**238**	**2775**
秀英区	1840		771	449	220		10	25
龙华区	236		44	318	21		23	311
琼山区	4016	6	3183	27470	373	67	201	2310
美兰区	278		208	1385	24	9	4	129

5—15 续2

（2017年）

指　标	香　蕉			
	年末面积（公顷）	当年新种面积	收获面积	总产量（吨）
全 市	**3469**	**443**	**3030**	**92047**
秀英区	1029	278	972	34062
龙华区	180	69	173	4500
琼山区	1721	58	1400	39505
美兰区	539	39	485	13980

5—15 续3

（2017年）

指　标	龙　眼				芒　果			
	年末面积（公顷）	当年新种面积	收获面积	总产量（吨）	年末面积（公顷）	当年新种面积	收获面积	总产量（吨）
全 市	**647**	**1.1**	**272**	**1525**	**53**		**37**	**371**
秀英区	207		4	10	9		1.5	7
龙华区	66		13	95	3		2.1	20.4
琼山区	302		193	1119	24		23.3	245
美兰区	72	1.1	63	301	17		9.7	99

5—16 热带作物面积和产量

（2017年）

指 标	年末面积（公顷）			#当年新种面积			#收获面积			总产量（吨、椰子：百个）		
	2015年	2016年	2017年	2015年	2016年	2017年	2015年	2016年	2017年	2015年	2016年	2017年
合 计	**19434**	**18188**	**19341**	**316**	**450**	**390**	**7559**	**8078**	**9298**			
橡 胶	12528	11796	12241	116	84	146	3018	3588	4139	1740	2638	2763
椰 子	1728	1666	1689	13	11	11	1245	1165	1085	98072	80831	130053.79
槟 榔	2196	1948	2261	98	179	96	857	1040	1226	2350	194	2978
胡 椒	2981	2755	3148	87	176	137	2437	2272	2847	3128	232	3905

5—17 分区主要热带作物面积和产量

（2017年）

指 标	橡胶				椰子			
	年末面积（公顷）	当年新种面积	收获面积	总产量（吨）	年末面积（公顷）	当年新种面积	收获面积	总产量（吨、椰子：百个）
全 市	**12241**	**146**	**4139**	**2763**	**1689**	**11**	**1085**	**130053**
秀英区	156	36	12	29	73		71	9851
龙华区	23		9	6	133	8	48	2931
琼山区	11539	81	4007	2611	873	3	571	91013
美兰区	523	29	111	117	610		395	26258

5—17 续

（2017年）

指 标	槟榔				胡椒			
	年末面积（公顷）	当年新种面积	收获面积	总产量（吨）	年末面积（公顷）	当年新种面积	收获面积	总产量（吨）
全 市	**2261**	**96**	**1226**	**2978**	**3148**	**137**	**2847**	**3905**
秀英区	94	8	36	216	10		7	7
龙华区	114		52	113				
琼山区	1777	53	935	2281	3043	128	2775	3752
美兰区	276	35	203	368	95	9	65	146

5—18 牲畜头数及禽畜产品产量

指　标	单　位	2013年	2014年	2015年	2016年	2017年
一、牛年末存栏头数	头	**62308**	**63332**	**64412**	**56008**	**22462**
黄　牛	头	27602	30949	31950	31248	9970
水　牛	头	34200	31895	31900	24229	12442
奶　牛	头	506	488	562	531	
二、生猪年末存栏头数	头	**553740**	**496450**	**402049**	**377645**	**343138**
#能繁殖母猪	头	69668	67517	57645	51372	43449
生猪全年饲养量	头	1533891	1360288	1184083	1082475	1063293
肉猪出栏头数	头	980151	863838	782034	704830	720155
三、山羊年末存栏头数	头	**71246**	**68607**	**56099**	**60195**	**60250**
山羊出栏头数	只	109174	111923	99647	100634	98787
四、家禽出栏量	万只	**1243**	**1253**	**1219**	**1285**	**1280**
五、肉类产量	吨	**112747**	**100228**	**92360**	**85914**	**87763**
猪肉产量	吨	85773	75301	67800	59572	60704
牛肉产量	吨	2368	2434	2297	2081	1162
羊肉产量	吨	1505	1515	1341	1366	1367
禽肉产量	吨	20666	18816	19625	21724	21394
六、牛奶产量	吨	**1262**	**1442**	**1453**	**1382**	**/**
七、禽蛋产量	吨	**6220**	**5821**	**8589**	**9462**	**9392**

5—19 分区牲畜头数及禽畜产品产量

（2017年）

指 标	单 位	全 市	秀英区	龙华区	琼山区	美兰区
一、牛年末存栏头数	**头**	**22462**	**3546**	**2607**	**9606**	**6703**
黄 牛	头	9970	3357	2238	2632	1743
水 牛	头	12442	189	319	6974	4960
奶 牛	头					
二、生猪年末存栏头数	**头**	**343138**	**53584**	**30500**	**143664**	**115390**
#能繁殖母猪	头	43449	7150	3241	18281	14777
生猪全年饲养量	头	1063293	157201	99983	451874	354235
肉猪出栏头数	头	720155	103617	69483	308210	238845
三、山羊年末存栏头数	**头**	**60250**	**20001**	**8870**	**24833**	**6546**
山羊出栏头数	只	98787	26027	22888	38958	10914
四、家禽出栏量	**万只**	**1280**	**172**	**42**	**559**	**507**
五、肉类产量	**吨**	**87763**	**14980**	**7626**	**33042**	**32115**
猪肉产量	吨	60704	9855	6219	22447	22183
牛肉产量	吨	1162	438	96	316	312
羊肉产量	吨	1367	466	195	536	170
禽肉产量	吨	21394	3299	913	8390	8792
六、牛奶产量	**吨**	/		/		
七、禽蛋产量	**吨**	**9393**	**570**	**132**	**8081**	**610**

5—20 造 林 面 积

单位：公顷

指　标	2013年	2014年	2015年	2016年	2017年
当年造林面积	301	267	160	80	985.6
年末实有育苗面积	337	43	183	47	47
当年幼林抚育面积	211	3031			
当年迹地更新面积	892	66.7	1606	1017	371.5

5—21 水产品产量及养殖面积

指　标	单　位	2013年	2014年	2015年	2016年	2017年
一、水产品产量	**吨**	**59992**	**61944**	**68803**	**73235**	**73149**
海水产品	吨	27742	36402	40495	42060	40524
#养殖	吨	16846	16043	19001	20374	21361
淡水产品	吨	32250	25542	28308	31175	32625
#养殖	吨	31202	24233	26819	29499	30906
二、水产养殖面积	**公顷**	**6450**	**6551**	**6522**	**6203**	**5304**
海水养殖面积	公顷	2146	2090	2834	2155	1780.9
淡水养殖面积	公顷	4304	4461	3688	4047	3523.38

主要统计指标解释

农林牧渔业总产值 指以货币表现的农林牧渔业全部产品产量，用价值量形式综合说明一定时期农林牧渔业生产的总成果和总规模。

（1）农业产值，包括种植业和其他农业的主要产品和副产品产值。

（2）林业产值，包括林木的栽培、林产品的采集和村及村以下竹木采伐产值。

（3）牧业产值，包括大小家畜的繁殖、增长和增重，家禽饲养、活的畜禽产品和其他动物产品产值。

（4）渔业产值，包括捕捞的海水、淡水天然产品和养殖水产品产值。

农林牧渔业总产值通常采用“产品法”计算，即凡是有产品产量的，都按产品产量乘以其产品单价求得每种产品的产值，然后将四业产品的产值相加求得。

农林牧渔业增加值 指农林牧渔业总产出中扣除中间消耗的价值，是农林牧渔业生产经营的最终成果。

农林牧渔业中间消耗 指在农林牧渔业生产过程中所消耗的物质产品和劳务价值的总和。

粮食产量 指全社会的产量。包括国有经济经营的、集体统一经营的和农民家庭经营的粮食产量，还包括工矿企业家属办的农场和其他生产单位的产量。粮食除包括稻谷、小麦、玉米、高粱、谷子及其他粮外，还包括薯类和大豆。其产量计算方法，豆类按去豆荚后的干豆计算；薯类（包括甘薯和马铃薯，不包括芋头和木薯），1963年以前按每4公斤鲜薯折1公斤粮食计算，从1964年开始及以后改为按5公斤鲜薯折1公斤粮食计算。其他粮食一律按脱粒后的原粮计算。

油料产量 指全部油料作物的生产量。包括花生、油菜籽、芝麻、向日葵籽、胡麻籽（亚麻籽）和其他油料。不包括大豆，也不包括木本油料和野生油料。花生以带壳干花生计算。

水产品产量 指人工养殖的水产品和天然生长的水产品的捕捞量。包括海水的鱼类、虾蟹类、贝类，不包括淡水生植物。

猪、牛、羊肉产量 指当年出栏并已屠宰后除去头蹄下水后带骨头（即胴体重）的重量。

耕地面积 指可以用来种植农作物、经常进行耕锄的田地，除包括熟地、当年新开荒地、边疆撂荒未满三年的耕地和当年的休闲地（轮歇地）外，还包括以种植农作物为主并附带种植桑树、茶树、果树和其他林木的土地，以及沿海、沿湖地区已围垦利用的“海涂”、“湖田”等面积。但不包括属于专业性的桑园、茶园、果园、果木苗圃、林地、芦苇地、天然或人工草地面积。

农作物播种面积 指实际播种或移植有农作物的面积。凡是实际种植有农作物的面积，不论种植在耕地上还是种植在非耕地上，均包括在农作物播种面积中，同时党政军包括因遭灾而重新改种和补种的农作物面积，种一公顷算一公顷。

灌溉面积 指有效灌溉面积，指具有一定的水源，地势比较平整，灌溉工程或设备已经配套，在一般年景下当年能够进行正常灌溉的耕地面积。

农用化肥施用量 指实际用于农业生产的化肥数量。包括氮肥、磷肥和复合肥。化肥施用量分别按实物量和折纯量两种方法计算。折纯法化肥施用量是把氮肥、磷肥和钾肥分别按含氮、含五氧化二磷、含氧化钾的百分之一百成分折算后的数量。复合肥按其所含主要万分折算。

农业机械总动力 指主要用于农、林、牧、渔业的各种动力机械的动力总和。包括耕作机械、排灌机械、收获机械、农产品加工机械、运输机械、植物保护机械、牧业机械、林业机械、渔业机械和其他农业机械（内燃机按引擎马力折成瓦（特）计算，电动机按功率折成瓦（特）计算）。不包括专门用于乡、镇、村、组办工业、基本建设、非农业运输、科学试验和教学等非农业生产方面用的动力机械与作业机械。

农林牧渔业劳动力 指直接参加农林牧渔业生产劳动的劳动力和直接从事采集、捕捞、农户家庭兼营（即以农业为主，利用农闲时间进行的）工业生产等副业劳动的劳动力。

6

工　业

INDUSTRY

6—1 主要年份工业总产值

（当年价）　　　　单位：万元

年 份	全部工业总产值	规模以上工业总产值	按轻重工业分		按经济类型分		
			轻工业	重工业	国 有	集 体	其 他
1987	70628	67288	50723	16565	53649	6072	7567
1988	118564	113707	84397	29310	92805	7592	13310
1989	158628	151336	110926	40410	121652	9180	20504
1990	183395	175114	135336	39778	143589	7623	23902
1991	263108	252043	190510	61533	191401	7492	53150
1992	388559	370073	266878	103195	276995	14553	78525
1993	651132	605696	387317	218195	399615	23281	182800
1994	717883	659041	418252	240789	423461	39121	196459
1995	722824	658792	413959	244833	364900	25408	268484
1996	779856	708144	536267	171877	352119	34714	321311
1997	861286	787494	549287	238207	349950	16845	420699
1998	912015	809772	609334	200438	211435	5457	592880
1999	989953	849426	640091	209335	180187	2248	666991
2000	1158723	1013036	753786	259250	194402	2399	816235
2001	1349173	1156037	797056	358981	301339	2884	851814
2002	1613956	1408352	855959	552393	495190	13752	899410
2003	2205678	2025643	950340	1075303	877054	9676	1138913
2004	2477049	2315777	977637	1338140	198652	713	2116412
2005	2672253	2507203	1057951	1449252	276708		2230495
2006	3024526	2838869	1109139	1729730	239964	872	2598033
2007	3454073	3243297	1193013	2050284	229426	1320	3012551
2008	3335502	3103115	1418053	1685062	223478	994	2878643
2009	3335629	3092224	1395508	1696716	245686	1281	2845257
2010	4437366	4179653	1874447	2305206	306330		3873323
2011	5236348	4885602	2109187	2776415	351959		4533643
2012	5502193	5160173	2210430	2949743	409338		4750835
2013	5371319	4995513	2371037	2624476	352716		4642797
2014	5325945	4929392	2536045	2393347	407329		4522063
2015	5376670	5014319	2751914	2262405	513802		4500517
2016	5402932	5035554	2860177	2175377	514923		4520631
2017	5424858	5017200	3226091	1791109	506720		4510480

注：规模以上工业产值指标，1997年前为乡及乡以上工业企业口径，1998—2006年为全部国有和年销售收入500万元及以上非国有工业企业；2007年为主营业务收入500万元及以上的法人工业企业；从2004年起按电力全价计算；2011年为主营业务收入2000万元及以上的法人工业企业。

6—2 主要工业产品产量

指　　标	计量单位	2017年	2016年	2015年	2014年	2013年	2012年
配混合饲料	吨	884296	920144	844359	886450	1024942	922186
成品糖	吨			–		–	–
水产加工品	吨	37138	38383	33492	32661	37039	36510
罐头	吨	225966	192787	242641	246113	265189	244960
饮料酒	吨	56876	69171	72817	84071	94718	110932
啤酒	千升	38218	53589	61873	71371	76807	87525
软饮料	吨	545660	521793	521502	445354	495292	478654
卷烟	箱	240000	239000	245000	245000	230000	210000
家具	件	1190	620	1474		–	–
纸制品	吨	1533	1451	1457	1591	1938	542
硫酸(折100%)	吨			–		–	–
农用氮、磷、钾化学肥料总计	吨			–		–	–
炸药	吨	16285	16715	15000	15000	14741	15000
合成纤维聚合物	吨			–		132818	269934
化妆品	千元	169149	184109	184050	144912	168444	105169
中成药	吨	1459	1202	1143	939	960	1126
其他中成药	吨	0	296	400	295	358	522

6—2 续

指　标	计量单位	2017年	2016年	2015年	2014年	2013年	2013年
涤纶纤维	吨					4237	47654
塑料制品总计	吨	10855	9440	17484	18735	24550	25012
#塑料薄膜	吨	10855	9440	17484	18735	16285	20579
泡沫塑料	吨			–		–	–
塑料包装箱及容器	吨			–		–	–
小型拖拉机	台	952	2221	1201	1252	1850	3072
汽车	辆	39585	67160	69766	90039	108478	129459
#公路客车	辆			–		–	–
轿车	辆	9857	43753	50665	61405	54373	83352
变压器	万千伏安	1167	1163	1110	944	895	782
高压开关板	面	4042	10337	7439	10392	2471	1658
低压开关板	面	6159	8507	7169	5645	4363	2458
电线	公里			–		–	–
钢芯铝绞线	吨			–		–	691
电力电缆	公里	65655	160082	161559	134206	85550	66204
发电量	万千瓦时			–		–	–
售电量	万千瓦时	735400	703400	646000	605774	560773	526751
自来水	万立方米	19896	18963	18062	17313	16198	12899

注：自来水指标为销售量。

6—3 规模以上工业年主营业务收入2000万元及以上主要指标

（2017年） 单位：万元

指　　标	企业单位数（个）	#亏损企业	工业总产值（当年价）	工业销售产值（当年价）	出口交货值
总　　计	**151**	**35**	**5017200**	**5018445**	**293625**
在总计中:国有控股企业	17	1	1010641	1029426	
在总计中:轻工业	103	18	3226091	3066414	108911
重工业	48	17	1791109	1952031	184714
在总计中:大型企业	7	2	1485305	1510008	147691
中型企业	38	5	2357943	2338076	88625
小型企业	106	28	1173952	1170361	57309
纯小型企业	102	25	1165943	1162650	57309
微型企业	4	3	8009	7711	
一、按登记注册类型分组:					
内资企业	114	19	4308502	4328343	218503
国有企业	3		506720	524238	
中央企业	2		49030	66549	
地方企业	1		457690	457690	
集体企业					
股份合作企业					
联营企业					
国有联营企业					
集体联营企业					
国有与集体联营企业					
其他联营企业					
有限责任公司	81	17	3079089	3160107	199317
国有独资公司	2		14388	14434	
其他有限责任公司	79	17	3064701	3145673	199317
股份有限公司	12		568986	487105	234
私营企业	18	2	153708	156893	18952
私营独资企业					
私营合伙企业					
私营有限责任公司	15	2	98765	102274	18952
私营股份有限公司	3		54943	54619	
其他企业					
港、澳、台商投资企业	14	4	317283	288533	26485
合资经营企业(港或澳、台资)	5	1	204615	173176	658
合作经营企业(港或澳、台资)					
港澳台商独资经营企业	7	3	82748	86162	20444
港澳台商投资股份有限公司	1		25196	24415	610
其他港澳台商投资企业	1		4723	4780	4772
外商投资企业	23	12	391415	401569	48637
中外合资经营企业	8	4	249396	256341	22130
中外合作经营企业					
外资企业	14	8	141555	144764	26507
外商投资股份有限公司	1		464	464	
其他外商投资企业					

6—3 续

（2017年）　　　　　　　　　　　　　　　　　　单位：万元

指　　　标	资产合计	固定资产原价	利润总额	利税总额	全部从业人员年平均人数(人)
总　计	**7715305**	**3701466**	**329541**	**772192**	**46620**
在总计中:国有控股企业	1724428	1400198	83398	295822	7178
在总计中:轻工业	4243302	1422364	399834	783461	29837
重工业	3472003	2279102	-70293	-11269	16783
在总计中:大型企业	2323770	1771793	-89930	-17236	10955
中型企业	2994618	996405	309917	634410	20469
小型企业	2396917	933269	109554	155017	15196
纯小型企业	2380952	928255	111187	156125	15102
微型企业	15965	5014	-1633	-1107	94
一、按登记注册类型分组:					
内资企业	6283559	3094047	254998	654014	36644
国有企业	1036474	1008551	24911	51730	2681
中央企业	184167	46524	21848	25252	864
地方企业	852307	962028	3063	26479	1817
集体企业					
股份合作企业					
联营企业					
国有联营企业					
集体联营企业					
国有与集体联营企业					
其他联营企业					
有限责任公司	4077063	1771792	124487	436292	26474
国有独资公司	27274	24378	2394	3428	197
其他有限责任公司	4049789	1747414	122093	432864	26277
股份有限公司	859549	247138	96367	149358	4091
私营企业	310473	66566	9233	16634	3398
私营独资企业					
私营合伙企业					
私营有限责任公司	173487	44792	6859	12495	2830
私营股份有限公司	136986	21774	2374	4138	568
其他企业					
港、澳、台商投资企业	423722	166028	67603	99242	3993
合资经营企业(港或澳、台资)	218493	70046	52708	77405	1302
合作经营企业(港或澳、台资)					
港澳台商独资经营企业	112688	76134	2742	7345	1922
港澳台商投资股份有限公司	89285	16418	12135	14468	228
其他港澳台商投资企业	3256	3430	18	24	541
外商投资企业	1008024	441392	6940	18935	5983
中外合资经营企业	555051	179533	20905	32786	3121
中外合作经营企业					
外资企业	447628	260451	-13998	-13992	2816
外商投资股份有限公司	5345	1407	33	141	46
其他外商投资企业					

6—3 续1

（2017年） 单位：万元

指　　标	企业单位数（个）	#亏损企业	工业总产值（当年价）	工业销售产值（当年价）	出口交货值
二、按工业行业分	**151**	**35**	**5017200**	**5018445**	**293625**
农副食品加工业	18	6	394186	395872	84670
食品制造业	11	2	398320	369358	5803
酒、饮料和精制茶制造业	14	6	129022	129890	57
烟草制品业	1		279618	276009	
木材加工和木、竹、藤、棕、草制品业	1		13324	13400	
造纸和纸制品业	3		20694	20636	4772
印刷和记录媒介复制业	5	1	50174	44448	
化学原料和化学制品制造业	2		26644	24031	
医药制造业	45	3	1905832	1784505	6700
橡胶和塑料制品业	4		28736	28743	6909
非金属矿物制品业	8	1	73340	73803	
金属制品业	3	1	68858	68777	
专用设备制造业	3		34140	29599	545
汽车制造业	19	12	504440	512257	135787
铁路、船舶、航空航天和其他运输设备制造业	1		2932	2932	
电气机械和器材制造业	6	2	517305	560716	48382
计算机、通信和其他电子设备制造业	1		14532	38358	
电力、热力生产和供应业	1		457690	457690	
燃气生产和供应业	2		55317	145324	
水的生产和供应业	3	1	42097	42097	

6—3 续2

（2017年）　　单位：万元

指　　标	资产合计	固定资产原价	利润总额	利税总额	全部从业人员年平均人数(人)
二、按工业行业分	**7715305**	**3701466**	**329541**	**772192**	**46620**
农副食品加工业	238023	112719	745	1982	4080
食品制造业	509862	182653	30832	59574	5069
酒、饮料和精制茶制造业	247338	139818	-1857	11608	3385
烟草制品业	272886	133623	12298	174647	592
木材加工和木、竹、藤、棕、草制品业	26725	9198	3993	5840	810
造纸和纸制品业	13441	8098	736	1451	890
印刷和记录媒介复制业	126583	45499	12345	17020	749
化学原料和化学制品制造业	53599	13012	3491	5974	626
医药制造业	2708718	760908	342286	511903	14189
橡胶和塑料制品业	56013	25791	628	1270	393
非金属矿物制品业	49209	26827	1785	4511	627
金属制品业	212022	34502	9664	15112	893
专用设备制造业	101351	21816	4017	5614	664
汽车制造业	817437	460798	-101918	-87700	4685
铁路、船舶、航空航天和其他运输设备制造业	3902	3293	56	227	190
电气机械和器材制造业	1004393	525680	-18516	-14870	4288
计算机、通信和其他电子设备制造业	106208	11700	10593	10593	574
电力、热力生产和供应业	852307	962028	3063	26479	1817
燃气生产和供应业	155154	72895	6457	9203	757
水的生产和供应业	160135	150610	8843	11753	1342

6—4 规模以上工业产销主要指标

（2017年）　　单位：万元

指　标	规模以上工业合计	秀英区	龙华区	琼山区	美兰区
企业单位数(个)	151	68	44	9	30
#亏损企业	35	7	19	2	7
工业总产值(当年价)	5017200	2271509	1959247	350039	436405
工业销售产值(当年价)	5018445	2248425	1923248	340602	506169
#出口交货值	293625	25645	177459	7317	83204
全部从业人员年平均人数(人)	46620	19959	15760	2602	8299

6—5 全市规模以上工业企业财务状况

（2017年）

单位：万元

指 标 名 称	代码	本年实际	指 标 名 称	代码	本年实际
一、年末资产负债			营业税金及附加	26	179707
流动资产合计	1	4394905	其中：主营业务税金及附加	27	177022
其中：应收账款	2	1044028	其他业务利润	28	40779
存货	3	690507	销售费用	29	692620
其中：产成品	4	283974	管理费用	30	388257
固定资产合计	5	1507999	其中：税金	31	
固定资产原价	6	3701466	财务费用	32	49448
累计折旧	7	1570885	其中：利息收入	33	18085
其中：本年折旧	8	141352	利息支出	34	66569
资产总计	9	7715305	营业利润	35	304297
流动负债合计	10	2884505	投资收益	36	58266
其中：应付账款	11	772313	营业外收入	37	38956
非流动负债合计	12	375474	其中：政府补贴	38	
负债合计	13	3723738	营业外支出	39	13712
所有者权益合计	14	3991565	利润总额	40	329541
其中：实收资本	15	1765891	利税总额	41	772192
1、国家资本	16	208024	所得税费用	42	82569
2、集体资本	17	139314	**三、职工薪酬及增值税**		
3、法人资本	18	1065991	本年应付职工薪酬（贷方累计发生额）	43	350673
4、个人资本	19	139612	本年应交增值税	44	262944
5、港澳台资本	20	42746	本年进项税额	45	
6、外商资本	21	170204	本年销项税额	46	
二、损益及分配			**四、生产、销售总值**		
营业收入	22	5173358	工业总产值（当年价格）	47	5017200
其中：主营业务收入	23	5001587	工业销售产值（当年价格）	48	5018445
营业成本	24	3574761	其中：出口交货值	49	293625
其中：主营业务成本	25	3459017	**五、全部从业人员年平均人数（人）**	50	46620

注：2017年78家企业报非成本费用表，72家企业报成本费用表，非成本费用表没有销项和进项税指标，两表汇总出的应交增值税不相等。

6—6 秀英区规模以上工业企业财务状况

（2017年）　　　　单位：万元

指 标 名 称	代码	本年实际	指 标 名 称	代码	本年实际
一、年末资产负债			营业税金及附加	26	23537
流动资产合计	1	2140823	其中：主营业务税金及附加	27	22821
其中：应收账款	2	512332	其他业务利润	28	19855
存货	3	343281	销售费用	29	401847
其中：产成品	4	138672	管理费用	30	178129
固定资产合计	5	638060	其中：税金	31	
固定资产原价	6	1173242	财务费用	32	25396
累计折旧	7	439828	其中：利息收入	33	6267
其中：本年折旧	8	54617	利息支出	34	32793
资产总计	9	3222551	营业利润	35	229808
流动负债合计	10	1150898	投资收益	36	13627
其中：应付账款	11	281745	营业外收入	37	21741
非流动负债合计	12	224022	其中：政府补贴	38	
负债合计	13	1381446	营业外支出	39	4482
所有者权益合计	14	1841104	利润总额	40	247066
其中：实收资本	15	803098	利税总额	41	402868
1、国家资本	16	85936	所得税费用	42	37734
2、集体资本	17	114471	**三、职工薪酬及增值税**		
3、法人资本	18	529303	本年应付职工薪酬（贷方累计发生额）	43	143615
4、个人资本	19	49542	本年应交增值税	44	132265
5、港澳台资本	20	14381	本年进项税额	45	
6、外商资本	21	9465	本年销项税额	46	
二、损益及分配			**四、生产、销售总值**		
营业收入	22	2359909	工业总产值（当年价格）	47	2271509
其中：主营业务收入	23	2287447	工业销售产值（当年价格）	48	2248425
营业成本	24	1507932	其中：出口交货值	49	25645
其中：主营业务成本	25	1461644	**五、全部从业人员年平均人数（人）**	50	19959

注：2017年78家企业报非成本费用表，72家企业报成本费用表，非成本费用表没有销项和进项税指标，两表汇总出的应交增值税不相等。

6—7 龙华区规模以上工业企业财务状况

（2017年） 单位：万元

指标名称	代码	本年实际	指标名称	代码	本年实际
一、年末资产负债			营业税金及附加	26	21342
流动资产合计	1	1620441	其中：主营业务税金及附加	27	20070
其中：应收账款	2	402568	其他业务利润	28	16179
存货	3	234087	销售费用	29	237860
其中：产成品	4	105774	管理费用	30	139330
固定资产合计	5	468392	其中：税金	31	
固定资产原价	6	1922404	财务费用	32	17615
累计折旧	7	898685	其中：利息收入	33	9012
其中：本年折旧	8	54161	利息支出	34	27364
资产总计	9	3238565	营业利润	35	-9449
流动负债合计	10	1208756	投资收益	36	2257
其中：应付账款	11	380415	营业外收入	37	11754
非流动负债合计	12	100260	其中：政府补贴	38	
负债合计	13	1764363	营业外支出	39	8567
所有者权益合计	14	1474202	利润总额	40	-6262
其中：实收资本	15	625671	利税总额	41	93362
1、国家资本	16	74637	所得税费用	42	33416
2、集体资本	17	15822	**三、职工薪酬及增值税**		
3、法人资本	18	308649	本年应付职工薪酬（贷方累计发生额）	43	134834
4、个人资本	19	53318	本年应交增值税	44	78282
5、港澳台资本	20	19359	本年进项税额	45	
6、外商资本	21	153885	本年销项税额	46	
二、损益及分配			**四、生产、销售总值**		
营业收入	22	2006644	工业总产值（当年价格）	47	1959247
其中：主营业务收入	23	1928405	工业销售产值（当年价格）	48	1923248
营业成本	24	1567867	其中：出口交货值	49	177459
其中：主营业务成本	25	1507698	**五、全部从业人员年平均人数（人）**	50	15760

注：2017年78家企业报非成本费用表，72家企业报成本费用表，非成本费用表没有销项和进项税指标，两表汇总出的应交增值税不相等。

6—8 琼山区规模以上工业企业财务状况

（2017年） 单位：万元

指 标 名 称	代码	本年实际	指 标 名 称	代码	本年实际
一、年末资产负债			营业税金及附加	26	131495
流动资产合计	1	242164	其中：主营业务税金及附加	27	131352
其中：应收账款	2	45313	其他业务利润	28	96
存货	3	36990	销售费用	29	9226
其中：产成品	4	3983	管理费用	30	23671
固定资产合计	5	145137	其中：税金	31	
固定资产原价	6	211791	财务费用	32	-1180
累计折旧	7	80231	其中：利息收入	33	2035
其中：本年折旧	8	12125	利息支出	34	788
资产总计	9	436587	营业利润	35	16253
流动负债合计	10	149617	投资收益	36	95
其中：应付账款	11	57955	营业外收入	37	408
非流动负债合计	12	12091	其中：政府补贴	38	
负债合计	13	161708	营业外支出	39	229
所有者权益合计	14	274879	利润总额	40	16431
其中：实收资本	15	116195	利税总额	41	181202
1、国家资本	16	38950	所得税费用	42	4378
2、集体资本	17	0	三、职工薪酬及增值税		
3、法人资本	18	62190	本年应付职工薪酬（贷方累计发生额）	43	28201
4、个人资本	19	9567	本年应交增值税	44	33276
5、港澳台资本	20	0	本年进项税额	45	
6、外商资本	21	5488	本年销项税额	46	
二、损益及分配			四、生产、销售总值		
营业收入	22	344831	工业总产值（当年价格）	47	350039
其中：主营业务收入	23	343200	工业销售产值（当年价格）	48	340602
营业成本	24	163783	其中：出口交货值	49	7317
其中：主营业务成本	25	162473	五、全部从业人员年平均人数（人）	50	2602

注：2017年78家企业报非成本费用表，72家企业报成本费用表，非成本费用表没有销项和进项税指标，两表汇总出的应交增值税不相等。

6—9 美兰区规模以上工业企业财务状况

（2017年）

单位：万元

指 标 名 称	代码	本年实际	指 标 名 称	代码	本年实际
一、年末资产负债			营业税金及附加	26	3333
流动资产合计	1	391477	其中：主营业务税金及附加	27	2779
其中：应收账款	2	83815	其他业务利润	28	4649
存货	3	76150	销售费用	29	43688
其中：产成品	4	35545	管理费用	30	47127
固定资产合计	5	256410	其中：税金	31	
固定资产原价	6	394029	财务费用	32	7618
累计折旧	7	152141	其中：利息收入	33	771
其中：本年折旧	8	20450	利息支出	34	5624
资产总计	9	817602	营业利润	35	67685
流动负债合计	10	375234	投资收益	36	42288
其中：应付账款	11	52198	营业外收入	37	5054
非流动负债合计	12	39101	其中：政府补贴	38	
负债合计	13	416221	营业外支出	39	434
所有者权益合计	14	401381	利润总额	40	72305
其中：实收资本	15	220927	利税总额	41	94759
1、国家资本	16	8500	所得税费用	42	7042
2、集体资本	17	9021	**三、职工薪酬及增值税**		
3、法人资本	18	165848	本年应付职工薪酬（贷方累计发生额）	43	44024
4、个人资本	19	27186	本年应交增值税	44	19121
5、港澳台资本	20	9006	本年进项税额	45	
6、外商资本	21	1366	本年销项税额	46	
二、损益及分配			**四、生产、销售总值**		
营业收入	22	461974	工业总产值（当年价格）	47	436405
其中：主营业务收入	23	442535	工业销售产值（当年价格）	48	506169
营业成本	24	335179	其中：出口交货值	49	83204
其中：主营业务成本	25	327203	**五、全部从业人员年平均人数（人）**	50	8299

注：2017年78家企业报非成本费用表，72家企业报成本费用表，非成本费用表没有销项和进项税指标，两表汇总出的应交增值税不相等。

主要统计指标解释

工业 指从事自然资源的开采，对采掘品和农产品进行加工和再加工的物质生产部门。具体包括：(1)对自然资源的开采，如采矿、晒盐、森林采伐等(但不包括禽兽捕猎和水产捕捞)；(2)对农副产品的加工、再加工，如粮油加工、食品加工、轧花、缫丝、纺织、制革等；(3)对采掘品的加工、再加工，如炼铁、炼钢、化工生产、石油加工、机器制造、木材加工等，以及电力、自来水、煤气的生产和供应等；(4)对工业品的修理、翻新，如机器设备的修理、交通运输工具(包括小卧车)的修理等。

工业统计调查单位为独立核算法人工业企业。

独立核算法人工业企业 是指从事工业生产经营活动的单位。独立核算法人工业企业应同时具备以下条件：①依法成立，有自己的名称、组织机构和场所，能够承担民事责任；②独立拥有和使用资产，承担负债，有权与其他单位签订合同；③独立核算盈亏，并能够编制资产负债表。

本年鉴中涉及企业登记注册类型：

国有及国有控股企业 指国有企业加上国有控股企业。

国有企业（即过去的全民所有制工业或国营工业）是指企业全部资产归国家所有，并按《中华人民共和国企业法人登记管理条例》规定登记注册的非公司制的经济组织。包括国有企业、国有独资公司和国有联营企业。1957年以前的公私合营和私营工业，后均改造为国营工业，1992年改为国有工业，这部分工业的资料不单独分列时，均包括在国有企业内。国有控股企业是对混合所有制经济的企业进行的“国有控股”分类。它是指这些企业的全部资产中国有资产（股份）相对其他所有者中的任何一个所有者占资（股）最多的企业。该分组反映了国有经济控股情况。

集体企业 指企业资产归集体所有，并按《中华人民共和国企业法人登记管理条例》规定登记注册的经济组织。是社会主义公有制经济的组成部分。包括城乡所有使用集体投资举办的企业，以及部分个人通过集资自愿放弃所有权并依法经工商行政管理机关认定为集体所有制的企业。

股份有限公司 指根据《中华人民共和国企业法人登记管理条例》规定登记注册，其全部注册资本由等额股份构成并通过发行股票筹集资本，股东以其认购的股份对公司承担有限责任，公司以其全部资产对其债务承担责任的经济组织。

港、澳、台商投资企业 指企业注册登记类型中的港、澳、台资合资、合作、独资经营企业和股份有限公司之和。

外商投资企业 指企业注册登记类型中的中外合资、合作经营企业、外资企业和外商投资股份有限公司之和。

轻工业 指主要提供生活消费品和制作手工工具的工业。按其所使用的原料不同，可分为两大类：(1)以农产品为原料的轻工业，是指直接或间接以农产品为基本原料的轻工业。主要包括食品制造、饮料制造、烟草加工、纺织、缝纫、皮革和毛皮制作、造纸以及印刷等工业；(2)以非农产品为原料的轻工业，是指以工业品为原料的轻工业。主要包括文教体育用品、化学药品制造、合成纤维制造、日用化学制品、日用玻璃制品、日用金属制品、手工工具制造、医疗器械制造、文化和办公用机械制造等工业。

重工业 是指为国民经济各部门提供物质技术基础的主要生产资料的工业。按其生产性质和产品用途，可以分为下列三类：(1)采掘(伐)工业，是指对自然资源的开采，包括石油开采、煤炭开采、金属矿开采、非金属矿开采和木材采伐等工业；(2)原材料工业，指向国民经济各部门提供基本材料、动力和燃料的工业。包括金属冶炼及加工、炼焦及焦炭、化学、化工原料、水泥、人造板以及电力、石油和煤炭加工等工业；(3)加工工业，是指对工业原材料进行再加工制造的工业。包括装备国民经济各部门的机械设备制造工业、金属结构、水泥制品等工业，以及为农业提供的生产资料如化肥、农药等工业。

根据上述划分原则，修理业中以重工业产品为修理作业对象的划为重工业，反之划为轻工业。

工业总产值 是以货币表现的，工业企业在一定时期内生产的已出售或可供出售工业产品总量，它反映一定时间内工业生产的总规模和总水平。它包括：在本企业内不再进行加工，经检验、包装入库(规定不需包装的产品除外)的成品价值，对外加工费收入，自制半成品、在产品期末初差额价值。工业总产值采用“工厂法”计算，即以工业企业作为一个整体，按企业工业生产活动的最终成果来计算，企业内部不允许重复计算，不能把企业内部各个车间(分厂)生产的成果相加。但在企业之间、行业之间、地区之间存在着重复计算。

轻重工业总产值的划分也是按“工厂法”计算的，即一个工业企业在正常情况下生产的主要产品的性质属于轻工业，则该企业的全部总产值作为轻工业总产值；一个工业企业生产的主要产品的性质属于重工业，则该企业的全部总产值作为重工业总产值。

工业增加值 是指工业行业在报告期内以货币表现的工业生产活动的最终成果。

实收资本 指企业实际收到的投资人投入的资本。按投资主体可分为国家资本、集体资本、法人资本、个人资本、港澳台资本和外商资本等。

资产合计 指企业拥有或控制的能以货币计量的经济资源。包括各种财产、债权和其他权利。资产按其流动性划分为流动资产、长期投资、固定资产、无形及递延资产和其他资产。

(1)流动资产 指企业可以在一年内或者超过一年的一个生产周期内变现或耗用的资产合计。包括现金及各种存款、短期投资、应收及预付款项、存货等。

(2)固定资产 指企业固定资产净值、固定资产清理、在建工程、待处理固定资产损失所占用的资金合计。

(3)无形资产 指企业长期使用而没有实物形态的资产。包括专利权、非专利技术、商标权、著作权、土地使用权、商誉等。

负债合计 指企业承担的能以货币计量，将以资产或劳务偿付的债务。负债一般按偿还期长短分为流动负债和长期负债、递延税项等。

(1)流动负债 指企业在一年内或者超过一年的一个营业周期内需要偿还的债务合计，其中包括短期借款、应付及预收款项、应付工资、应交税金和应交利润等。

(2)长期负债 指企业在一年以上或者超过一年的一个营业周期以上需要偿还的债务合计，其中包括长期借款、应付债务、长期应付款项等。

所有者权益 指企业投资人对企业净资产的所有权。企业净资产等于企业全部资产减去全部负债后的余额，其中包括投资者对企业的最初投入，以及资本公积金、盈余公积金和未分配利润，对股份制企业即为股东权益。

固定资产原价 指企业在建造、购置、安装、改建、扩建、技术改造某项固定资产时所支出的全部货币总额。它一般包括买价、包装费、运杂费和安装费等。

固定资产净值 是指固定资产原价减去历年已提折旧额后的净额。

流动资产 是指可以在一年或者超过一年的一个营业周期内变现或者耗用的资产，包括现金及各种存款、短期投资、应收及预付货款、存货等。

产品销售收入 指企业销售产品和提供劳务等主要经营业务取得的业务总额。

产品销售成本 指企业销售产品和提供劳务等主要经营业务的实际成本。

产品销售税金及附加 指企业销售产品和提供工业性劳务等主要经营业务应负担的城市维护建设税、消费税、资源税和教育费附加。

产品销售利润 指企业销售产品和提供工业性劳务等主要经营业务收入扣除其成本、费用、税金后的利润。

利润总额 指企业实现的利润。

应交增值税 指企业在报告期内应交纳的增值税额。

总资产贡献率 反映企业全部资产的获利能力，是企业经营业绩和管理水平的集中体现，是评价和考核企业盈利能力的核心指标。计算公式为：

总资产贡献率(%)＝（利润总额＋税金总额＋利息支出）／平均资产总额×100％

资产负债率 该指标既反映企业经营风险的大小，也反映企业利用债权人提供的资金从事经营活动的能力。计算公式为：资产负债率(%)＝负债总额／资产总额×100％

工业成本费用利润率 指在一定时期内实现的利润与成本费用之比，是反映工业生产成本及费用投入的经济效益指标，同时也是反映降低成本的经济效益的指标。计算公式为：

工业成本费用利润率(%)＝利润总额／成本费用总额×100%

工业增加值率 指在一定时期内工业增加值占同期工业总产值的比重，反映降低中间消耗的经济效益。计算公式为：工业增加值率(%)＝工业增加值(现价)／工业总产值(现价)×100%

流动资产周转次数 指在一定时期内流动资产完成的周转次数，反映流动资产的周转速度。计算公式为：流动资金周转次数＝产品销售收入／全部流动资产平均余额

产品销售率 指报告期工业销售产值与同期全部工业总产值之比，是反映工业产品已实现销售的程度，分析工业产销衔接情况，研究工业产品满足社会需求程度的指标。计算公式为：

产品销售率(%)=工业销售产值／工业总产值（现价）×100%

全员劳动生产率 指根据产品的价值量指标计算的平均每一个从业人员在单位时间内的产品生产量。是考核企业经济活动的重要指标，是企业生产技术水平、经营管理水平、职工技术熟练程度和劳动积极性的综合表现。目前我国的全员劳动生产率是将工业企业的工业增加值除以同一时期全部从业人员的平均人数来计算的。计算公式为：

全员劳动生产率＝工业增加值／全部从业人员平均人数

为了使各年度的全员劳动生产率数字可以比较，1990年以前各年的全员劳动生产率均按指数换算成1990年不变价格

7

固定资产投资和建筑业

INVESTMENT IN FIXED ASSETS AND CONSTRUCTION

7—1 历年全社会固定资产投资总额

单位：万元

年份	固定资产投资总额						
		基本建设	更新改造	房地产开发	其它投资		
						城乡集体	城乡个人
1953	232	232					
1954	145	145					
1955	227	227					
1956	176	176					
1957	161	161					
1958	694	694					
1959	1218	1218					
1960	1094	1094					
1961	1766	1766					
1962	481	481					
1963	675	675					
1964	1045	1045					
1965	952	952					
1966	577	577					
1967	394	394					
1968	548	548					
1969	371	371					
1970	717	717					
1971	516	516					
1972	945	945					
1973	877	877					
1974	2270	2270					
1975	3074	2985					
1976	2514	1676			89	89	
1977	2747	2290	705		133	133	
1978	2941	2467	457				
1979	2874	2514	393		81	81	
1980	4227	3809	299		61	48	13
1981	4897	4017	261		157	82	75
1982	6328	4831	307		573	181	392
1983	9309	5820	750		747	297	450
1984	26766	16491	2673		816	297	519
1985	54722	40669	6332		3943	1618	2325
1986	51437	41134	7102		6951	2690	4261
1987	48161	28578	8215		2088	742	1346
1988	71021	48893	14212		5371	1241	4130
1989	173545	114444	11047	35300	11081	4303	6778
1990	214333	143616	9426	39150	14375	3406	10969
1991	289101	158429	19537	101315	12030	3872	8158
1992	605209	275196	17273	281488	12084	6583	5501
1993	1022628	490088	28600	424786	19925	10755	9170
1994	1073429	588633	62718	393576	45036	26853	18183
1995	756074	421427	43498	264084	47722	18401	29321
1996	785194	602175	35856	106480	34707	9017	25690
1997	753978	627810	40069	50666	36470	15466	21004
1998	850100	670447	47830	83727	27672	8725	18947
1999	819212	661937	40934	46125	54992	15241	39751
2000	772015	537919	50484	92238	60666	23779	36887
2001	852411	562822	71292	137076	70566	14923	55390
2002	935748	680702	97316	150541	55197	17920	37277
2003	1033979	613828	62945	277007	41560	5558	29128
2004	1234875	603271	61687	445390	81457	16372	36550
2005	1371664	845172	94319	463789	91895	10600	57966
2006	1582308	1048087		504730	62703	7543	55160
2007	1818297	1188717		599709	29491	6722	22769
2008	2214327	1435007		749513	29871	8027	21844
2009	2770332	1911943		780008	29807	5953	23854
2010	3496539	2376878		1037915	78381	3957	74424
2011	4045866	2499043		1451365	81746	830	80916
2012	5103833	3348326		1755507	95458		95458
2013	6493348	3929323		2564025			
2014	8215298	5225573		2989725			
2015	10120455	5556506		4563949			
2016	12717285	7206338		5510947			
2017	14155026	8122541		6032485			

注：2005年起固定资产投资不设“基本建设”和“更新改造”，只统称“城镇投资”。取消城乡集体指标，设为“农村投资”。2006年城乡私人投资取消城镇私人投资,仅指农村私人投资。2012年取消农村私人投资统计。

7—2 全社会固定资产投资基本情况

指　标	2013年	2014年	2015年	2016年	2017年
一、投资总额(万元)	**6493348**	**8215298**	**10120455**	**12717285**	**14155026**
1、按报表种类分					
基本建设	3929323	5225573	5556506	7206338	8122541
更新改造					
房地产开发	2564025	2989725	4563949	5510947	6032485
其他投资合计					
农村投资					
城镇私人					
农村私人					
2、按构成分					
建筑安装工程	4050239	5424331	6672334	7853476	9309164
设备、工器具购置	1037265	1574803	1205799	1715704	1892045
其它费用	1405844	1216164	2242322	3148105	2953817
二、房屋建筑面积(平方米)					
房屋施工面积	18367818	25470043	29847286	36730912	36475607
#住宅	14350041	17057134	17925694	19805230	21056561
房屋竣工面积	1950092	3936635	2366070	3752762	5958434
#住宅	1476078	3261140	1767498	2454001	3253152
三、商品销售及空置					
商品房销售额(万元)	2510383	2665760	2967448	3912774	6587877
商品房销售面积(平方米)	3376774	3371164	3733498	4326499	5494700
商品房空置面积(平方米)	1491986	1885185	2424932	2596137	1847391
四、新增固定资产(万元)	2309469	3803820	2771743	3513005	3968791
基本建设	1447721	1865569	1407362	2114467	1122476
更新改造					
房地产开发	861748	1938251	1364381	1398538	2846315
其他投资合计					
#其他投资					
农村投资					
城镇私人					
农村私人					

7—3 历年固定资产投资财务拨款数

单位：万元

指　标	2013年	2014年	2015年	2016年	2017年
本年资金来源合计	11349977	11426877	14369805	15150416	17134823
上年末结余资金	3058029	1438347	2269243	1664582	3567672
本年资金来源小计	8291948	9988530	12100562	13485834	13567151
国家预算内资金	255545	207650	327190	1174522	368082
国内贷款	1987122	1645726	1909156	1704741	2722312
债　券	4111	9110	4827	15694	6259
利用外资		6000	13009	1897	2117
自筹资金	3610370	5287111	5257789	7619707	4755122
#中央各部门自筹					
省自筹					
市自筹					
县自筹					
企事业单位自有资金			600900		
#发行股票					
其它资金来源	2434800	2832933	4588591	2969273	5713259
#集资					

7—4 固定资产投资财务拨款数

（2017年）　　单位：万元

指　　标	合计	城镇投资	房地产开发	其他投资合计			
					农村投资	城镇私人	农村私人
本年资金来源合计	17134823	7004216	10130607				
上年末结余资金	3567672	1729264	1838408				
本年资金来源小计	13567151	5274952	8292199				
国家预算内资金	368082	368082					
国内贷款	2722312	1283758	1438554				
债　券	6259	6259					
利用外资	2117	2117					
自筹资金	4755122	2537056	2218066				
#中央各部门自筹							
省自筹							
市自筹							
县自筹							
企事业单位自有资金							
#发行股票							
其它资金来源	5713259	1077680	4635579				
#集资							

7—5 固定资产投资基本情况

（2017年）

单位：万元

指　　标	合计	城镇投资	房地产开发	其他投资合计			
					农村投资	城镇私人	农村私人
一、投资总额(万元)	**14155026**	**8122541**	**6032485**				
按构成分							
建筑工程	8399331	4554989	3844342				
安装工程	909833	449051	460782				
设备、工器具购置	1892045	1838792	53253				
其他费用	2953817	1279709	1674108				
二、房屋建筑面积(平方米)							
施工房屋面积	36475607	3150000	33325607				
#住 宅	21056561	220400	20836161				
竣工房屋面积	5958434	477400	5481034				
#住 宅	3253152	83800	3169352				
竣工房屋价值（万元）	2547331	100221	2447110				
#住 宅（万元）	1414630	42514	1372116				

7—6 秀英区固定资产投资基本情况

（2017年） 单位：万元

指　　标	合计	城镇投资	房地产开发	其他投资合计			
					农村投资	城镇私人	农村私人
一、投资总额（万元）	**4663652**	**2351287**	**2312365**				
按构成分							
建筑工程	3168882	1769424	1399458				
安装工程	376885	130505	246380				
设备、工器具购置	276931	254859	22072				
其他费用	840954	196499	644455				
二、房屋建筑面积(平方米)							
施工房屋面积	12936908	1015475	11921433				
#住宅	8502645	63469	8439176				
竣工房屋面积	2303377	142686	2160691				
#住宅	1617592	63469	1554123				
竣工房屋价值（万元）	951719	61792	889927				
#住宅（万元）	665163	42514	622649				

7—7 龙华区固定资产投资基本情况

（2017年）

单位：万元

指 标	合计	城镇投资	房地产开发	其他投资合计			
					农村投资	城镇私人	农村私人
一、投资总额（万元）	**3251195**	**1692849**	**1558346**				
按构成分							
建筑工程	1809515	748493	1061022				
安装工程	258958	187306	71652				
设备、工器具购置	307093	292833	14260				
其他费用	875629	464217	411412				
二、房屋建筑面积(平方米)							
施工房屋面积	8799511	664864	8134647				
#住 宅	3956636	20345	3936291				
竣工房屋面积	1129891	140316	989575				
#住 宅	512364	20331	492033				
竣工房屋价值（万元）	396342	34229	362113				
#住 宅（万元）	205002		205002				

7—8 琼山区固定资产投资基本情况

（2017年）　　单位：万元

指　　标	合计	城镇投资	房地产开发	其他投资合计			
					农村投资	城镇私人	农村私人
一、投资总额（万元）	**1315857**	**623719**	**692138**				
按构成分							
建筑工程	943190	467210	475980				
安装工程	25479	6609	18870				
设备、工器具购置	16762	16745	17				
其他费用	330426	133155	197271				
二、房屋建筑面积(平方米)							
施工房屋面积	5107069	338338	4768731				
#住宅	2986034	65735	2920299				
竣工房屋面积	984004		984004				
#住宅	396219		396219				
竣工房屋价值（万元）	386687		386687				
#住宅（万元）	119310		119310				

7—9 美兰区固定资产投资基本情况

（2017年）

单位：万元

指　　标	合计	城镇投资	房地产开发	其他投资合计			
					农村投资	城镇私人	农村私人
一、投资总额（万元）	**3733923**	**2264287**	**1469636**				
按构成分							
建筑工程	2477743	1569861	907882				
安装工程	248510	124630	123880				
设备、工器具购置	100860	83956	16904				
其他费用	906810	485840	420970				
二、房屋建筑面积(平方米)							
施工房屋面积	9632119	1131323	8500796				
#住 宅	5611246	70851	5540395				
竣工房屋面积	1541162	194398	1346764				
#住 宅	726977		726977				
竣工房屋价值（万元）	812583	4200	808383				
#住 宅（万元）	425155		425155				

7—10 按各个口径分组的固定资产投资

（2017年） 单位：万元

指　　标	合计	城镇投资	房地产开发	其他投资合计		
				农村投资	城镇私人	农村私人
总　计	**14155026**	**8122541**	**6032485**			
(一)按经济类型分						
内资	13526088	7965840	5560248			
国有	856979	791681	65298			
集体	1350	450	900			
股份合作	1035	1035				
集体私营	667	667				
其他私营	5939	5939				
国有独资公司	974291	764460	209831			
其他有限责任公司	8212687	4149780	4062907			
股份有限公司	1889878	1676770	213108			
私营独资	21095	21095				
私营合作	39376	39376				
私营有限责任公司	1384577	390209	994368			
私营股份有限公司	16882	14346	2536			
其他	121332	110032	11300			
港澳台商投资	498232	32296	465936			
港澳台商合资经营	55410	15745	39665			
港澳台商独资	333084	5000	328084			
港澳台商投资股份有限公司	105051	11551	93500			
其他港澳台投资	4687		4687			
外商投资	129009	122708	6301			
中外合资经营	86897	85596	1301			
中外合作经营						
外资企业	37112	37112				
外商投资股份有限公司						
其他外商投资	5000		5000			
个体经营	1697	1697				
(二)按建设性质分						
新建	12635450	6602965	6032485			
改建和技术改造	817963	817963				
改建	367479	367479				

7—11 历年国民经济各行业固定资产投资额

单位：万元

指　标	2013年	2014年	2015年	2016年	2017年
总　计	**6493348**	**8215298**	**10120455**	**12717285**	**14155026**
农、林、牧、渔业	31173	188659	193657	95446	170304
采矿业					
制造业	352229	325843	170490	294099	316682
电力、煤气及水的供应业	57268	43727	63780	88639	251316
建筑业	136199	34206	29155	38621	46858
批发和零售业	121315	235313	220014	231898	278539
交通运输、仓储和邮政业	1177516	1317853	1483773	2094028	2025814
住宿和餐饮业	105074	301058	530360	611390	188901
信息传输、软件和信息技术服务业	231981	193671	310027	357693	571134
金融业		8179	17523		7325
房地产业	3012907	3654248	5347558	6096033	6607882
租赁和商业服务业	13340	33812	12542	100804	72373
科学研究、技术服务业	16862	17996	30435	11808	28867
水利、环境和公共设施管理业	600946	918105	793527	2058152	1967714
居民服务、修理和其他服务业	9800		1400	800	420
教育	125752	247497	204904	249761	458140
卫生和社会工作	43117	126773	180560	115079	211910
文化、体育和娱乐业	435334	526442	438967	241560	892500
公共管理、社会保障和社会组织	22535	41916	91783	34174	58347

7—12 国民经济各行业固定资产投资

（2017年）　　单位：万元

指　　标	合计	城镇投资	房地产开发	其他合计	农村投资	城镇私人	农村私人
总　计	**14155026**	**8122541**	**6032485**				
一、农、林、牧、渔业	170304	170304					
农业	40354	40354					
水果、坚果、饮料和香料作物的种植							
林业	22833	22833					
林木的培育和种植							
畜牧业	5536	5536					
渔业							
农林牧渔服务业	101581	101581					
二、采矿业							
石油和天然气开采业							
三、制造业	**316682**	**316682**					
农副食品加工业	6259	6259					
水产品加工							
食品制造业	16195	16195					
饮料制造业	31044	31044					
酒的制造							
软饮料制造							
纺织业							
棉、化纤纺织及印染精加工							
针织品、编织品及其制品制造							
纺织服装、鞋、帽制造业							
木材加工及木、竹、藤、棕、草制品业							
锯材、木片加工	4186	4186					
家具制造业	2800	2800					
印刷业和记录媒介的复制	4702	4702					
印刷							
文教体育用品制造业	1300	1300					
化学原料及化学制品制造业	270	270					
肥料制造							
合成材料制造							
日用化学产品制造							
医药制造业	111886	111886					
非金属矿制品业	8172	8172					
烟草制造业							
塑料制品业	8142	8142					
有色金属冶炼及压延加工业							
有色金属压延加工							

7—12 续1

（2017年）　　单位：万元

指　　标	合计	城镇投资	房地产开发	其他合计			
					农村投资	城镇私人	农村私人
金属制品业	600	600					
结构性金属制品制造							
集装箱及金属包装容器制造							
通用设备制造业	1044	1044					
金属加工机械制造							
泵、阀门、压缩机及类似机械的							
专用设备制造业	39628	39628					
印刷、制药、日化生产专用设备							
电子和电工机械专用设备制造							
环保、社会公共安全及其他制造							
交通运输设备制造业							
汽车制造	1975	1975					
摩托车制造							
自行车制造							
电气机械及器材制造业	58362	58362					
输配电及控制设备制造							
通信设备、计算机及其他电子设备	18617	18617					
其他制造业	1500	1500					
通讯设备制造							
广播电视设备制造							
电子器件制造							
家用视听设备制造							
仪器仪表及文化、办公用机械制造							
通用仪器仪表制造							
四、电力、燃气及水的生产和供应业	**251316**	**251316**					
电力、热力的生产和供应业	194894	194894					
电力生产							
燃气生产和供应业	4991	4991					
水的生产和供应业	51431	51431					
五、建筑业	**46858**	**46858**					
房屋和土木工程建筑业	5559	5559					
土木工程建筑	39499	39499					
其他建筑业	1800	1800					
六、交通运输、仓储及邮政业	**2025814**	**2025814**					
铁路运输业							
道路运输业	189062	189062					
城市公共交通业							
水上运输业	185007	185007					
水上旅客运输							
水上货物运输							
水上运输辅助活动							

7—12 续2

（2017年）　　单位：万元

指　　标	合计	城镇投资	房地产开发	其他合计	农村投资	城镇私人	农村私人
航空运输业	1583686	1583686					
航空客货运输							
航空运输辅助活动							
装卸搬运和其他运输服务业							
仓储业	64272	64272					
邮政业	3787	3787					
七、信息传输、计算机服务和软件业	**571134**	**571134**					
电信和其他信息传输服务业	324736	324736					
电信							
软件业	124939	124939					
公共软件服务	121459	121459					
八、批发和零售业	**278539**	**278539**					
批发业	207934	207934					
食品、饮料、烟草制品批发							
纺织、服装及日用品批发							
文化、体育用品及器材批发							
矿产品、建材及化工产品批发							
零售业	70605	70605					
纺织、服装及日用品专门零售							
汽车、摩托车、燃料及零配件							
九、住宿和餐饮业	188901	188901					
住宿业	161473	161473					
餐饮业	27428	27428					
十、金融业	7325	7325					
银行业	7325	7325					
保险业							
十一、房地产业	**6607882**	**575397**	**6032485**				
房地产业	6607882	575397	6032485				
十二、租赁和商务服务业	**72373**	**72373**					
商务服务业	65653	65653					
其他商务服务	6720	6720					
十三、科学研究、技术服务和地质勘察业	**28867**	**28867**					
研究与试验发展	10938	10938					
专业技术服务业	8183	8183					
地质勘查业	9746	9746					

7—12 续3

（2017年）　　单位：万元

指　　标	合计	城镇投资	房地产开发	其他合计			
					农村投资	城镇私人	农村私人
十四、水利、环境和公共设施管理业	**1967714**	**1967714**					
水利管理业	76285	76285					
环境管理业	144821	144821					
自然保护							
环境治理							
公共设施管理业	1746608	1746608					
旅游景区管理							
十五、居民服务和其他服务业	420	420					
居民服务业	420	420					
十六、教育	458140	458140					
教育	458140	458140					
中等教育							
高等教育							
其他教育							
初等教育							
十七、卫生、社会保障和社会福利业	**211910**	**211910**					
卫生	207665	207665					
医院							
社会福利业	4245	4245					
提供住宿的社会福利							
十八、文化、体育和娱乐业	**892500**	**892500**					
新闻出版业							
出版业							
广播、电视、电影和音像业	499200	499200					
电影							
体育	206634	206634					
文化艺术业	174406	174406					
娱乐业	12260	12260					
十九、公共管理和社会组织国家机构	**58347**	**58347**					
国家机构	58347	58347					
国家行政机构							
人民法院和人民检察院							
群众团体、社会团体和宗教组织							

7—13 固定资产投资新增生产能力及效益

（2017年）

能力名称	单　　位	数　　量
飞机购置	架	37
输电线路长度	公里	70.5
城市公共交通车辆购置	辆	
城市污水处理能力	万吨/日	
新建巷口码头		
#年吞吐量	万吨	
年吞吐量	万标准集装箱	
泊位	个	18
汽车制造	辆	
香烟制造	箱	

7—14 按构成分的城镇投资

（2017年）　　　　单位：万元

指　标	合　计	建筑工程	安装工程	设备、工器具购置	其他费用
总　计	**8122541**	**4554989**	**449051**	**1838792**	**1279709**
一、按隶属关系分					
中央	390164	222911	40142	59487	67624
省	3366906	1601741	179607	1422303	163255
地区	1723374	1011658	68688	163662	479366
县	146222	107412	3128	9790	25892
其他	2495875	1611267	157486	183550	543572
二、按建筑性质分					
新建	5412566	3782051	295094	427846	907575
改建和技术改造	367479	183837	24932	71022	87688
扩建	817963	512792	109025	86332	109814
单纯建造生活设施					
迁建	192873	16384	20000	6479	150010
恢复	84547	59925			24622
单纯购置	1247113			1247113	
三、按建设阶段分					
筹建					
本年正式施工	7197609	3974894	400079	1698561	1124075
本年收尾	836953	496105	48336	137102	155410
全部停缓建	87979	83990	636	3129	224
单纯购置					

7—15 房地产开发投资情况

单位：万元

指　标	2013年	2014年	2015年	2016年	2017年
一、投资总额	**2564025**	**2989725**	**4563949**	**5510947**	**6032485**
按构成分					
建筑工程	1909251	2048494	2859806	3732976	3844342
安装工程	105715	252373	148825	378261	460782
设备、工器具购置	14694	15461	30683	30859	53253
其他费用	534365	673397	1524635	1368851	1674108
按用途分					
住　宅	2057313	2063974	2761388	3422209	4125878
办公楼	54348	71739	152639	434123	259550
商业营业用房	160040	327843	483996	816046	814490
其　他	292324	526169	1165926	838569	832567
二、本年资金来源合计	**5106545**	**5820938**	**8298873**	**8356142**	**10130607**
上年末结余资金	797272	848195	1469499	1222344	1838408
本年资金来源小计	4309273	4972743	6829374	7133798	8292199
国家预算内资金					
国内贷款	708457	1020319	874138	1273674	1438554
债　券					
利用外资			7900	0	
#外商直接投资			7900		
自筹资金	1298219	1607339	1756948	3367626	2218066
#自有资金	478691	578155	720945	1232827	
其他资金来源	2302597	2345085	4190388	2492498	4635579
#集资					
定金及预收款	965404	947222	1674747	1622209	2954221
三、本年各项应付款合计	**2165602**	**699198**	**2512918**	**2067530**	**1925775**
#工程款	471942	699198	702917	889672	902908
设备、器材款					
四、本年新增固定资产	**861748**	**1938251**	**1364381**	**1398538**	**2846315**

7—16 房地产施工、销售情况

指　标	2013年	2014年	2015年	2016年	2017年
一、房屋施工面积(平方米)	**18058905**	**22484444**	**25692325**	**30777088**	**33325607**
住宅	14300335	15872300	17671188	19716031	20836161
#别墅、高档公寓	1869101	1988205	1539641	1470097	1326965
经济适用房					
办公楼	353966	1079080	1191927	1613104	1817022
商业营业用房	893552	1891570	2302937	3603219	4695088
其他	2510852	3641494	4526273	5844734	5977336
二、本年新开工面积(平方米)	2763429	3591423	4853247	8114709	5698080
住宅	1896358	2088315	3453764	4610527	3930787
#别墅、高档公寓	194839	19744	27468	107516	415918
经济适用房					
办公楼	131957	24813	57893	487097	127574
商业营业用房	204134	1068868	460906	931639	774723
其他	530980	409427	880684	2085446	864996
三、竣工房屋面积(平方米)	**1950092**	**3936635**	**2164569**	**3065753**	**5481034**
住宅	1476078	3261140	1696230	2341533	3169352
#别墅、高档公寓	84837	850622	117894	133848	195279
经济适用房					
办公楼		12374	50074	26774	450891
商业营业用房	167311	151042	111166	224047	1142499
其他	306703	512079	307099	473399	718292
四、商品房实际销售面积(平方米)	**3376774**	**3371164**	**3733498**	**4326499**	**5494700**
住宅	3185267	2970823	3302324	3942698	4872745
#别墅、高档公寓	441436	243519	187553	389123	398862
经济适用房					
办公楼	5057	44725	70663	69661	132711
商业营业用房	125014	299842	248717	164505	298416
其他	61436	55774	111794	149635	190828
五、商品房实际销售额(万元)	**2510383**	**2665760**	**2967448**	**3912774**	**6587877**
住宅	2342310	2221457	2521782	3496576	5698984
#别墅、高档公寓	406591	298918	203940	476970	677828
经济适用房					
办公楼	7726	115946	89906	96888	235021
商业营业用房	131214	303853	279537	231565	503123
其他	29133	24504	76223	87745	150749
六、商品房待售面积(平方米)	**1491986**	**1885185**	**2424932**	**2596137**	**1847391**
住宅	997469	1275111	1541490	1576095	797388
#别墅、高档公寓	226362	346039	241150	190606	157930
经济适用房					
办公楼	41304	42694	28635	54046	35577
商业营业用房	159994	205068	341399	388941	422294
其他	293219	362312	513408	577055	592132

7—17 建筑施工企业生产情况

指　标	计量单位	2013年	2014年	2015年	2016年	2017年
建筑业总产值	万元	2039112	1865612	1797981	2186687	2402747
#建筑产值	万元	1729358	1571655	1510580	1820754	1984665
安装产值	万元	134643	167706	189574	258849	291567
其他产值	万元	175111	126251	97827	107085	126515
竣工产值	万元	1475892	1182847	1275412	1247704	1380777
施工面积	平方米	18516987	14338532	15548148	16217846	16575584
#新开工面积	平方米	5854396	5237126	3642279	3698054	4454186
实行投标承包面积	平方米	15997521	12060731	12825904	14550502	
竣工面积	平方米	6776906	5053245	4046709	4052655	3611350
年末自有机械设备净值	万元	13870	52864	19296	19389	23376
年末自有机械设备总台数	台	4906	6050	4982	4215	4236
年末自有机械设备总功率	千瓦	132074	227166	167083	137602	137671
计算劳动生产率的平均人数	人	56268	49089	52258	55572	58445

7—18 建筑施工企业财务情况

指　　标	计量单位	2013年	2014年	2015年	2016年	2017年
一、实收资本	**万元**	**458472**	**493484**	**497227**	**504854**	**479974**
二、年末资产负债						
流动资产	万元	1251049	1459087	1544122	1797409	1890517
#存货	万元	199829	220061	161907	253390	178416
固定资产合计	万元	63491	65932	46968	57552	51535
固定资产原价	万元	84336	85916	65351	89940	90442
#生产经营用	万元					
累计折旧	万元	38578	41457	33069	48848	51472
#本年折旧	万元	4954	6298	4444	4364	4667
资产总计	万元	1614144	1773363	1810442	2079921	2236647
流动负债	万元	937254	952560	971183	1166080	1346231
长期负债	万元	28354	52113	24930	45908	44387
负债合计	万元	970808	1072517	1062989	1311984	1426184
所有者权益	万元	643337	700846	747453	767937	810462
三、损益及分配						
工程结算收入	万元	2107186	1900640	1881796	2226603	2369524
工程结算成本	万元	1890339	1707636	1696111	2042750	2202447
工程结算税金及附加	万元	70906	65228	65843	47715	19483
工程结算利润	万元					
其他业务利润	万元	1171	578	1493	2586	1066
管理费用	万元	46843	48553	45371	49962	52123
利润总额	万元	95003	75595	76800	75978	93486
#应交所得税	万元	44831	43611	42859	56128	56069
四、工资福利费						
本年应付工资总额	万元	232287	207338	196348	201293	181118
本年应付福利总额	万元					

7—19 按经济类型分的建筑施工企业生产情况

（2017年）

指　　标	单 位	合 计	国有企业	集体企业	联营企业	有限责任	股份公司	私营企业	外商企业
建筑业总产值	万元	2402747	179462	69372	1513	1465036	316383	367758	3222
#装饰装修产值	万元	103322	3536			63902	4	35879	
在外省完成产值	万元	60315			1375	44825		14115	
#建筑工程产值	万元	1984665	158956	46677		1206601	302864	269130	439
安装工程产值	万元	291567	7531	9978		240288	4	30984	2783
其他产值	万元	126515	12975	12718	1513	18148	13515	67645	
竣工产值	万元	1380777	127396	45239	1513	775296	236119	193556	1657
施工面积	平方米	16575584	1299790	280865		10627796	3214365	1152768	
#新开工面积	平方米	4454186	267937	260215		2830404	741135	354495	
实行投标承包面积	平方米								
#新开工面积	平方米								
竣工面积	平方米	3611350	472942	247431		1926815	334000	630125	37
年末自有机械设备净值	万元	23376	45			17672	3946	1674	39
年末自有机械设备总台数	台	4236	3			2417	1645	135	36
年末自有机械设备总功率	千瓦	137671	100			51534	80882	4485	670
计算劳动生产率的平均人数	人	58445	6145	2364	65	34342	8508	6855	166

7—20 按行业分的建筑施工企业生产情况

（2017年）

指　　标	单位	合计	房屋和土木工程	#房屋工程				建筑安装	建筑装饰	其他建筑
					土木工程	#铁路道路	水利港口			
建筑业总产值	万元	2402747	1988038	1788680	199358	88311	11473	264774	56157	93778
#装饰装修产值	万元	103322	56599	56527	72	52	20	493	43904	2326
在外省完成的产值	万元	60315	32122	29345	2777	655	470	9098	17399	1697
#建筑工程产值	万元	1984665	1765184	1586943	178241	88259	11115	104288	36731	78462
安装工程产值	万元	291567	112334	106932	5402	52	321	154078	12189	12965
其他产值	万元	126515	110520	94805	15715		38	6408	7236	2351
竣工产值	万元	1380777	1230989	1132046	98943	37272	1500	103299	9095	37395
施工面积	平方米	16575584	15211476	15146800	64676	64676		198486		1165622
#新开工面积	平方米	4454186	3830975	3766299	64676	64676		122062		501149
实行投标承包面积	平方米									
#新开工面积	平方米									
竣工面积	平方米	3611350	3475314	3390314	85000			78993		57043
年末自有机械设备净值	万元	23376	16632	15812	820	330	120	5531	688	526
年末自有机械设备总台数	台	4236	2747	2706	41	24	2	685	260	544
年末自有机械设备总功率	千瓦	137671	122916	120545	2371	1450	180	7930	711	6114
计算劳动生产率的平均人数	人	58445	48285	44050	4235		317	4413	3557	2190

7—21 按经济类型分的建筑施工企业财务情况

（2017年）

指　　标	单 位	合 计	国有企业	集体企业	联营企业	有限责任	股份公司	私营企业	外商企业
一、年末资产负债									
流动资产	万元	1890517	132749	39416	2899	1328789	160696	224072	1897
#应收工程款	万元	540359	37145	10080	1230	388998	38196	64314	397
长期投资	万元								
固定资产合计	万元	51535	3405	2067	94	25084	1989	18591	306
固定资产原价	万元	90442	2768	6923	294	50222	3302	26406	526
#生产经营用	万元								
累计折旧	万元	51472	938	4856	201	28390	1324	15542	220
#本年折旧	万元	4667	151	135	9	2774	265	1288	44
在建工程	万元	2767	1501			1237		30	
其他资产	万元								
资产总计	万元	2236647	151632	41563	3075	1548674	226023	263477	2203
流动负债	万元	1346231	96015	3741	1888	964559	164744	114996	288
长期负债	万元	44387	397	42		31858		12090	
负债合计	万元	1426184	120382	4891	1888	1005782	164744	128210	288
所有者权益	万元	810462	31250	36672	1188	542892	61279	135267	1915
二、损益及分配									
工程结算收入	万元	2369524	128746	52227	1483	1514995	298388	369781	3904
工程结算成本	万元	2202447	121376	46665	1425	1405793	282910	341191	3087
工程结算税金及附加	万元	19483	1332	564	8	13453	1569	2543	15
工程结算利润	万元								
其他业务收入	万元								
其他业务利润	万元	1066	49	7		1011			
管理费用	万元	52123	3541	1394	44	32701	4236	9627	581
财务费用	万元	4140	284	-3		3062	450	347	
营业利润	万元	91509	2915	3607	7	57817	10785	16156	221
利润总额	万元	93486	4681	3649	10	57870	10761	16299	215
三、工资、福利费									
应付工资总额	万元	181118	15837	9887	157	92979	46000	15925	333
应付福利总额	万元								

7—22 按行业分的建筑施工企业财务情况

（2017年）

指标	单位	合计	房屋和土木工程	#房屋工程	土木工程	#铁路道路	水利港口	建筑安装	建筑装饰	其他建筑
一、年末资产负债										
流动资产	万元	1890517	1496679	1184198	312481	156332	14274	241555	65605	86678
应收工程款	万元	540359	425599	357418	68181	42557	2667	78601	19226	16933
长期投资										
固定资产合计	万元	51535	25873	20016	5857	2092	255	19668	4844	1151
固定资产原价	万元	90442	50794	39685	11109	2951	353	26713	9458	3478
#生产经营用	万元									
累计折旧	万元	51472	28324	22149	6175	1533	156	15042	5779	2328
#本年折旧	万元	4667	1502	1005	497	161	27	2280	659	227
在建工程	万元	2767	1527	949	578	578		158	1082	
其他资产	万元									
资产总计	万元	2236647	1779102	1411111	367991	167077	14700	294183	73201	90162
流动负债	万元	1346231	1121503	870141	251362	91168	5813	165831	27223	31675
长期负债	万元	44387	13589	13580	9		9	10210		20588
负债合计	万元	1426184	1164452	909343	255109	94906	5823	180160	29310	52263
所有者权益	万元	810462	614649	501767	112882	72171	8878	114023	43891	37900
二、损益及分配										
工程结算收入	万元	2369524	1922606	1702809	219797	109335	14245	298137	65395	83386
工程结算成本	万元	2202447	1796908	1593950	202958	100624	11866	272558	55756	77226
工程结算税金及附加	万元	19483	16011	14308	1703	919	24	1818	896	759
工程结算利润	万元									
其他业务收入	万元									
其他业务利润	万元	1066	711	697	14				356	
管理费用	万元	52123	34203	26747	7456	2757	2001	11186	4876	1859
财务费用	万元	4140	3251	2423	828	108	4	557	304	28
营业利润	万元	91509	73251	66527	6724	4983	312	10947	3757	3557
利润总额	万元	93486	74958	67961	6997	5029	275	11212	3764	3551
三、工资、福利费										
应付工资总额	万元	181118	148212	140395	7817	3129	1244	17038	6542	9328
应付福利总额	万元									

7—23 全社会住宅建设投资和竣工住宅建筑面积

指　标	2013年	2014年	2015年	2016年	2017年
一、住宅投资（万元）	**2058706**	**2063974**	**2842921**	**3422209**	**4125878**
国有经济单位					
集体经济单位					
城乡个人					
其他经济单位					
二、竣工住宅建筑面积（万平方米）	**147.61**	**326.11**	**176.74**	**234.15**	**316.94**
国有经济单位					
集体经济单位					
城乡个人					
其他经济单位					

7—24 城市基础设施投资情况

单位：万元

指　标	2013年	2014年	2015年	2016年	2017年
总　计	**736232**	**689347**	**1167334**	**4509873**	**4564662**
供　水	9419	5919	1235		975
煤　气					
排　水	4950				
道　路	398907	214950	462890	1840550	1492260
桥　梁	25325	1041	21630		
公　交	8378	11564		624	
绿　化				15401	29974
环　卫	4074	8853	660	13089	25709
污　水	18667	20075	1235	9975	144821
防　洪	26864	19019	22525	2752	43596
其　他	239648	407926	657159	2627482	2827327

主要统计指标解释

全社会固定资产投资 固定资产投资是社会固定资产再生产的主要手段。通过建造和购置固定资产活动，国民经济不断采用先进技术装备，建立新兴部门，进一步调整经济结构和生产力的地区分布，增强经济实力，为改善人民物质文化生活创造物质条件。

固定资产投资额是以货币表现的建造和购置固定资产活动的工作量，它是反映固定资产投资规模、速度、比例关系和使用方向的综合性指标。全社会固定资产包括国有经济单位投资、城乡集体所有制单位投资、其他各种经济类型单位投资和城乡居民个人投资。国有经济单位固定资产投资总额分为基本建设、更新改造、房地产开发投资和其他固定资产投资；城乡集体所有制单位投资包括城镇集体所有制单位投资和农村集体所有制单位投资；城乡居民个人投资包括城市、县城、镇、工矿区所辖范围内的个人建房和农村个人建房及购买生产性固定资产（使用年限在二年以上，单位价值在50元以上的生产资料）的投资。

基本建设投资 基本建设是指国民经济各部门新建、扩建、改建和恢复工程的建造和机器设备、加辆、船舶、飞机等的购置。

基本建设投资额是以货币表现的基本建设完成的工作量，是反映一定时期内基本建设规模和建设速度的综合性指标。它是根据工程的实际进度按预算价格（预算价格是编制施工图预算时用的价格）计算的工作量。没有形成工程实体的建筑材料和没有开始安装的设备，都不计算投资完成额。

基本建设投资完成额与财政上的基本建设拨（贷）款和财务支出是含义完全不同的指标，“基本建设投资完成额”是按预算价格计算的工作量；“拨（贷）款”是银行根据国家计划拨（贷）给建设单位用于基本建设的资金；“财务支出”是建设单位实际支出的金额。使用时应加以区别。

更新改造投资 更新改造是指企业、事业单位对其固定资产进行更新改造的工程和购置（不包括大修理和维护工程）。更新改造投资是以货币表现的更新改造完成的工作量。根据我国现行统计制度，基本建设和更新改造的划分是：（1）列入基本建设计划的项目作为基本建设投资，列入更新改造计划的项目作为更新改造投资；（2）更新改造计划与基本建设计划结合安排的项目和未列入计划的项目，根据工程性质分别作为基本建设投资和更新改造投资。属于对企业、事业单位原有设施进行技术改造或更新的项目和增建主要生产车间、分厂等，其新增生产能力或效益尚未达到大中型标准的项目，以及由于城市环境保护和安全生产的需要而进行的迁建工程，作为更新改造投资。

其他固定资产投资 其他固定资产投资是指国有经济单位按规定不纳入基本建设计划和更新改造计划管理的固定资产投资，具体包括：用油田维护费、石油开发基金进行的油田维护和开发工程；矿山、森工等采伐采掘工业用维简费进行的开拓延伸工程；交通部门用公路养路费对原有公路、桥梁进行的工程；商、粮、供销部门零星建造和购置固定资产其计划总投资在二万到五万元的单项工程和单台设备。

固定资产投资按国民经济行业类别分 是按企、事业单位所从事的生产或其他社会经济活动的性质的同一性进行的分类。固定资产投资统计中的国民经济行业分类，基本建设项目按建成投产后的主要产品种类或主要用途及社会经济活动种类来划分，一般情况下，一个基本建设项目只能属于一种国民经济行业；更新改造、其他固定资产投资根据整个企、事业单位所属的行业来划分，一般情况下，一个企、事业单位只能属于一种国民经济行业。

固定资产投资按建设性质分 建设项目的性质一般分为新建、扩建、改建、迁建、恢复。基本建设按建设项目划分建设性质，更新改造、国有单位其他固定资产投资及城镇集体投资按整个企业、事业单位的建设情况确定建设性质。目前基本建设和更新改造是根据我国现行的计划管理体制区分的，所以基本建设和更新改造都可以分别按新建、扩建和改建等划分。

（1）新建 一般是指从无到有，“平地起家”新开始建设的单位。有的单位原有的基础很小，经过建设后其新增加的固定资产价值超过原有固定资产价值（原价）三倍以上的也算新建。

（2）扩建 一般是指为扩大原有产品的生产能力，在厂内或其他地点增建主要生产车间（或主要工程）、独立的生产线或总厂之下的分厂的企业；事业单位和行政单位在原单位增建业务用房，行政机关增建办公楼等）也作为扩建。

（3）改建 是指对原有设施进行技术改造或更新（包括相应配套的辅助性生产、生活福利设施），没有增建主要生产车间、分厂等的企、事业单位。现有企业、事业单位为适应市场变化的需要，而改变企业的主要产品种类（如军工企业转产民用品等），或原有产品生产作业线由于各工序（车间）之间能力不平衡，为填平补齐充分发挥原有生产能力而增建不增加本企业主要产品设计能力的车间，也应作为改建。

固定资产投资按构成分 固定资产投资活动按其工作内容和实现方式分为建筑工程，安装工程，设备、工具器具购置，其他费用四个部分。

（1）建筑工程（建筑工作量） 指各种房屋、建筑物的建造工程。包括各种房屋建造工程；各种用途设备基础和各种工作窑炉的砌筑工程；为施工而进行的各种准备工作和临时工程以及完工后的清事工作等；铁路、道路的铺设，矿井的开凿及石油管道的架设等；水利工程；防空地下建筑等特殊工程。

（2）安装工程（安装工程量） 指各种设备、装置的安装工程。包括各种机械设备的安装工程；为测定安装工作质量，对设备进行试运工作。

（3）设备、工具、器具购置 指购置或自制达到固定资产标准的设备、工具、器具的价值。固定资产的标准按财务部门规定。新建单位、扩建单位的新建车间、按照设计和计划要求购置或自制的全部设备、工具、器具，不论是否达到固定资产标准均计入“设备、工具、器具购置”中。

（4）其他费用 指除建筑安装工程和设备、工具、器具购置以外的投资完成额。它包括两种性质的费用，一种是属于增加固定资产的费用，主要有：建设单位管理费、土地、青苗等补偿费和安置补助费、各种经济林木的营造费、办公和生活家具、器具购置费、引进技术和进口设备项目的其他费用、联合试运转费等；一种是属于不增加固定资产的费用，主要有：施工机构转移费、生产职工培训费、农业开荒费用及报废工程损失费等。

基本建设项目按大中小型划分 基本建设划分大中小型项目原则上应按照上级批准的设计任务书或初步设计所确定的总规模或总投资划分，没有正式批准设计任务书或初步设计的，按国家或省、自治区、直辖市年度基本建设投资计划中所列的总规模或总投资划分，上述两条均不具备的，按本年计划施工工程的建设总规模或总投资划分。生产单一产品的工业项目，按产品的设计能力划分；生产多种产品工业项目，按其主要产品的设计能力划分；品种繁多，难以按生产能力划分的，按全部设计投资额划分。划分标准以国家颁发的《大中小型建设项目划分标准》为依据，国家曾在1958年、1962年、1972年、1977年和1979年五次修订《大中小型建设项目划分标准》。因此，各历史时期的大中小型项目数不完全可比。

施工项目 指报告期内曾进行建筑或安装施工活动的建设项目。包括报告期内新开工项目，报告期以前开工跨入报告期继续施工的项目，报告期施工并在报告期内全部建成投产或缓建的项目。

全部建成投产项目 工业项目是指设计文件规定形成生产能力的主体工程及其相应配套的辅助设施全部建成，经负荷试运转，证明具备生产设计规定合格产品的条件，并经过验收鉴定合格或达到竣工验收标准，与生产性工程配套的生活福利设施可以满足近期正常生产的需要，正式移交生产的建设项目；非工业项目是指设计文件规定的主体工程和相应的配套工程全部建成，能够发挥设计规定的全部效益，经验收鉴定合格或达到竣工验收标准，正式移交使用的建设项目。

新增生产能力 指通过固定资产投资活动而增加的设计能力或工程效益，它是用实物形态表示的固定资产的成果。新增生产能力的计算，是以能独立发挥生产能力或效益的单项工程（或项目）为对象。当单项工程（或项目）建成，经有关部门鉴定合格、正式移交投入生产，即可计算新增生产能力。新增生产能力的数量一般按设计能力计算。设计文件中规定的在正常情况下能够达到的生产能力，而不论投产后的实际产量如何。以设备数量、建筑物容积、面积、长度等表示为新增生产能力（或效益），则按建成的实际数量计算。

施工和竣工房屋建筑面积 房屋建筑面积是从房屋的外墙线算起的各层平面面积的总和，包括房屋结构（如柱、墙）占用的面积和地下室面积。多层建筑按各自然层面积总和计算，包括房屋内的楼隔层，突出墙面的眺望间、门斗、有柱雨罩的面积。不包括突出墙面结构的构件、艺术装饰等所占的面积，如台阶等。凸阳台按其水平投影面积的一半计算建筑面积。

施工面积 指报告期内施工的全部房屋建筑面积。包括本期新开工的面积和上期开工跨入本期继续施工的房屋的面积，以及上期已停建在本期复工的建筑面积。

竣工面积 指在报告期内房屋建筑按照设计要求已全部完工，达到住人和使用条件，经验收鉴定合格的正式移交使用的单位的建筑面积。

新增固定资产 指通过投资活动所形成的新的固定资产价值。包括已经建成投入生产或交付使用的工程价值和达到固定资产标准的设备、工具、器具，投资及有关应摊入的费用。它是以价值形式表示的固定资产投资成果的综合性指标，可以综合反映不同时期、不同部门、不同地区的的固定资产投资成果。

建筑施工企业 指从事房屋、构筑物和设备安装生产活动的独立施工单位，分为建筑安装企业和自营施工单位两种组织形式。建筑安装企业是指行政上有独立公司、安装公司、工程公司、工程局（处）等。自营施工单位是指附属于现有生产企业、事业内部或行政单位的，为建造和修理本单位固定资产而自行组织的。并同时具备下述条件：（1）对内独立核算；（2）有固定组织和施工队伍；（2）全年施工期在半年以上。

建筑业总产值 是指建筑安装企业或单位在一定时期内所完成的以货币表现的建筑生产成果总量指标。按现行报表制度规定，具体包括施工产值、建安附属构件厂外销构件产值、建安附属勘察设计单位向外提供勘察设计工作的产值。

建筑业增加值 是指建筑安装企业和自营施工单位在一定时期内建筑施工活动最终成果的货币表现。计算方法有分配法和生产法，分配法即是把投入生产的要素各项收入相加求得，它包括职工工资、职工福利基金、利润、税金、支付给个人的费用、支付给本企业的费用、固定资产折旧，大修理基金等。

年末自有机械设备价值 指年末本单位自有施工机械、生产设备、运输设备的全部机械价值，分别按原值和净值计算，不包括非生产用的机械设备价值。

利润总额 指建筑施工企业在一定时期内所实现的利润。它包括工程结算利润、产品销售利润、作业销售利润、材料销售利润及其他销售利润、营业外收支差额，此外，在实行产值工资含量包干的企业，应扣除工资含量包干节余。

工程结算收入 是本企业承包工程实现的工程价额结算收入以及向发包单位收取的除工程价款以外按规定列作营业收入的各种款项，如临时设施费、劳动保险费、施工机构调迁费等以及身发包单位收取的各种索赔款。

8

交通运输和邮电通讯

TRANSPORTATION,POST AND TELECOMMUNICATION

8—1 民用车辆拥有量年报

（2017年）　　　　单位：辆

指　标	总　计				总　计			报　废
		营运	非营运	校车	进口	个人	新注册	
合计	**772487**	**50781**	**721383**	**323**	**41985**	**686858**	**124640**	**5547**
一、汽车	741962	48501	693138	240	41982	658762	123653	5517
载客汽车	664737	12650	651764	323	41875	598574	110373	3229
#大型	7213	4313	2780	120	70	171	749	471
中型	2359	644	1512	203	124	683	435	245
小型	651161	7693	643468		41347	594779	108187	2476
微型	4004		4004		334	2941	1002	37
#轿车	445867	7526	438341		15293	408591	64578	1816
载货汽车	74291	35370	38921		77	58963	13002	2180
#重型	5090	4519	571		6	2143	1786	114
中型	4349	4035	314			3636	384	59
轻型	64729	26746	37983		71	53068	10831	2007
微型	123	70	53			116	1	
#普通载货	35401	3462	31939		64	29447	5273	1073
其他汽车	2934	481	2453		30	1225	278	108
#三轮汽车	132	84	48			132		1
低速货车	399	114	285			394		2
二、电车								
无轨								
轻便								
三、摩托车	28214	1	28213		1	27989	167	27
普通	28133	1	28132		1	27908	167	27
轻便	81		81			81		
四、拖拉机								
五、挂车	2311	2279	32		2	107	820	3
六、其他类型车								

补充资料：机动车驾驶员(29)766418人，其中：汽车驾驶员(30)729094人。

8—2 独立核算、港口企业主要设备

（2017年）

指　　标	单　位	总　计	按经济类型分		
			国有经济	集体经济	其他经济
港口设备					
码头长度	米	5441	5441		
#生产用	米	5250	5250		
泊位个数	个	40	40		
#生产用	个	39	39		
#万吨级	个	25	25		
仓库总面积	平方米	54300	54300		
容量	吨				
堆场总面积	平方米	373800	373800		
容量	吨	793200	793200		

8—3 独立核算水上运输企业运输工具

（2017年）

指　标	单　位	总　计	按航区分		
			内河	沿海	远洋
一、机动船	**艘**	**80**	**1**	**69**	**10**
载客量	客位	26485	155	26330	
净载重量	吨位	972661		507661	465000
总功率	千瓦	487416	1790	403298	82328
(一)客船	艘	1	1		
载客量	客位	155	155		
净载重量	吨位				
功率	千瓦	1790	1790		
(二)客货船	艘	28		28	
载客量	客位	26330		26330	
净载重量	吨位	68528		68528	
功率	千瓦	129420		129420	
(三)货船	艘	50		40	10
净载重量	吨位	904133		439133	465000
功率	千瓦	353264		270936	82328
(四)拖船	艘	1		1	
功率	千瓦	2942		2942	
二、驳船	**艘**				
载客量	客位				
净载重量	吨位				
三、帆船	**艘**				
净载重量	吨位				

8—4 旅客、货物运输量

（2017年）

指　标	2013年	2014年	2015年	2016年	2017年
一、旅客运输量（万人）	**45538.1**	**6897.8**	**7079.0**	**8998.9**	**9600.0**
公　路	41180.0	2100.3	2170.0	2827.0	2666.0
水　运	974.5	1006.8	929.0	945.0	1012.0
民用航空	1961.3	2208.7	2310.2	2890.1	3197.6
铁　路	1422.3	1582.0	1669.8	2336.8	2724.4
二、旅客周转量（万人公里）	**4850661.8**	**4665585.0**	**5137533.6**	**6418394.1**	**7379905.7**
公　路	1040845.0	302406.5	314147.0	301225.0	284013.0
水　运	27713.0	29738.0	29518.0	29338.0	31539.0
民用航空	3486016.0	4004945.5	4438872.9	5637183.1	6522228.3
铁　路	296087.8	328495.0	354995.7	450648.0	542125.4
三、货物运输量（万吨）	**12167.9**	**12346.0**	**11307.8**	**10462.7**	**10035.9**
公　路	4122.0	3447.8	3558.0	2659.0	3023.0
水　运	7057.0	8001.0	6928.8	6971.0	6006.0
民用航空	25.3	27.4	29.9	33.2	35.1
铁　路	963.7	869.8	791.1	799.5	971.8
四、货物周转量（万吨公里）	**8397564.5**	**9635366.2**	**7087300.8**	**6696771.5**	**4601701.8**
公　路	287152.0	163792.5	168927.0	245037.0	278486.0
水　运	7888535.0	9246483.0	6684155.0	6200570.0	4021674.0
民用航空	64322.9	71485.2	82186.6	98509.2	123300.9
铁　路	157554.6	153605.5	152032.2	152655.3	178240.9

注：公路为交通部门2015年抽样调查后调整数。

8—5 港口旅客、货物吞吐量

（2017年）

指　标	2013年	2014年	2015年	2016年	2017年
一、旅客吞吐量(万人)	**1283.31**	**1087.60**	**1318.00**	**1353.46**	**1499.01**
海口港	724.10	742.10	794.20	892.10	991.50
粤海南港	559.21	345.50	523.80	461.36	507.51
(一)进港量	626.11	537.10	658.80	678.94	744.87
海口港	349.50	361.30	391.10	444.80	484.40
粤海南港	276.61	175.80	267.70	234.14	260.47
(二)离 港	657.20	550.50	659.20	674.52	754.14
海口港	374.60	380.80	403.10	447.30	507.10
粤海南港	282.60	169.70	256.10	227.22	247.04
二、货物吞吐量(万吨)	**7421.39**	**7581.00**	**8209.90**	**8866.93**	**10112.78**
海口港	5423.70	5939.50	6157.30	6979.70	8125.60
粤海南港	1997.69	1641.50	2052.60	1887.23	1987.18
三、集装箱吞吐量(万TEU)	116.82	134.67	127.50	140.18	163.60

8—6 邮政电信业务情况

指　　标	计量单位	2013年	2014年	2015年	2016年	2017年
邮电局、所	处	58	58	58	58	58
邮路长度(单程)	公里	78033	87538	90921.8	85339	80713.65
#航空邮路(单程)	公里	72671	80385	80385		67189
农村投递路线总长度	公里	4389	4432	4617	4760	5179
邮电计费业务总量	万元	509861.829	663064	705669	1213132	1230568
函件	万件				325.63	285.42
包裹	万件				5.15	6.93
快递	万件				3434.23	4192.34
快递业务收入	万元				62850.45	78271.57
市内电话用户	户	617500	569100	529500	468800	518100
#住户电话	户	332000	309300	251100	252900	271400
公用电话	户	68400	58600	48719		
移动短信业务量	亿条	26.19	43	15.65	14.78	11.39
移动电话用户	户	3856564	4253000	3219586	3344982	3871351
其中：3G移动电话用户	户	1806372	2095500	961100	349400	259194
互联网宽带接入用户	户	528000	549500	556900	626900	854444
年末电话交换机总数	门					

注：1.2013年国家报表制度不再统计年末电话交换机总数指标。
　　2.邮电计费业务量从2017年起按2015年不变价计算。

主要统计指标解释

货（客）运量 指在一定时期内，各种运输工具实际运送的货物(旅客)数量。它是反映运输业为国民经济和人民生活服务的数量指标，也是制定和检查运输生产计划、研究运输发展规模和速度的重要指标。货运按吨计算，客运按人计算。货物不论运输距离长短、货物类别，均按实际重量统计。旅客不论行程远近或票价多少，均按一人一次客运量统计；半价票、小孩票也按一人统计。

货物（旅客）周转量 指在一定时期内，由各种运输工具运送的货物(旅客)数量与其相应运输距离的乘积之总和。它是反映运输业生产总成果的重要指标，也是编制和检查运输生产计划，计算运输效率、劳动生产率以及核算运输单位成本的主要基础资料。计算货物周转量通常按发出站与到达站之间的最短距离，也就是计费距离计算。计算公式为：

货物(旅客)周转量 = ∑货物(旅客)运输量 × 运输距离

沿海主要港口货物吞吐量 指经水运进出沿海主要港区范围，并经过装卸的货物数量，包括邮件及办理托运手续的行李、包裹以及补给运输船舶的燃、物料和淡水。货物吞吐量按货物流向分为进口、出口吞吐量，按货物交流性质分为外贸货物吞吐量和国内贸易货物吞吐量。货物吞吐量的货类构成及其流向，是衡量港口生产能力大小的重要指标。

邮电业务总量 指以价值量形式表现的邮电通信企业为社会提供各类邮电通信服务的总数量。邮电业务量按专业分类包括函件、包件、汇票、报刊发行、邮政快件、特快专递、邮政储蓄、集邮、公众电报、用户电报、传真、长途电话、出租电路、市话无线寻呼、移动电话、分组交换数据通信、出租代维等。计算方法为各类产品乘以相应的平均单价(不变价)之和，再加上出租电路和设备、代用户维护电话交换机和线路等的服务收入。它综合反映了一定时期邮电业务发展的总成果，是研究邮电业务量构成和发展趋势的重要指标。计算公式为：

邮电业务总量 = ∑（各类邮电业务量 × 不变单价）+ 出租代维及其他业务收入

无线寻呼电话用户 指携带小型寻呼机，接收市话用户通过无线寻呼中心，在规定范围内向其发出声音、数字或文字显示信息的用户。在寻呼台办理登记手续的无线寻呼用户，每一部寻呼机按一户计算。

移动电话用户 指在移动电话营业部门登记，通过移动电话交换机进入移动电话网、占有移动电话号码的电话用户。用户数量以实际办理登记手续进入邮电部门移动电话网的户数进行计算，一部或一台移动电话统计为一户。

电话用户 指接入国家公众固定电话网，并按固定电话业务进行经营管理的电话用户。1997年以前，电话用户分为市内电话用户和农村电话用户。市内电话用户是指接入县城及县以上城市电话网上的电话用户；农村电话用户是指接入县邮电局农话台及县以下农村电话交换点，以县城为中心（除市话用户外）联通县、乡（镇）、行政村、村民小组的用户。从1997年起，电话用户数分组调整为以用户所在区域划分为“城市电话用户”和“乡村电话用户”，与过去的按市内电话和农村电话划分方法不同。而电话用户数、电话机部数统计方法不变。

9

批发和零售业

WHOLESALE AND RETAIL TRADE

9—1 历年社会消费品零售总额

单位：万元

年份	社会消费品零售总额	批发零售贸易业	住宿餐饮业	其他
1987	78888	66770	7760	4358
1988	132533	104562	19852	8119
1989	153739	113346	20043	20350
1990	155215	128609	20807	5799
1991	184396	149618	26491	8287
1992	288765	216897	41116	30752
1993	413801	319983	56505	37313
1994	495509	381624	63686	50199
1995	553979	427013	89880	37086
1996	581290	441105	93026	47159
1997	612912	457426	88282	67204
1998	631299	481670	98947	50682
1999	676753	531138	106071	39544
2000	753226	600186	117315	35725
2001	834575	661646	129920	43009
2002	926378	736662	141158	48558
2003	1031059	831949	146522	52588
2004	1209432	977457	173922	58053
2005	1393452	1132991	197109	62943
2006	1634497	1351730	214242	67645
2007	1930831	1624392	232343	72676
2008	2397452	2038269	281327	77856
2009	2761311	2384277	307881	69153
2010	3272154	3014033	255384	2737
2011	3965850			
2012	4498968			
2013	5053518			
2014	5584703			
2015	5955307			
2016	6538916			
2017	7155038			

注：2003年前社会消费品零售总额按2004年第一次经济普查口径调整。
2009年—2014年社会消费品零售总额按2013年第三次经济普查口径调整。

9—2 各区社会消费品零售总额

（2017年）　　单位：万元

地　区	2015年	2016年	2017年
总　计	**5955307**	**6538916**	**7155038**
秀英区	1986286	2186900	2379146
龙华区	1977917	2176676	2379257
琼山区	203660	554026	616077
美兰区	1487444	1621314	1780558

9—3 国内贸易主要指标

单位：万元

指　标	2013年	2014年	2015年	2016年	2017年
批发业销售额	16713352	20057703	19053890	20933201	21808995
零售业销售额	5525176	6192461	6617966	7347122	8375268
住宿业营业额	307772	335381	365238	406577	452110
餐饮业营业额	437438	566783	632021	724665	834075

9—4 各区国内贸易主要指标

单位：万元

地 区	指 标	2016年	2017年
秀英区	批发业销售额	8565370	8854208
	零售业销售额	2856999	3259835
	住宿业营业额	66941	74369
	餐饮业营业额	56321	65277
龙华区	批发业销售额	8468915	8761909
	零售业销售额	2441924	2781351
	住宿业营业额	185119	205703
	餐饮业营业额	344657	396855
琼山区	批发业销售额	1075998	3032953
	零售业销售额	1724519	368996
	住宿业营业额	105182	54861
	餐饮业营业额	253909	80174
美兰区	批发业销售额	2822918	1159925
	零售业销售额	323681	1965086
	住宿业营业额	49336	117177
	餐饮业营业额	69778	291769

9—5 限额以上批发零售贸易业商品销售总额和分类销售额

（2017年）　　单位：万元

指　　标	销售总额	批　发	零　售
总　　计	**13234184**	**9553357**	**3680827**
其中：通过公共网络实现的商品销售	924908	874010	50898
1.粮油、食品类	421162	286912	134250
其中:粮油类	160121	114608	45513
肉禽蛋类	20223	10130	10093
水产品类	8431	4220	4211
蔬菜类	23033	11549	11484
干鲜果品类	29036	16286	12750
2.饮料类	62832	36179	26653
3.烟酒类	2142424	2051244	91180
4.服装、鞋帽、针纺织品类	441292	226542	214750
(1)服装类	317458	161909	155549
(2)鞋帽类	98719	50932	47787
(3)针纺织品类	25115	13701	11414
5.化妆品类	278227	139400	138827
6.金银珠宝类	105433	54163	51270
7.日用品类	366118	213316	152802
其中：儿童玩具类	4662	2331	2331
8.五金、电料类	10864	10605	259
9.体育、娱乐用品类	31104	15552	15552
其中：照相器材类			
10.书报杂志类	65901	56012	9889
11.电子出版物及音像制品类	2083	1049	1034
12.家用电器和音像器材类	560802	375010	185792
13.中西药品类	1233366	1175940	57426
其中:西药类	1067935	1017248	50687
中草药及中成药类	66010	59272	6738
14.文化办公用品类	79296	55374	23922
其中：计算机及其配套产品	43985	34471	9514
15.家具类	7782	3891	3891
16.通讯器材类	95312	72737	22575
17.煤炭及制品类			
18.木材及制品类			
19.石油及制品类	3348190	2226106	1122084
20.化工材料及制品类	746079	746079	
其中：化肥类	124853.7	124853.7	
21.金属材料类	20519	20519	
22.建筑及装潢材料类	1826	913	913
23.机电产品及设备类	60934	47145	13789
其中：农机类	141	141	
24.汽车类	3077806	1683735	1394071
25.种子饲料类	73	73	
26.棉麻类			
27.其他类	74761	54862	19899

9—6 限额以上批发零售贸易业商品销售

（2017年）　　单位：千元

指　标	法人企业（个）	从业人数（人）	销售总额	批发额	零售额
总　计	**209**	**27361**	**97094050**	**61054382**	**36039668**
一、批发业	**100**	**7538**	**51675922**	**51304487**	**371435**
(一)按登记注册类型分组					
内资企业	92	6590	50387974	50036869	351105
国有企业	4	651	19997200	19949305	47895
有限责任公司	59	4072	20650042	20359597	290445
国有独资公司					
其他有限责任公司	59	4072	20650042	20359597	290445
股份有限公司	4	538	1985146	1985146	
私营企业	25	1329	7755586	7742821	12765
私营独资企业					
私营有限责任公司	25	1329	7755586	7742821	12765
其他企业					
港、澳、台商投资企业	3	273	311617	291287	20330
港、澳、台商独资企业	3	273	311617	291287	20330
外商投资企业	5	675	976331	976331	
中外合资经营企业	1	56	35504	35504	
外资企业	4	619	940827	940827	
(二)按国民经济行业分组					
农、林、牧产品批发					
饲料批发					
食品、饮料及烟草制品批发	13	1464	21080833	21012608	68225
米、面制品及食用油批发	2	74	435322	435322	
糕点、糖果及糖批发	2	158	167068	167068	
盐及调味品批发	1	25	79887	79887	
酒、饮料及茶叶批发	5	460	653910	633580	20330
烟草制品批发	2	577	19561878	19513983	47895
其他食品批发	1	170	182768	182768	
纺织、服装及家庭用品批发	9	947	2257216	2243847	13369

9—6 续 1

单位：千元

指　　标	法人企业（个）	从业人数（人）	销售总额	批发额	零售额
纺织品、针织品及原料批发					
服装批发	3	56	135336	135336	
化妆品及卫生用品批发	1	253	274823	274823	
厨房、卫生间用具及日用杂货批发	2	330	380478	380478	
家用电器批发	3	308	1466579	1453210	13369
文化、体育用品及器材批发	3	370	606705	522231	84474
文具用品批发	1	12	32434	32434	
图书批发	1	289	545347	460873	84474
首饰、工艺品及收藏品批发	1	69	28924	28924	
医药及医疗器材批发	41	3003	11748280	11694893	53387
西药批发	31	2429	10093417	10040628	52789
中药批发	6	394	1284698	1284698	
医疗用品及器材批发	4	180	370165	369567	598
矿产品、建材及化工产品批发	19	1103	12518068	12386270	131798
石油及制品批发	4	179	7857349	7725551	131798
非金属矿及制品批发	1	6	52001	52001	
金属及金属矿批发	4	81	1272149	1272149	
化肥批发	5	365	1581154	1581154	
其他化工产品批发	5	472	1755415	1755415	
机械设备、五金产品及电子产品批发	15	651	3464820	3444638	20182
农业机械批发					
汽车批发	1	178	2187095	2187095	
汽车零配件批发	2	53	108508	95743	12765
摩托车及零配件批发	1	29	173391	173133	258
五金产品批发	1	44	98697	98697	
电气设备批发	1	17	80919	80919	
计算机、软件及辅助设备批发	2	123	171853	165832	6021
通讯及广播电视设备批发	1	45	195140	195140	
其他机械设备及电子产品批发	6	162	449217	448079	1138

9—6 续 2

单位：千元

指　　标	法人企业（个）	从业人数（人）	销售总额	批发额	零售额
二、零售业	**109**	**19823**	**45418128**	**9749895**	**35668233**
(一)按登记注册类型分组					
内资企业	102	17486	42287013	9745589	32541424
集体企业	1	31	34729		34729
有限责任公司	87	14201	25917785	3094939	22822846
其他有限责任公司	87	14201	25917785	3094939	22822846
股份有限公司	2	2280	14481195	6493682	7987513
私营企业	12	974	1853304	156968	1696336
私营合伙企业	1	12	16475		16475
私营有限责任公司	11	962	1836829	156968	1679861
港、澳、台商投资企业	4	925	1642193	4306	1637887
合资经营企业(港或澳、台资)	1	53	82786	4306	78480
港、澳、台商独资企业	2	485	1027490		1027490
其他港、澳、台投资企业	1	387	531917		531917
外商投资企业	3	1412	1488922		1488922
中外合资经营企业	1	126	258612		258612
外资企业	2	1286	1230310		1230310
(二)按国民经济行业分组					
综合零售	22	6689	7463206		7463206
百货零售	14	3893	4849578		4849578
超级市场零售	7	2725	2513403		2513403
其他综合零售	1	71	100225		100225
食品、饮料及烟草制品专门零售	4	222	211065		211065
糕点、面包零售	1	99	39030		39030
酒、饮料及茶叶零售	1	36	61372		61372
烟草制品零售	1	35	36811		36811

9—6 续3

单位：千元

指　　标	法人企业（个）	从业人数（人）	销售总额	批发额	零售额
其他食品零售	1	52	73852		73852
纺织、服装及日用品专门零售	5	889	370848	10955	359893
服装零售	1	69	24477		24477
鞋帽零售	2	563	264326	8134	256192
钟表、眼镜零售	1	192	37400	2821	34579
厨房用具及日用杂品零售	1	65	44645		44645
文化、体育用品及器材专门零售	1	179	22382	653	21729
图书、报刊零售	1	179	22382	653	21729
医药及医疗器材专门零售	3	1591	561087		561087
药品零售	3	1591	561087		561087
汽车、摩托车、燃料及零配件专门零售	50	7801	33698312	9045576	24652736
汽车零售	42	4399	14766966	619298	14147668
机动车燃料零售	8	3402	18931346	8426278	10505068
家用电器及电子产品专门零售	15	1946	2723065	645114	2077951
家用视听设备零售	1	253	759566	149069	610497
日用家电设备零售	8	1161	1525041	293652	1231389
计算机、软件及辅助设备零售	3	104	154233	110097	44136
通信设备零售	1	247	174746	92296	82450
其他电子产品零售	2	181	109479		109479
五金、家具及室内装修材料专门零售	4	219	112170	43111	69059
五金零售	1	86	67280	43111	24169
家具零售	2	110	35662		35662
其他室内装饰材料零售	1	23	9228		9228
货摊、无店铺及其他零售业	5	287	255993	4486	251507
生活用燃料零售	1	82	35919	180	35739
其他未列明的零售	4	205	220074	4306	215768

9—7 限额以上批发零售贸易企业财务状况（一）

（2017年）　　单位：千元

指　　标	流动资产合计	固定资产原值	累计折旧	资产总计	负债合计	所有者权　益
总　　计	**46158483**	**8141862**	**3339381**	**62027784**	**35104284**	**26923500**
一、批发业	**32870159**	**1658370**	**771894**	**41986699**	**21645615**	**20341084**
(一)按登记注册类型分组						
内资企业	25382669	1627278	746862	33180437	15673010	17507427
国有企业	6148413	634885	352990	6805153	1663277	5141876
有限责任公司	8621986	606039	313060	9360235	7079055	2281180
国有独资公司						
其他有限责任公司	8621986	606039	313060	9360235	7079055	2281180
股份有限公司	3621127	217352	33243	9842139	5364074	4478065
私营企业	6991143	169002	47569	7172910	1566604	5606306
私营独资企业						
私营有限责任公司	6991143	169002	47569	7172910	1566604	5606306
其他企业						
港、澳、台商投资企业	168820	16204	13812	172312	60785	111527
港、澳、台商独资企业	168820	16204	13812	172312	60785	111527
外商投资企业	7318670	14888	11220	8633950	5911820	2722130
中外合资经营企业	86600	566	387	86779	62553	24226
外资企业	7232070	14322	10833	8547171	5849267	2697904
(二)按国民经济行业分组						
农、林、牧产品批发						
饲料批发						
食品、饮料及烟草制品批发	6536322	659987	371040	7201389	2031045	5170344
米、面制品及食用油批发	1129766	75823	31397	1174384	1137157	37227
糕点、糖果及糖批发	121816	1675	1478	122056	115932	6124
盐及调味品批发	28250	2924	1496	29678	32921	-3243
酒、饮料及茶叶批发	214406	19008	14147	220499	195401	25098
烟草制品批发	5018647	559062	321593	5630769	526120	5104649
其他食品批发	23437	1495	929	24003	23514	489
纺织、服装及家庭用品批发	1080041	29232	21662	1092054	929099	162955

9—7（一）续1

单位：千元

指　　标	流动资产合计	固定资产原值	累计折旧	资产总计	负债合计	所有者权　益
纺织品、针织品及原料批发						
服装批发	32226	18471	13592	38797	23495	15302
化妆品及卫生用品批发	59436	4127	3399	60300	46738	13562
厨房、卫生间用具及日用杂货批发	90406	3081	1965	94137	73316	20821
家用电器批发	897973	3553	2706	898820	785550	113270
文化、体育用品及器材批发	574816	241176	68657	1076719	371979	704740
文具用品批发	20093	716	532	20277	19034	1243
图书批发	458257	230710	63575	952863	273830	679033
首饰、工艺品及收藏品批发	96466	9750	4550	103579	79115	24464
医药及医疗器材批发	14980721	277751	80502	22574469	14508565	8065904
西药批发	11718683	126800	58304	13262670	9484509	3778161
中药批发	3004252	145015	19404	9049646	4799944	4249702
医疗用品及器材批发	257786	5936	2794	262153	224112	38041
矿产品、建材及化工产品批发	8976592	434797	219159	9268363	3186179	6082184
石油及制品批发	6564449	378200	191452	6779008	1250361	5528647
非金属矿及制品批发	9872	1823	1315	10380	6732	3648
金属及金属矿批发	352215	2469	1028	354656	309188	45468
化肥批发	1668412	39767	15915	1729310	1435853	293457
其他化工产品批发	381644	12538	9449	395009	184045	210964
机械设备、五金产品及电子产品批发	721667	15427	10874	773705	618748	154957
农业机械批发						
汽车批发	198033			230364	274669	-44305
汽车零配件批发	61123	1341	1196	61268	30116	31152
摩托车及零配件批发	55133	478	429	55182	54689	493
五金产品批发	30106	601	490	30338	25659	4679
电气设备批发	62660	950	344	64603	27204	37399
计算机、软件及辅助设备批发	84991	4088	3016	86063	56107	29956
通讯及广播电视设备批发	4535	808	776	4612	-11146	15758
其他机械设备及电子产品批发	225086	7161	4623	241275	161450	79825

9—7（一）续2

单位：千元

指　　标	流动资产合计	固定资产原值	累计折旧	资产总计	负债合计	所有者权　益
二、零售业	**13288324**	**6483492**	**2567487**	**20041085**	**13458669**	**6582416**
(一)按登记注册类型分组						
内资企业	12323984	6107770	2341721	18874239	12738967	6135272
集体企业	6369	1985	1235	7624	3356	4268
有限责任公司	10569848	3713932	1299983	14980500	10464045	4516455
其他有限责任公司	10569848	3713932	1299983	14980500	10464045	4516455
股份有限公司	1209303	2240334	987037	3064341	1563013	1501328
私营企业	538464	151519	53466	821774	708553	113221
私营合伙企业	3565	205	122	3648	3038	610
私营有限责任公司	534899	151314	53344	818126	705515	112611
港、澳、台商投资企业	418346	145748	77297	524873	304306	220567
合资经营企业(港或澳、台资)	62086	10089	8610	101031	45480	55551
港、澳、台商独资企业	208585	106991	50234	265601	148596	117005
其他港、澳、台投资企业	147675	28668	18453	158241	110230	48011
外商投资企业	545994	229974	148469	641973	415396	226577
中外合资经营企业	32283	27640	10262	49661	43993	5668
外资企业	513711	202334	138207	592312	371403	220909
(二)按国民经济行业分组						
综合零售	5123241	2786201	886905	8304621	5371775	2932846
百货零售	4270545	2472642	687977	7316877	4676671	2640206
超级市场零售	806654	312683	198418	940864	673467	267397
其他综合零售	46042	876	510	46880	21637	25243
食品、饮料及烟草制品专门零售	96198	28550	6085	119388	105923	13465
糕点、面包零售	5037	24637	4281	25393	16801	8592
酒、饮料及茶叶零售	22131	595	305	22445	20168	2277
烟草制品零售	29939	1960	876	31023	31181	-158

9—7（一）续3

单位：千元

指　　标	流动资产合计	固定资产原值	累计折旧	资产总计	负债合计	所有者权　益
其他食品零售	39091	1358	623	40527	37773	2754
纺织、服装及日用品专门零售	215571	57484	31751	250453	238270	12183
服装零售	64556	30894	14934	87440	95827	-8387
鞋帽零售	87082	17700	10370	96194	113714	-17520
钟表、眼镜零售	55301	8347	6076	58015	24605	33410
厨房用具及日用杂品零售	8632	543	371	8804	4124	4680
文化、体育用品及器材专门零售	283878	61517	37592	312683	596482	-283799
图书、报刊零售	283878	61517	37592	312683	596482	-283799
医药及医疗器材专门零售	278409	26391	16419	302519	142856	159663
药品零售	278409	26391	16419	302519	142856	159663
汽车、摩托车、燃料及零配件专门零售	5679372	3258089	1466082	8838539	5274506	3564033
汽车零售	4052113	571992	276607	4528750	3355442	1173308
机动车燃料零售	1627259	2686097	1189475	4309789	1919064	2390725
家用电器及电子产品专门零售	1301222	222647	94966	1501164	1341769	159395
家用视听设备零售	114187	6054	4464	127485	113206	14279
日用家电设备零售	1079681	190619	73865	1208796	1117739	91057
计算机、软件及辅助设备零售	33892	1552	819	34747	20696	14051
通信设备零售	52122	5343	2852	58644	27000	31644
其他电子产品零售	21340	19079	12966	71492	63128	8364
五金、家具及室内装修材料专门零售	96857	25100	14415	134243	188648	-54405
五金零售	35380	1722	1456	35646	24166	11480
家具零售	60343	23281	12889	97436	164293	-66857
其他室内装饰材料零售	1134	97	70	1161	189	972
货摊、无店铺及其他零售业	213576	17513	13272	277475	198440	79035
生活用燃料零售	19576	732	590	20796	13276	7520
其他未列明的零售	194000	16781	12682	256679	185164	71515

9—7 限额以上批发零售贸易企业财务状况（二）

（2017年）

单位：千元

指 标	主营业务收入	主营业务成本	主营业务税金及附加	销售费用	其他业务利润
总 计	**82417830**	**71056354**	**1027553**	**5823080**	**514548**
(一)按登记注册类型分组	**44325966**	**37807080**	**929886**	**3096256**	**106977**
内资企业					
国有企业	43202631	36931140	924752	2960818	106356
有限责任公司	17154876	14667023	875250	138288	5161
国有独资公司	17622981	14254182	37773	2665257	47757
其他有限责任公司					
股份有限公司	17622981	14254182	37773	2665257	47757
私营企业	1766348	1648515	5915	53289	5097
私营独资企业	6658426	6361420	5814	103984	48341
私营有限责任公司	6658426	6361420	5814	103984	48341
其他企业					
港、澳、台商投资企业	266340	229683	574	16576	
港、澳、台商独资企业	266340	229683	574	16576	
外商投资企业	856995	646257	4560	118862	621
中外合资经营企业	30345	15700	115	5221	
外资企业	826650	630557	4445	113641	621
(二)按国民经济行业分组					
农、林、牧产品批发					
饲料批发					
食品、饮料及烟草制品批发	18089878	15519886	876921	184339	9334
米、面制品及食用油批发	435322	438204	62	39493	
糕点、糖果及糖批发	144327	131905	435	9076	9
盐及调味品批发	68516	61334	138	317	
酒、饮料及茶叶批发	565947	521478	730	22803	4164
烟草制品批发	16719554	14228819	875188	98795	5161
其他食品批发	156212	138146	368	13855	
纺织、服装及家庭用品批发	1946120	1802509	3194	113215	1843

9—7（二）续1

单位：千元

指　　标	主营业务收入	主营业务成本	主营业务税金及附加	销售费用	其他业务利润
纺织品、针织品及原料批发					
服装批发	124701	114383	108	8206	1401
化妆品及卫生用品批发	237252	222551	125	10422	
厨房、卫生间用具及日用杂货批发	326384	274871	369	40951	
家用电器批发	1257783	1190704	2592	53636	442
文化、体育用品及器材批发	490512	426600	162	45988	7461
文具用品批发	32434	29597	13	1323	
图书批发	415560	362043	43	34035	7461
首饰、工艺品及收藏品批发	42518	34960	106	10630	
医药及医疗器材批发	10302264	7391245	40135	2276777	79963
西药批发	8875399	6099101	34126	2195565	49043
中药批发	1108435	1013341	5211	74703	30920
医疗用品及器材批发	318430	278803	798	6509	
矿产品、建材及化工产品批发	10812037	10208627	7239	251061	4911
石油及制品批发	6717911	6487242	2793	69854	4911
非金属矿及制品批发	44445	40228	62	3633	
金属及金属矿批发	1087306	1044061	500	28673	
化肥批发	1442604	1308440	1402	64202	
其他化工产品批发	1519771	1328656	2482	84699	
机械设备、五金产品及电子产品批发	2685155	2458213	2235	224876	3465
农业机械批发					
汽车批发	1576454	1455374	595	176330	3249
汽车零配件批发	92742	81289	203	4713	
摩托车及零配件批发	148433	140178	6	6576	
五金产品批发	98697	86841	43	8165	
电气设备批发	69162	56456	129	2422	
计算机、软件及辅助设备批发	148826	134212	214	1956	
通讯及广播电视设备批发	166787	162133	142	4791	
其他机械设备及电子产品批发	384054	341730	903	19923	216

9—7 （二）续2

单位：千元

指　　标	主营业务收入	主营业务成本	主营业务税金及附加	销售费用	其他业务利润
二、零售业	**38091864**	**33249274**	**97667**	**2726824**	**407571**
(一)按登记注册类型分组					
内资企业	35413875	30971384	91776	2415599	331177
集体企业	30270	23176	173	3373	
有限责任公司	21804576	18682297	74279	1880735	266777
其他有限责任公司	21804576	18682297	74279	1880735	266777
股份有限公司	12012793	10857995	12973	460261	37802
私营企业	1566236	1407916	4351	71230	26598
私营合伙企业	11970	10863	49	455	
私营有限责任公司	1554266	1397053	4302	70775	26598
港、澳、台商投资企业	1419674	1207777	3643	135635	22971
合资经营企业(港或澳、台资)	74368	67639	82	4428	1082
港、澳、台商独资企业	883786	750850	2826	72021	21889
其他港、澳、台投资企业	461520	389288	735	59186	
外商投资企业	1258315	1070113	2248	175590	53423
中外合资经营企业	221036	210634	402	3840	9326
外资企业	1037279	859479	1846	171750	44097
(二)按国民经济行业分组					
综合零售	6236187	4656915	35592	1153997	130605
百货零售	3979754	2791754	30990	801111	77524
超级市场零售	2156208	1809259	3544	325600	53081
其他综合零售	100225	55902	1058	27286	
食品、饮料及烟草制品专门零售	181695	156546	411	8007	
糕点、面包零售	34045	27185	170	4600	
酒、饮料及茶叶零售	53081	46101	94	844	
烟草制品零售	31462	28102	38	1948	

9—7（二）续3

单位：千元

指　　标	主营业务收入	主营业务成本	主营业务税金及附加	销售费用	其他业务利润
其他食品零售	63107	55158	109	615	
纺织、服装及日用品专门零售	310301	227840	1202	65467	15445
服装零售	14128	11915	106		12718
鞋帽零售	225920	171127	677	46535	
钟表、眼镜零售	31965	14276	293	13831	2727
厨房用具及日用杂品零售	38288	30522	126	5101	
文化、体育用品及器材专门零售	21716	14801	2985	11593	39456
图书、报刊零售	21716	14801	2985	11593	39456
医药及医疗器材专门零售	483371	316031	3619	130791	552
药品零售	483371	316031	3619	130791	552
汽车、摩托车、燃料及零配件专门零售	28271651	25635912	48808	1111178	199871
汽车零售	12540480	11513439	27683	443674	161711
机动车燃料零售	15731171	14122473	21125	667504	38160
家用电器及电子产品专门零售	2275260	1986877	4115	208220	17175
家用视听设备零售	619311	552877	1196	51633	
日用家电设备零售	1284094	1112215	2252	115352	12180
计算机、软件及辅助设备零售	131181	122898	197	3653	
通信设备零售	147064	135192	190	11019	4995
其他电子产品零售	93610	63695	280	26563	
五金、家具及室内装修材料专门零售	95874	78699	353	13823	1421
五金零售	57504	49279	157	5018	
家具零售	30483	23148	144	6346	1421
其他室内装饰材料零售	7887	6272	52	2459	
货摊、无店铺及其他零售业	215809	175653	582	23748	3046
生活用燃料零售	23954	13622	230	9156	110
其他未列明的零售	191855	162031	352	14592	2936

9—7 限额以上批发零售贸易企业财务状况（三）

（2017年）　　单位：千元

指　　标	管理费用	营业利润	利润总额	本年应付职工薪酬	本年应交增值税
总　　计	**2091059**	**3265317**	**3294252**	**2180384**	**1335294**
一、批发业	**901690**	**2101804**	**2159333**	**815940**	**797305**
(一)按登记注册类型分组					
内资企业	794409	1976545	2034789	713296	750399
国有企业	281731	1585218	1627435	269337	403706
有限责任公司	364737	304427	314742	339597	265947
国有独资公司					
其他有限责任公司	364737	304427	314742	339597	265947
股份有限公司	50518	11010	13124	33664	22714
私营企业	97423	75890	79488	70698	58032
私营独资企业					
私营有限责任公司	97423	75890	79488	70698	58032
其他企业					
港、澳、台商投资企业	14134	7481	7323	14755	4200
港、澳、台商独资企业	14134	7481	7323	14755	4200
外商投资企业	93147	117778	117221	87889	42706
中外合资经营企业	6176	2797	678	3497	5159
外资企业	86971	114981	116543	84392	37547
(二)按国民经济行业分组					
农、林、牧产品批发					
饲料批发					
食品、饮料及烟草制品批发	314972	1588408	1630780	309658	415109
米、面制品及食用油批发	11170	-50602	294	6148	142
糕点、糖果及糖批发	1502	732	839	7992	1669
盐及调味品批发	7926	-1283	-1286	1131	1120
酒、饮料及茶叶批发	19556	3831	3803	22013	6176
烟草制品批发	270561	1635820	1627141	263189	403564
其他食品批发	4257	-90	-11	9185	2438
纺织、服装及家庭用品批发	16300	11717	15067	53104	20896

9—7 （三）续1

单位：千元

指　　标	管理费用	营业利润	利润总额	本年应付职工薪酬	本年应交增值税
纺织品、针织品及原料批发					
服装批发	2484	706	801	3371	142
化妆品及卫生用品批发	1299	272	372	10251	1045
厨房、卫生间用具及日用杂货批发	9227	-1193	-1192	15094	2645
家用电器批发	3290	11932	15086	24388	17064
文化、体育用品及器材批发	26407	1363	4136	37582	101
文具用品批发	1562	-135	-115	634	10
图书批发	21525	9276	12029	32602	66
首饰、工艺品及收藏品批发	3320	-7778	-7778	4346	25
医药及医疗器材批发	361854	359841	358499	234294	302020
西药批发	285360	355061	352616	196847	267771
中药批发	52617	-2158	-1047	25997	27833
医疗用品及器材批发	23877	6938	6930	11450	6416
矿产品、建材及化工产品批发	112608	206074	215794	124364	48089
石油及制品批发	23949	127382	135033	28722	23238
非金属矿及制品批发	920	-395	-190	525	-342
金属及金属矿批发	4456	6063	6037	3558	3519
化肥批发	33033	35012	36392	33588	2728
其他化工产品批发	50250	38012	38522	57971	18946
机械设备、五金产品及电子产品批发	69549	-65599	-64943	56938	11090
农业机械批发					
汽车批发	35792	-94692	-94293	22215	
汽车零配件批发	4161	2630	2610	3100	1709
摩托车及零配件批发	1712	-48	-57	1276	48
五金产品批发	3286	978	1085	3997	3
电气设备批发	1591	8088	8086	1188	1073
计算机、软件及辅助设备批发	12227	722	898	12321	1436
通讯及广播电视设备批发		118	118	2298	953
其他机械设备及电子产品批发	10780	16605	16610	10543	5868

9—7 （三）续2

单位：千元

指　　标	管理费用	营业利润	利润总额	本年应付职工薪酬	本年应交增值税
二、零售业	**1189369**	**1163513**	**1134919**	**1364444**	**537989**
(一)按登记注册类型分组					
内资企业	1149804	987936	960894	1213629	497800
集体企业	1946	1570	1570	2548	998
有限责任公司	935495	438868	427220	1028305	330657
其他有限责任公司	935495	438868	427220	1028305	330657
股份有限公司	163774	521834	506046	133448	141226
私营企业	48589	25664	26058	49328	24919
私营合伙企业	296	184	184	505	240
私营有限责任公司	48293	25480	25874	48823	24679
港、澳、台商投资企业	15312	110750	108268	65033	29474
合资经营企业(港或澳、台资)	2490	1568	1568	3650	606
港、澳、台商独资企业	12822	71743	69144	35066	22747
其他港、澳、台投资企业		37439	37556	26317	6121
外商投资企业	24253	64827	65757	85782	10715
中外合资经营企业	7042	5726	5540	8018	4024
外资企业	17211	59101	60217	77764	6691
(二)按国民经济行业分组					
综合零售	491544	105505	108120	489103	67011
百货零售	454895	-12075	-10167	322855	45057
超级市场零售	32393	106175	107051	156708	20839
其他综合零售	4256	11405	11236	9540	1115
食品、饮料及烟草制品专门零售	9381	4096	4093	10410	3420
糕点、面包零售	1163	521	521	3568	1411
酒、饮料及茶叶零售	3310	1736	1736	2554	788
烟草制品零售	966	-40	-40	1283	314

9—7 （三）续 3

单位：千元

指　　标	管理费用	营业利润	利润总额	本年应付职工薪酬	本年应交增值税
其他食品零售	3942	1879	1876	3005	907
纺织、服装及日用品专门零售	28922	-1768	-17652	45483	9358
服装零售	9596	1207	-14646	3527	338
鞋帽零售	11803	-3830	-3884	29331	5534
钟表、眼镜零售	5789	50	73	9026	2442
厨房用具及日用杂品零售	1734	805	805	3599	1044
文化、体育用品及器材专门零售	11908	-10219	-6656	10218	2470
图书、报刊零售	11908	-10219	-6656	10218	2470
医药及医疗器材专门零售	30615	32771	32523	93995	23361
药品零售	30615	32771	32523	93995	23361
汽车、摩托车、燃料及零配件专门零售	514463	1101862	1079789	589108	383184
汽车零售	265756	418226	417379	341577	174511
机动车燃料零售	248707	683636	662410	247531	208673
家用电器及电子产品专门零售	80663	-61609	-58470	97162	44420
家用视听设备零售	10858	-63562	-62270	17819	10544
日用家电设备零售	54499	3896	5682	50114	29571
计算机、软件及辅助设备零售	4715	406	447	5838	1594
通信设备零售	5644	-242	-240	10581	1587
其他电子产品零售	4947	-2107	-2089	12810	1124
五金、家具及室内装修材料专门零售	9377	-15150	-15120	10490	3104
五金零售	1332	1484	1514	3393	1312
家具零售	6984	-14673	-14673	4855	1278
其他室内装饰材料零售	1061	-1961	-1961	2242	514
货摊、无店铺及其他零售业	12496	8025	8292	18475	1661
生活用燃料零售		-377	-380	5033	-432
其他未列明的零售	12496	8402	8672	13442	2093

主要统计指标解释

社会消费品零售额　指各种经济类型的批发零售贸易业、餐饮业、制造业和其他行业对城乡居民和社会集团的消费品零售额和农民对非农业居民零售额的总和。这个指标反映通过各种商品流通渠道向居民和社会集团供应的生活消费品来满足他们生活需要，是研究人民生活、社会消费品购买力、货币流通等问题的重要指标。社会消费品零售额包括：（1）售给城乡居民作为生活用的商品和修建房屋用的建筑材料；（2）售给机关、团体、学校、部队、企业、事业单位的职工食堂和旅店（招待所）附设专门供本店旅客食用，不对外营业的食堂的各种食品、燃料；企业、单位和国营农场直接售给本单位职工和职工食堂的自己生产的产品；（3）售给部队干部、战士生活用的粮食、副食品、衣着品、日用品、燃料；（4）售给来华的外国人、华侨、港澳台同胞的消费品；（5）居民自费购买的中、西药品、中药材及医疗用品；（6）报社、出版社直接售给居民和社会集团的报纸、图书、杂志、集邮公司出售的新、旧纪念邮票、特种邮票、首日封、集邮册、集邮工具等；（7）旧货寄售商店自购、自销部分的商品；（8）煤气公司、液化石油气站售给居民和社会集团的煤气灶具和罐装液化石油气；（9）农民售给非农业居民和社会集团的商品。不包括售给国民经济各部门企业、事业单位（包括国有经济的农场）生产经营用的各种原材料、燃料、设备、工具等和售给批发零售贸易业、餐饮业作为转卖用的商品、旧货寄售商店受托寄售卖出的商品、服务业的营业收入、邮局出售邮票的收入、自来水、电力、煤气生产（供应）单位的产品供应收入，也不包括农民之间的商品销售。

批发零售贸易业零售额　指专门从事商品转买业务的各种经济类型独立核算的批发零售贸易企业和其他行业附营的批发零售贸易单位直接售给居民和社会集团的消费品零售额。

住宿和餐饮业零售额　指专门从事食品的烹任、调制并直接零售给居民饮食的各种饭馆、酒馆、茶馆等餐饮业的零售额。包括各种企业单位附设对外营业的饭馆、火车餐车、轮船餐厅、车站食堂、机场餐厅的零售额。不包括旅店（招待所）专供本店旅客食用，不对外营业的食堂，机关、团体学校、企业、事业单位的职工食堂出售饭菜的收入。

其他行业零售额　指批发零售贸易业、餐饮业、工业制造业以外的其他行业的直接零售额。包括各种经济类型的交通运输业、邮电业、建筑业、居民服务业、公用事业、出版社等行业的零售额（跨行业的经济联合组织的零售额，按其主营活动确定其所属行业，列入该行业的零售额内）。

商品销售总额（销售合计）　指售予本企业以外的单位和个人的商品金额（含增值税）。销售总额包括零售额和批发额两部分，其中零售额包括：售予居民和社会集团商品的金额；批发额包括：售予生产经营单位商品的金额和出口商品的金额。这个指标反映批发零售业在国内市场上销售商品以及出口商品的总量。

商品销售总额具体包括：

（1）售予城乡居民和社会集团的商品；

（2）售予国民经济各行业用于生产、经营用的商品；

（3）售予批发零售业作为转卖或加工后转卖的商品；

（4）对国（境）外直接出口的商品。

商品销售总额不包括：

（1）未通过买卖行为付出的商品，如随机构变动移交给其他企业单位的商品、借出的商品、归还受其他单位委托代保管的商品、付出的加工原料和赠送给其他单位的样品等；

（2）经本单位介绍，由买卖双方直接结算，本单位只收取手续费的业务；

（3）购货退回的商品；

（4）商品损耗和损失；

（5）出售本单位自用的废旧物资。

商品销售的计算方法：

商品销售的计算是按商品已经售出、商品所有权已经转移给买方后，以收到货款或取得收取货款的证据时作为商品销售。具体计算处理办法：

（1）采取直接收款方式的，在实际收到货款或取得收款的凭证时作为商品销售；采取托收承付和委托银行收款结算方式的，在发出商品并办妥托收手续时作为商品销售；采用分期收款方式的，按合同约定的收款日期作为商品销售；采用预收贷款方式的，在商品发出时作为商品销售。

（2）委托其他单位代销商品，以收到代销单位的销售清单时作为商品销售。在交款提货的情况下，如货款已经收到，只要帐单和提货单已经交给买方，不论商品是否发出，都应作为商品销售。

（3）出口商品销售，陆路以取得承运货物收据或铁路联运运单、海运已取得出口装船提单、空运以取运单并在银行办理了交单作业作为商品销售。预收货款不通过银行交单的，取得以上提单、运单后作为商品销售。出口商品一律以离岸价（FOB）计算商品销售，如按到岸价（CIF）对外成交的，应扣除商品离境后发生的由我方负担得以外汇支付的国外运费、保险费、佣金（不包括不易按商品认定的累计佣金）、银行财务费和对外理赔款等作为商品销售。

（4）自营进口商品销售，企业与境内用户签订合同实行货到结算的，在商品到达我国境内港口取得船舶到港通知，企业向订货单位开出结算凭证时作为商品销售；合同规定对境内实行单到结算的，企业凭境外帐单向订货单位开出结算凭证时作为商品销售；已先期到达并在相应的仓储企业单位库存的进口商品，企业凭出库单向用户开出结算凭证后作为商品销售。

零售额 指批发和零售业售予城乡居民用于生活消费和社会集团用于公共消费的商品金额。具体包括：

（1）售予城乡居民的各种生活消费品；

（2）售予人境旅游的外国人、华侨、港澳台同胞的各类商品；

（3）售予行政事业单位、社会团体、军队和武警等机构的商品，以及以零售方式售予各类企业的商品。具体包括：用于非生产和社会交往的办公用品，如通讯设备、计算器具和设备、电讯网络设备、文印设备、音像视听器材和设备、纸张、本册、文具及装订文印材料、家具、日用电器、针纺织品，清洁卫生用品、文体用品、奖品、经念品、礼品等；供内部人员乘坐的交通工具和燃料；用于办公设施修缮的各类配件、材料、工具等；用于取暖和防暑降温的设备、燃料、材料及食品等；专用于教学的用品和设备；非营利医疗机构的中、西药品、中药材和医疗设备器材；非专用的劳动保护用品；不对外营业的内部食堂用的餐具、炊具、设备、清洁卫生工具和食品、燃料等；军队、武警用于其人员生活的衣着品和个人用品；其他各类非生产性设备和用品。不包括：

（1）售予城乡居民已确知是用于生产、经营的商品；

（2）售予各类农业生产者的生产资料类商品；

（3）售予企业单位生产上专用的劳动保护用品

批发额 指批发零售企业单位向生产经营企业单位销售的商品金额。具体包括：

（1）售予国民经济各行业用于生产经营、勘察设计、科研试验等的商品；加油站售予生产及营运用的运输工具的石油及制品类商品；售予民政部门救灾用的商品。

（2）售予批发零售业、餐饮业和其他服务行业用于转卖的商品。

（3）直接向境外出口的商品和委托外贸部门代理出口的商品。不包括售给外贸出口或加工后出口的商品以及在境内市场以外币销售的商品。外贸企业只统计自主出口的商品，不包括代理出口的商品。

住宿和餐饮业营业额 指住宿和餐饮业法人企业、产业活动单位在经营活动中因提供服务或销售商品等取得的收入。包括：客房收入、餐饮收入、商品销售收入和其他收入。

客房收入 指住宿和餐饮业法人企业、产业活动单位在经营活动中因提供住宿服务取得的客房收入。

餐费收入 指住宿和餐饮业法人企业、产业活动单位因为顾客提供就餐服务取得的收入。包括：经烹饪、调制加工后出售的各种食品，如主食、炒菜、凉拌菜等的收入。

商品销售收入 指住宿和餐饮业法人企业、产业活动单位伴随服务而出售商品所取得的收入。

其他收入 指营业收入中除客房收入、餐费收入、商品销售收入以外的其他收入。包括：娱乐、健身和商务服务等。

10

住宿、餐饮和旅游

ACCOMMODATION,CATERING AND TOURISM

10—1 限额以上住宿和餐饮企业基本情况

（2017年）　　　　单位：千元

指　　标	法人单位（个）	从业人数（人）	营业额				
				客房收入	餐费收入	商品销售收入	其他收入
总　　计	**113**	**14594**	**2767248**	**1078249**	**1428350**	**21949**	**238700**
一、住 宿 业	**78**	**10705**	**2009532**	**1056693**	**721771**	**15890**	**215178**
(一)按登记注册类型分组							
内资企业	73	9708	1813972	983395	635892	11103	183582
国有企业	4	371	49523	32697	11201		5625
集体企业							
股份合作企业	1	113	11556	5813	4201		1542
有限责任公司	56	8086	1551138	822343	552536	10882	165377
国有独资公司	3	315	92470	44448	24761		23261
其他有限责任公司	53	7771	1458668	777895	527775	10882	142116
股份有限公司	2	113	13122	10703	1468	221	730
私营企业	9	978	182209	106260	66486		9463
私营有限责任公司	8	938	174389	98637	66486		9266
私营股份有限公司	1	40	7820	7623			197
其他企业	1	47	6424	5579			845
港、澳、台商投资企业	3	337	45723	25317	8504	3	11899
与港澳台商合作经营企业							
与港澳台商合资经营企业	1	31	6473	4052			2421
港澳台商独资企业	2	306	39250	21265	8504	3	9478
外商投资企业	2	660	149837	47981	77375	4784	19697
其他外商投资企业	1	287	59406	21657	18586		19163
外资企业	1	373	90431	26324	58789	4784	534
(二)按国民经济行业分类							
旅游饭店	65	9619	1837372	953919	661783	15783	205887
一般旅馆	12	891	148419	93000	47026	107	8286
其他住宿业	1	195	23741	9774	12962		1005

10—1 续

（2017年）　　单位：千元

指　标	法人单位（个）	从业人数（人）	营业额	客房收入	餐费收入	商品销售收入	其他收入
二、餐 饮 业	**35**	**3889**	**757716**	**21556**	**706579**	**6059**	**23522**
(一)按登记注册类型分组							
内资企业	29	3270	562589	21556	511452	6059	23522
国有企业	1	36	4936		4936		
股份合作企业							
有限责任公司	23	2699	473046	13912	429630	6059	23445
其他有限责任公司	23	2699	473046	13912	429630	6059	23445
股份有限公司	1	111	17110		17110		
私营企业	4	424	67497	7644	59776		77
私营有限责任公司	3	293	53025	7644	45304		77
私营股份有限公司	1	131	14472		14472		
其他企业							
港、澳、台商投资企业	6	619	195127		195127		
与港澳台商合资经营企业	2	209	20360		20360		
港澳台商独资企业	4	410	174767		174767		
外商投资企业							
中外合资经营企业							
外资企业							
(二)按国民经济行业分组							
正餐服务	33	3691	659110	21556	607973	6059	23522
快餐服务	2	198	98606		98606		
饮料及冷饮服务							

10—2 限额以上住宿餐饮企业财务状况（一）

（2017年）

单位：千元

指　　标	流动资产合计	固定资产原值	累计折旧	资产合计	负债合计	所有者权益
总　　计	**9811545**	**4912258**	**2408919**	**18333629**	**11343806**	**6989823**
一、住 宿 业	**9413864**	**4613563**	**2246888**	**17717621**	**10830904**	**6886717**
(一)按登记注册类型分组						
内资企业	9248692	3405358	1494197	17048595	9821126	7227469
国有企业	25574	111821	39238	103299	66461	36838
股份合作企业	2459	17191	12201	7599	159502	-151903
有限责任公司	8769108	3019157	1279547	16319663	8983638	7336025
国有独资公司	62061	245219	84730	266314	48670	217644
其他有限责任公司	8707047	2773938	1194817	16053349	8934968	7118381
股份有限公司	9247	128763	107714	34392	15487	18905
私营企业	440716	115823	51472	573115	578748	-5633
私营有限责任公司	436645	112760	48410	569043	576437	-7394
私营股份有限公司	4071	3063	3062	4072	2311	1761
其他企业	1588	12603	4025	10527	17290	-6763
港、澳、台商投资企业	37138	436278	345581	153800	265151	-111351
与港澳台商合资经营企业	5601	31067	30587	6899	704	6195
港、澳、台商独资经营企业	31537	405211	314994	146901	264447	-117546
外商投资企业	128034	771927	407110	515226	744627	-229401
外资企业	101849	263522	120413	249621	257598	-7977
其他外商投资企业	26185	508405	286697	265605	487029	-221424
(二)按国民经济行业分类						
旅游饭店	9351527	4005074	2109361	17167476	10319737	6847739
一般旅馆	52421	603173	132869	539571	506740	32831
其他住宿业	9916	5316	4658	10574	4427	6147

10—2（一）续

（2017年）　　单位：千元

指　　标	流动资产合计	固定资产原值	累计折旧	资产合计	负债合计	所有者权益
二、餐 饮 业	397681	298695	162031	616008	512902	103106
(一)按登记注册类型分组						
内资企业	279253	185295	108112	424085	407963	16122
国有企业	2932	18030	6722	14240	17743	-3503
有限责任公司	207253	77866	48018	281323	292674	-11351
其他有限责任公司	207253	77866	48018	281323	292674	-11351
股份有限公司	6139	15572	8547	22396	2387	20009
私营企业	62929	73827	44825	106126	95159	10967
私营有限责任公司	60435	72754	44773	102611	91824	10787
私营股份有限公司	2494	1073	52	3515	3335	180
港、澳、台商投资企业	118428	113400	53919	191923	104939	86984
合资经营企业(港或澳、台资)	17997	58718	11076	78720	31101	47619
港、澳、台商独资经营企业	100431	54682	42843	113203	73838	39365
外商投资企业						
外资企业						
(二)按国民经济行业分组						
正餐服务	335196	268238	134409	549987	477367	72620
快餐服务	62485	30457	27622	66021	35535	30486

10—2 限额以上住宿餐饮企业财务状况（二）

（2017年）　　单位：千元

指　　标	主营业务收入	主营业务成本	营业税金及附加	销售费用	其它业务利润
总　　计	**2582660**	**800500**	**37746**	**990100**	**73769**
一、住宿业	**1862498**	**500281**	**33629**	**710738**	**8249**
(一)按登记注册类型分组					
内资企业	1673256	460264	25068	618238	8249
国有企业	44458	13785	625	16930	
股份合作企业	10829	2475	37	10641	
有限责任公司	1429709	372399	22373	553317	7021
国有独资公司	83583	51346	1954	18571	309
其他有限责任公司	1346126	321053	20419	534746	6712
股份有限公司	10614	1281	142	2500	
私营企业	171627	70324	1873	32398	1228
私营有限责任公司	164020	64044	1410	32398	1228
私营股份有限公司	7607	6280	463		
其他企业	6019		18	2452	
港、澳、台商投资企业	43224	3167	2620	12662	
港、澳、台商合资经营企业	5995	1	16	2215	
港、澳、台商独资经营企业	37229	3166	2604	10447	
外商投资企业	146018	36850	5941	79838	
外资企业	87032	30684	2133	28478	
其他外商投资企业	58986	6166	3808	51360	
(二)按国民经济行业分类					
旅游饭店	1698317	460369	30120	635328	12511
一般旅馆	141799	32694	3431	65869	−4262
其他住宿业	22382	7218	78	9541	

10—2（二）续

（2017年）　　单位：千元

指　　标	主营业务收入	主营业务成本	营业税金及附加	销售费用	其它业务利润
二、餐 饮 业	**720162**	**300219**	**4117**	**279362**	**65520**
(一)按登记注册类型分组					
内资企业	530040	245631	3132	201510	15289
国有企业	4797	3254	129	1636	
有限责任公司	444357	209227	2377	174764	2221
其他有限责任公司	444357	209227	2377	174764	2221
股份有限公司	16566	6555	65	5759	
私营企业	64320	26595	561	19351	13068
私营有限责任公司	50757	19975	481	14369	6115
私营股份有限公司	13563	6620	80	4982	6953
港、澳、台商投资企业	190122	54588	985	77852	50231
港、澳、台商合资经营企业	19438	6219	776	9315	
港、澳、台商独资经营企业	170684	48369	209	68537	50231
外商投资企业					
外资企业					
(二)按国民经济行业分组					
正餐服务	623056	271947	4094	254877	65520
快餐服务	97106	28272	23	24485	

10—2 限额以上住宿餐饮企业财务状况（三）

（2017年） 单位：千元

指　　标	管理费用	营业利润	利润总额	本年应付职工薪酬	实收资本
总　　计	828613	-126466	-151236	775404	2638385
一、住 宿 业	718097	-144600	-170365	613959	2467230
(一)按登记注册类型分组					
内资企业	662456	-130908	-144252	564314	2031984
国有企业	14062	500	619	19365	61279
股份合作企业	2259	-13061	-13027	4968	10000
有限责任公司	570197	-102982	-101593	473684	1876288
国有独资公司	20293	-5116	-5191	18879	257646
其他有限责任公司	549904	-97866	-96402	454805	1618642
股份有限公司	7726	-391	-419	4531	3250
私营企业	63932	-14228	-29086	59690	81167
私营有限责任公司	63932	-15282	-30101	57745	80147
私营股份有限公司		1054	1015	1945	1020
其他企业	4280	-746	-746	2076	
港、澳、台商投资企业	26873	-2268	-2353	15420	224555
港、澳、台商合资经营企业	2578	1177	1182	1361	41988
港、澳、台商独资经营企业	24295	-3445	-3535	14059	182567
外商投资企业	28768	-11424	-23760	34225	210691
外资企业	20438	5019	5057	13263	
其他外商投资企业	8330	-16443	-28817	20962	210691
(二)按国民经济行业分类					
旅游饭店	653303	-125054	-150727	559675	2046330
一般旅馆	59514	-19761	-19923	44643	418900
其他住宿业	5280	215	285	9641	2000

10—2（三）续

（2017年） 单位：千元

指　　标	管理费用	营业利润	利润总额	本年应付职工薪酬	实收资本
二、餐 饮 业	110516	18134	19129	161445	171155
(一)按登记注册类型分组					
内资企业	60935	10644	11283	129490	100169
国有企业	820	-1034	-1015	1472	17416
有限责任公司	43081	12468	12917	106788	52679
其他有限责任公司	43081	12468	12917	106788	52679
股份有限公司	3919	204	364	4464	21774
私营企业	13115	-994	-983	16766	8300
私营有限责任公司	10729	-555	-544	11496	7300
私营股份有限公司	2386	-439	-439	5270	1000
港、澳、台商投资企业	49581	7490	7846	31955	70986
合资经营企业(港或澳、台资)	3541	-477	-477	9199	51412
港、澳、台商独资经营企业	46040	7967	8323	22756	19574
外商投资企业					
外资企业					
(二)按国民经济行业分组					
正餐服务	72616	11983	12889	151881	167675
快餐服务	37900	6151	6240	9564	3480

10—3 旅游情况

指　　标	单 位	2013年	2014年	2015年	2016年	2017年
接待国内外过夜旅游者	**人次**	**10443089**	**11306767**	**12252043**	**13291861**	**20335623**
入境旅游者	**人次**	**156632**	**136910**	**121975**	**136478**	**181931**
1.外国人	人次	67571	73037	60350	72533	97734
韩国	人次	4365	5628	10186	12570	12105
日本	人次	2517	2358	2270	2036	2254
马来西亚	人次	10496	9791	6315	11646	16095
菲律宾	人次	1116	423	547	417	283
新加坡	人次	19683	17757	11868	11887	11871
泰国	人次	3100	2560	3664	4498	7051
印度尼西亚	人次	1960	3245	1537	1475	12835
美国	人次	6003	5889	5866	6651	8660
加拿大	人次	2728	2444	2423	2513	2509
英国	人次	1267	1408	1273	1204	1357
德国	人次	1376	947	794	1151	1082
法国	人次	1470	1033	1079	1024	928
意大利	人次	493	338	439	468	754
俄罗斯	人次	1124	1452	676	2059	3143
澳大利亚	人次	1992	2367	1594	282	2240
其他	人次	1817	5873	2082	12652	14567
2.香港同胞	人次	25560	24663	18179	20782	27013
3.澳门同胞	人次	1296	1280	1531	1722	2402
4.台湾同胞	人次	62205	37930	41915	41441	54782
国内旅游者	**人次**	10286457	11169857	12130068	7516024	24094696
旅游总收入	**亿元**	120.16	142.02	160.06	181.24	265.99
旅游外汇收入	**万美元**	4210.23	3753.61	4084.27	4503.55	5938.29
出境旅行社	**家**	224	233	232	220	244
入境旅行社	**家**					
人均逗留天数	**天/人**	1.37	1.4	1.43	1.43	1.44

注:从2009年起国际、国内旅行社口径已变便为出、入境旅行社。

10—4 旅游饭店（宾馆）接待设施

指　　标	单 位	2013年	2014年	2015年	2016年	2017年
饭店（宾馆）	家	137	141	148	150	157
客房总数	间	22425	23106	24432	25619	26163
#空调房	间	22425	23106	24432	25619	26163
床位总数	张	37540	38436	40536	42070	42832
#空调房床位数	张	37540	38436	40536	42070	42832
客房开房率	%	59.67	59.98	59.84	60.93	63.42

主要统计指标解释

旅游人数 指来我国参观、访问、旅行、探亲、访友、休养、考察、参加会议和从事经济、科技、文化、教育、体育、宗教等活动的外国人、华侨、港澳同胞和台湾同胞的人数，不包括外国在我国的常驻机构，如使领馆、通讯社、企业办事处的工作人员和来我国常住的外国专家、留学生等。

旅游外汇收入 指国内各部门为来我国旅游的外国人、华侨、港澳和台湾同胞提供商品和劳务而得到的外汇收入。包括供应商品、饮食和提供住宿、交通、邮电、文化娱乐导游等各项服务所得的全部外汇收入。

11

能源和水消费

CONSUMPTION OF ENERGIES AND WATER

11—1 规模以上工业企业主要能源消费量

年　份	煤炭（吨）	煤油（吨）	燃料油（吨）	汽油（吨）	柴油（吨）	电力（万千瓦时）
1993	940552	138		33625	63231	35311
1994	1048419	94	22127	19508	82531	40534
1995	1181682	77445	41641	18609	72570	48920
1996	905010	90750	53244	76711	95034	50680
1997	827879	104284	44444	24428	66262	45774
1998	1121414	103	10169	2277	13202	43121
1999	46777	14	12590	1994	8516	28013
2000	49951	10	12676	2173	7597	28163
2001	38873	216	14170	1650	8012	25145
2002	37919	356	14453	2430	6705	31841
2003	32216	379	8318	2672	6675	35233
2004	32254	72	2635	1904	7029	43877
2005	27613	38	1518	2008	6669	49414
2006	24982	16	977	2557	6830	59068
2007	27694	10	921	2254	5664	79764
2008	20179	5	1208	1842	6433	76336
2009	21191	10	1972	1296	8910	78634
2010	21823		341	1576	12244	91319
2011	23419		251	1624	9442	108663
2012	24056		160	1458	8891	116539
2013	22985		123	1479	8376	117185
2014	16015	15	92	1386	7731	121720
2015	15682	92	101	1396	8135	124075
2016	6145		296	1390	8064	128300
2017	1513		405	911	6564	81831

注：表中数字为工业生产消费量。

11—2 规模以上工业企业能源购进、消费及库存

（2017年）

能源名称	计量单位	年初库存	购进量		消费量					年末库存
			实物量	购自省外	合 计	工业生产	用于原材料	非工业生产	合计中:车辆用油	
原煤	吨		1513	1513	1513	1513				
煤制品	吨									
天然气	万立方米		4787		4787	4770		17		
液化天然气	吨									
汽油	吨	134	2752		2747	911		1836	1925	118
煤油	吨	23								
柴油	吨	456	7020		7155	6564		591	651	390
燃料油	吨	17	389		405	405				1
液化石油气	吨		98		106	86		20		
其他石油制品	吨	2	2		2	2				1
热力	百万千焦		16267		16267	16267				
电力	万千瓦时		81831		81831	76552		5279		
其他燃料	吨标准煤	10	489		478	478				21
能源合计	吨标准煤				176445	166148		10298		

注:1.制度规定2005年后电力折标系数按每万千瓦时1.229吨标准煤计算。

2.从2007年起制度规定调整其它能源氢气折标系数和剔除蔗渣消费量后,能源消费总量与历史资料缺乏可比性。

11—3 规模以上工业行业能源消费量

（2017年）

行业分类	原煤（吨）	煤制品（吨）	天然气（万立方米）	汽油（吨）	煤油（吨）	柴油（吨）
合计	**1513**		**4787**	**2747**		**7155**
采矿业						
有色金属矿采选业						
制造业	1513		4787	2529		7022
农副食品加工业			383	66		196
食品制造业			1678	101		309
酒、饮料和精制茶制造业			143	395		409
烟草制品业			216			
纺织业						
纺织服装、鞋、帽制造业						
木材加工及木、竹、藤、棕、草制品业						167
家具制造业						
造纸及纸制品业	1513		2	55		92
印刷业和记录媒介的复制				94		31
化学原料及化学制品制造业			5	18		6
医药制造业			1820	512		2459
化学纤维制造业						
塑料制品业				6		4
非金属矿物制品业				15		2560
黑色金属冶炼及压延加工业						
有色金属冶炼和压延加工业						
金属制品业			161	4		27
通用设备制造业						
专用设备制造业				13		56
汽车制造业			134	728		247
铁路、船舶、航空航天和其他运输设备制造业						
电气机械及器材制造业			169	506		449
通信设备、计算机及其他电子设备制造业				17		10
仪器仪表及文化、办公用机械制造业						
电力、燃气及水的生产和供应业				217		132
电力、热力的生产和供应业						
燃气生产和供应业				150		65
水的生产和供应业				67		67

注：表中资料含工业生产和非工业生产消费量。

11—3 续

（2017年）

行业分类	燃料油	液化石油气	热力	其他石油制品	电力	其他燃料
	(吨)	(吨)	(百万千焦)	(吨)	(万千瓦时)	(吨标准煤)
合　计	**405**	**106**	**16267**	**2**	**81831**	**478**
采矿业						
有色金属矿采选业						
制造业	405	106	16267	2	74898	478
农副食品加工业					7202	
食品制造业	91	75	16267		6927	
酒、饮料和精制茶制造业					3581	116
烟草制品业					1174	
纺织业						
纺织服装、鞋、帽制造业						
木材加工及木、竹、藤、棕、草制品业					836	
家具制造业						
造纸及纸制品业					320	
印刷业和记录媒介的复制		27			1250	
化学原料及化学制品制造业	314				323	
医药制造业					21042	
化学纤维制造业						
塑料制品业					1632	
非金属矿物制品业					1037	
黑色金属冶炼及压延加工业						
有色金属冶炼和压延加工业					5	
金属制品业					2147	362
通用设备制造业						
专用设备制造业					268	
汽车制造业		4		2	4703	
铁路、船舶、航空航天和其他运输设备制造业					78	
电气机械及器材制造业					22095	
通信设备、计算机及其他电子设备制造业					276	
仪器仪表及文化、办公用机械制造业						
电力、燃气及水的生产和供应业					6933	
电力、热力的生产和供应业						
燃气生产和供应业					138	
水的生产和供应业					6795	

注：因工艺品及其他制造业没有数据，现更换为铁路、船舶、航空航天和其他运输设备制造业。

11—4 规模以上工业行业水消费量

（2017年）

指 标 名 称	数量(万立方米)	金额(万元)
工业取水总量	**27425.8**	
地表水	22119	
地下水	4623	
自来水	682	

注:从2006年起表中资料不包括各自来水厂的取水总量。

主要统计指标解释

原材料消费 指独立核算的法人企业在报告期内实际使用原材料的数量，包括主营活动用和附营活动用实际使用的原材料的数量，并包括由本企业（作为投资单位）代填的乡镇建筑企业为完成本企业建设项目而实际使用的原材料数量。原材料消费数量分别用实物量和价值量表示。

原材料消费的原则："谁消费谁统计"，即原材料的哪个企业使用，就由哪个企业统计消费。原材料核算方法：原材料进入第一道生产工序，改变了原来的形态或性能，或者已经实际投入使用，即作消费统计。

能源消费 指独立核算的法人企业在报告期内实际使用的能源数量，包括主营活动和附营活动实际使用能源数量；并包括由本企业（作为投资单位）代填的乡镇建筑企业为完成本企业建筑项目而实际使用的能源数量。能源消费数量用价值和实物量表示。

消费的核算原则："谁消费谁统计"，即能源在哪个企业使用，就由哪个企业统计消费。

消费的核算方法：能源进入第一道工序，改变了原来的形态或性能，或者实际投入使用，即作消费统计。

能源库存 指独立核算法人企业在报告期初、期末实际结存的原材料、能源的数量和价值。

库存的核算原则："谁支配谁统计"，即凡是本企业有权支配动用的原材料、能源，不论存放在何处，都应作本企业库存统计；反之，本企业无权支配动用的原材料、能源，即使存放在本企业仓库，也不能作为本企业库存统计。

库存的核算方法：凡是本企业有权支配动用的某一实点实际结存的原材料、能源都应作本企业库存统计。

12

对外经济贸易

FOREIGN ECONOMY AND TRADE

12—1 对外贸易进出口总额

单位：亿美元

年　　份	进出口总额		
		进　口	出　口
1989	11.0	3.6	7.4
1990	9.4	4.7	4.7
1991	13.5	6.7	6.8
1992	16.9	8.8	8.1
1993	25.7	9.0	16.7
1994	27.0	9.9	17.1
1995	22.7	8.3	14.4
1996	22.9	8.4	14.5
1997	19.5	8.9	10.6
1998	19.1	8.8	10.3
1999	12.2	7.5	4.7
2000	12.9	8.0	4.9
2001	17.6	9.6	8.0
2002	17.4	9.9	7.5
2003	18.4	10.7	7.7
2004	26.0	16.9	9.1
2005	22.5	13.4	9.1
2006	24.2	12.2	12.0
2007	30.3	19.0	11.3
2008	36.1	23.0	13.1
2009	38.1	28.1	10.0
2010	39.5	26.4	13.1
2011	39.4	24.2	15.2
2012	42.2	24.2	18.0
2013	51.4	32.5	18.9
2014	34.0	21.7	12.3
2015	43.4	33.8	9.6
2016	39.2	31.3	7.9
2017	31.1	22.9	8.2

12—2 按主要贸易方式分进出口商品贸易额

单位：万美元

项　　目	2002年	2003年	2004年	2005年
出口总额	**75394.39**	**77364.57**	**90448.86**	**91218.32**
#一般贸易	66713.08	68062.53	78976.06	77803.80
来料加工	842.49	791.85	909.48	824.77
进料加工	7495.24	8416.72	10560.87	12349.62
出料加工贸易		0.39		
寄售、代销贸易				23.40
保税仓库进出境货物	6.07			
国家间、国际组织无偿援助和赠送的物资	269.05	88.73	0.70	34.53
进口总额	**98729.98**	**106421.27**	**169184.66**	**133727.35**
#一般贸易	42971.67	84240.17	103124.84	97983.85
来料加工	672.64	770.00	803.04	864.14
进料加工	4531.99	4818.97	6171.25	7357.08
出料加工贸易			1.29	
加工贸易进口设备		5.98		3.11
租赁贸易	47065.95	14100.00	57431.97	26048.93
其他境外捐赠物资		9.62	27.99	21.00
保税仓库进出境货物	81.96			
外商投资企业作为投资进口的设备、物品	2630.19	473.26	874.21	298.65
国家间、国际组织无偿援助和赠送的物资	0.94	0.24		

12—2 续

单位：万美元

项　　目	2013年	2014年	2015年	2016年	2017年
出口总额	**188462.40**	**123184.84**	**96316.85**	**79299.35**	**81837.14**
#一般贸易	152859.33	92245.70	60404.11	56639.28	58962.98
来料加工	4578.23	4129.87	3591.73	3119.43	3287.22
进料加工	30937.60	25983.81	30538.23	17908.02	17255.30
租赁贸易					
其他贸易		19.60		620.26	254.88
边境小额贸易					
保税仓库进出境货物	6.14	10.11		361.97	1071.14
国家间、国际组织无偿援助和赠送的物资					
进口总额	**325488.65**	**216904.57**	**337674.71**	**312543.89**	**229091.35**
#一般贸易	220529.33	164522.62	185575.72	111585.10	136910.13
来料加工	3353.55	3029.82	1456.16	2426.67	3245.44
进料加工	18371.85	6705.11	4042.33	2855.18	4225.63
出料加工贸易					
加工贸易进口设备					
租赁贸易	67521.70	37098.77	116466.85	166528.25	79098.50
其他贸易	4.03	111.72		3995.74	255.83
边境小额贸易	1936.84	651.77			
保税仓库进出境货物	6468.53	468.44		1565.19	2747.54
外商投资企业作为投资进口的设备、物品	6.528				
国家间、国际组织无偿援助和赠送的物资	16				

12—3 新签协议合同数

单位：个

年份	新签协议合同	外商协议合同					对外借款	商品信贷
			中外合资	中外合作	外商独资	外商投资股份制		
总计	**7856**	**7809**	**2357**	**365**	**5084**	**3**	**41**	**6**
1983-1987	134	128	44	81	3			6
1988	300	300	126	62	112			
1989	319	314	129	44	141		5	
1990	181	172	65	20	87		9	
1991	375	372	173	18	181		3	
1992	1404	1396	426	60	910		8	
1993	2320	2320	513	16	1791			
1994	641	641	187	11	443			
1995	300	300	108	8	184			
1996	209	198	75	3	120		11	
1997	177	177	51	6	120			
1998	125	125	39	5	81			
1999	96	96	63	4	29			
2000	146	146	40		106			
2001	101	101	35	2	64			
2002	156	151	32	2	117		5	
2003	92	92	22	1	68	1		
2004	93	93	27	3	63			
2005	94	94	35	1	58			
2006	91	91	29	3	59			
2007	107	107	29	2	76			
2008	54	54	17	2	35			
2009	45	45	11	2	31	1		
2010	36	36	12		24			
2011	39	39	10		28	1		
2012	19	19	5	1	13			
2013	37	37	8	2	27			
2014	33	33	10	2	21			
2015	35	35	13	3	19			
2016	51	51	13	1	37			
2017	46	46	10		36			

12—4 新签协议合同总投资

单位：万美元

年　份	新签协议总投资	外商合同外资	中外合资	中外合作	外商独资	股份制
1983-1987	15160	12980	2990	9585	405	
1988	24872	24872	3818	4230	16824	
1989	31010	25857	7361	3108	15388	
1990	13417	10095	2289	675	7131	
1991	52258	29308	11420	15118	2770	
1992	224908	160108	104777	15182	40149	
1993	474639	318022	52667	14497	250858	
1994	149099	123175	26668	9754	86753	
1995	96484	68358	23064	5021	40273	
1996	40175	23083	13569	2641	6873	
1997	22442	18621	9798	4108	4715	
1998	22144	10129	5203	770	4156	
1999	17320	12628	1709	87	10832	
2000	13712	9387	3594		5793	
2001	11938	5575	2382	868	2325	
2002	17649	10104	1858	2200	6046	
2003	22398	13901	7291	2287	18115	
2004	27399	16607	3778	1552	11277	
2005	45634	16768	4572	374	11821	
2006	99817	38079	15567	5249	17263	
2007	208089	69375	30554	526	38295	
2008	58591	24093	8369	39	15685	
2009	48272	17947	8657	1064	8066	160
2010	12824	5651	2341		3310	
2011	9671	6000	563	5187		250
2012	3671	2000	855	284	861	
2013	33696	12159	3239	52	8868	
2014	18271	9450	1920	44	7486	
2015	127016	31560	2125	64	124827	
2016	104657	39281	11305	14	25968	
2017	61295	57401	1272		56129	

12—5 实际利用外资

单位：万美元

年份	实际利用外资	外商直接投资				股份制	对外借款	商品信贷
			中外合资	中外合作	外商独资			
1983-1987	3375	3075	486	2589				300
1988	2956	2956	577	622	1757			
1989	13058	7912	3236	547	4129		5146	
1990	16366	7455	3365	731	3359		8911	
1991	19463	14884	8806	2841	3237		4570	9
1992	40678	36478	14789	3797	17892		4200	
1993	94630	78778	28378	1750	48650		15852	
1994	80309	55616	9378	1017	45221		24692	
1995	68283	49583	10385	4818	34380		18700	
1996	56789	32868	12094	685	20089		23921	
1997	55493	31692	8851	1206	21635		23801	
1998	55225	33893	16569	938	16386		21332	
1999	40343	16182	5782	196	10204		24161	
2000	35719	21153	4452	1937	14764		14566	
2001	30628	22398	3879	1125	17394		8230	
2002	66406	24426	5446	1076	18115		41980	
2003	28293	27693	7291	2287	18115		600	
2004	36416	32016	2066	4184	18654		4400	
2005	37888	37888	2590	2527	28300	4470		
2006	44655	44655	8006	4578	31200			
2007	50369	50369	11543	255	38571			
2008	56000	56000	37523		18477			
2009	64782	64782	19923	59	44800			
2010	71585	71585	8718		54764	8103		
2011	40729	40729	1269		38959	501		
2012	45257	45257	43518.7	1488.3		250		
2013	51200	51200	10758	168	39725	549		
2014	32979	32979	2163		30816			
2015	29126	29126	261		28865			
2016	3576	3576	562.7	25.8	2405.32	560		
2017	2884	2884	396		1689	799		

12—6 分行业实际利用外资情况

单位：万美元

项　　目	2017年
总　　计	**2884**
农、林、牧、渔业	15
采矿业	
制造业	952
电力、燃气及水的生产和供应业	257
建筑业	
交通运输、仓储和邮政业	242
信息传输、计算机服务和软件业	
批发和零售业	34
住宿和餐饮业	2
金融业	
房地产业	693
租赁和商务服务业	
科学研究、技术服务和地质勘查业	290
水利、环境和公共设施管理业	
居民服务和其他服务业	386
教育	
卫生、社会工作	
文化、体育和娱乐业	13
公共管理、社会保障和社会组织	

12—7 分国别（地区）外商直接投资情况

单位：万美元

国家（地区）名称	2013年	2014年	2015年	2016年	2017年
总　　计	**51200**	**32979**	**29126**	**3576**	**2884**
香　　港	19966.4	58909.2	13138	1362	2402
澳　　门			31		
台　　湾	11	43565.6	848		
日　　本	16.5	175.7			
泰　　国					
新 加 坡	7.3	42.2	57		
菲 律 宾					
马来西亚	1.62		150		
韩　　国	2903	6.8		167	19
英　　国	136.3				2
比 利 时	719				
瑞　　典	167.8				
法　　国					
东萨摩亚					
萨 摩 亚					
新 西 兰					
意 大 利					
澳大利亚		2			
美　　国	549.5		2		16
加 拿 大					
世界银行					
其　　他	26720	52500	14900	2047	445

12—8 按投资方式、国别（地区）、行业划分的新签协议合同和投资额

（2017年）

指　　标	新签协议合同（个）	协议总投资额（万美元）	合同外资（万美元）	注册资本（万美元）
总　计	**46**	**61295**	**57401**	**59700**
一、按投资方式				
1.中外合资经营企业	10	4654	1272	3562
2.中外合作经营企业				
3.外资企业	36	56641	56129	56138
4.外商投资股份制				
二、按国别(地区)分				
1.亚洲				
#香港	22	56164	54054	55664
澳门				
台湾	8	419	405	419
越南				
马来西亚	1	294	294	294
新加坡				
韩国				
日本				
伊朗				
以色列				
2.欧洲				
#英国	1	1	1	1
西班牙				
比利时				
荷兰				
瑞典				
3.维尔京群岛				
4.北美洲				
#加拿大				
美国	2	2001	2001	2001
5.澳大利亚				
#萨摩亚				
6.投资性公司				
7.其他	12	2416	646	1321
三、按国民经济行业分				
1.农林牧渔业	9	3962	1542	3238
2.采掘业				
#煤炭采选业				
石油和天然气开采业				
3.制造业				
#食品加工业				
食品制造业				
饮料制造业				
纺织业				
服装及纤维制品制造业				

12—8 续

（2017年）

指　　标	新签协议合同（个）	协议总投资额（万美元）	合同外资（万美元）	注册资本（万美元）
家具制造业				
石油荚果能够及炼焦业				
化学原料及化学制品制造业				
医药制造业				
塑料制品业				
非金属矿物制品业	1	1000	500	500
黑色金属冶炼及压延加工业				
普通机械制造业				
交通运输设备制造业				
电气机械及器材制造业				
电子及通信设备制造业				
4.电力煤气及水的生产和供应	1	1000	1000	1000
5.建筑业	3	2295	2295	2295
6.地质勘察业、水利管理业				
7.交通运输、仓储及邮电通信业				
#铁路运输业				
公路运输业				
航空运输业				
邮电通信业				
8.住宿和餐饮业				
#食品、饮料、烟草和家庭用品批发业				
零售业	9	880	830	877
餐饮业	3	34	34	34
旅馆业	1	121	121	121
9.金融、保险业				
#金融业				
保险业				
10.房地产业				
#房地产开发与经营业				
11.租赁和商业服务业				
旅游业				
信息、咨询服务业	6	171	170	171
12.卫生、体育和社会福利业				
13.教育、文化艺术及广播电影电视业				
#教育	1	30	30	30
文化艺术业				
广播电影电视业				
14.科学研究和综合技术服务业				
15.其他行业	12	51802	50879	51621

主要统计指标解释

进出口总额 海关进出口总额是指实际进出我国国境的货物总金额，包括对外贸易实际进出口货物，来料加工装配进出口货物，中外合资企业、合作企业和外商独资企业进出口货物和公用物品，以及国家间、联合国及国际组织无偿援助的物资和赠送品、华侨、港澳同胞、外籍华人的捐赠品的金额。进口按到岸价计算，出口按离岸价计算。

利用外资 是指我国各级政府、部门、企业、中国银行和其他单位通过对外借款、吸收客商直接投资和商品信贷及其他方式，从国外和港澳地区筹措的资金。

对外借款 是我国利用外资的主要部分，包括我国通过外国政府贷款、国际金融组织贷款、外国银行的买方信贷和现汇贷款以及对外发行债券和股票等方式，从国外和港澳地区借用的资金。

客商直接投资 是指外国企业和经济组织或个人（包括华侨、港澳同胞以及我国在增外注册的企业）按我国有关政策、法规，在我国境内开办独资企业、与我国境内的企业或经济组织共同举办合资企业、合作经营企业或合作开发资源的投资以及客商从企业得到收益的再投资。

主营业务收入 工业为产品收入；建筑业为工程结算收入；运输、邮电业为主营业务收入；批发、零售贸易业、餐饮业为商品销售收入或营业收入；房地产、公用事业、服务业和其他行业为经营收入。

主营业务成本 工业为产品销售成本；建筑业为工程结算成本；运输、邮电业为营业成本；批发、零售贸易业、餐饮业为商品销售成本或营业成本；房地产、公用事业、服务业和其他行业为经营成本。

营业税金及附加费 指企业销售产品或提供劳务者等主营业务应负担的产品税、营业税、城市维护建设税、资源税和教育费附加。

应交增值税 企业在报告期内应交纳的增值税额的合计。

增值税= 销项税额+ 出口退税+ 进项税额转出数— 进项额

利润总额 指企业在一定时期内实现的盈亏总额，是企业最终的财务成果，包括营业利润、补贴收入、投资收益、营业外净收入等，即：营业利润+补贴收入+投资收益+营业外收入—营业外支出。

旅游人数 指来我国参观、访问、旅行、探亲、访友、休养、考察、参加会议和从事经济、科技、文化、教育、体育、宗教等活动的外国人、华侨、港澳同胞和台湾同胞的人数，不包括外国在我国的常驻机构，如使领馆、通讯社、企业办事处的工作人员和来我国常住的外国专家、留学生等。

旅游外汇收入 指国内各部门为来我国旅游的外国人、华侨、港澳和台湾同胞提供商品和劳务而得到的外汇收入。包括供应商品、饮食和提供住宿、交通、邮电、文化娱乐导游等各项服务所得的全部外汇收入。

13

财政、金融和保险

FINANCE, BANKING AND INSURANCE

13—1 历年财政收入和支出

单位：万元

年 份	财政收入	财政支出	年 份	财政收入	财政支出
1954	1706	572	1988	19423	12303
1955	1114	529	1989	27911	19694
1956	1189	624	1990	28897	23126
1957	1441	613	1991	40076	34626
1958	1939	867	1992	84524	68618
1959	1961	638	1993	177576	116355
1960	1518	918	1994	188078	121537
1961	1384	826	1995	171809	106339
1962	1765	815	1996	168027	114045
1963	1670	863	1997	176786	114213
1964	1787	1001	1998	185868	123391
1965	2272	865	1999	199968	132715
1966	2603	892	2000	231027	149115
1970	2842	1081	2001	278411	183129
1971	2880	1159	2002	325014	190234
1973	3219	1357	2003	428832	237455
1974	3296	1458	2004	514342	286396
1975	4062	1604	2005	608252	324721
1976	4116	1811	2006	700778	377159
1977	4512	1863	2007	824923	423211
1978	3864	2550	2008	1000186	467882
1979	3608	2540	2009	1231166	666670
1980	3339	2935	2010	1637145	798398
1981	3411	2634	2011	1888208	994265
1982	3500	2823	2012	2104277	1138450
1983	4291	4017	2013	2408249	1319978
1984	25146	7036	2014	2680751	1509200
1985	15827	9383	2015	2906272	1709331
1986	7992	11468	2016	3309423	2003000
1987	10488	9808	2017	3851877	1983183

注:1、财政支出包含地方一般预算支出和基金支出两部分,从2007年起口径变化不含基金支出。
2、从2012年开始改为全口径公共财政预算收入。

13—2 财政收入

单位：万元

指标	1987年	2000年	2004年	2005年	2006年
财政收入合计	**10488**	**231027**	**514342**	**608256**	**700778**
上划中央、省收入	**-306**	**143711**	**340018**	**391479**	**437794**
地方财政收入	**10794**	**87316**	**174324**	**216777**	**262984**
一般预算收入	10411	87230	148953	179153	211288
各项税收	11380	67839	116505	141340	165868
#增值税	799	4732	11854	13823	14565
营业税	4458	16399	27890	32159	39270
企业所得税	734	3933	5757	6993	9027
个人所得税		3366	3910	4644	4912
资源税		39	596	551	567
城市维护建设税	476	9774	20438	21352	21838
房产税		16155	18836	19620	20303
印花税		1588	3330	3677	4437
城镇土地使用税		1781	2871	4571	6292
土地增值税			7186	11297	15058
车船使用税		1076	1230	1379	1940
屠宰税		426			
农业税	382	749	225	19	
农业特产税		1357	35	30	
耕地占用税		522	1833	1358	2611
契税	3	5942	10514	11224	15425
其他各项收入	-969	19391	748	46456	55043
基金及其他收入	383	86	25371	37624	51696

注:从2007年起口径变动以13-2续表口径为准.

13—2 续

单位：万元

指　　标	2013年	2014年	2015年	2016年	2017年
财政总收入(来源地口径)	**2408249**	**2680751**	**2906272**	**3309423**	**3851877**
一般预算收入					
地方一般预算收入	867324	1001174	1115042	1155064	1253645
各项税收	743452	791853	889119	952983	1058164
#增值税	64562	112934	147069	254489	374136
营业税	240594	213693	236619	113760.42	2524
企业所得税	124369	139258	140842	168293.83	200364
个人所得税	30898	34267	40889	49232.15	68943
资源税	1449	1247	2235	5726.17	6046
城市维护建设税	41565	44974	49275	57462.68	68763
房产税	26413	28967	34217	31931.76	41773
印花税	24206	28848	31901	36134.42	46009
城镇土地使用税	20736	25202	37593	26821.09	33586
土地增值税	83553	81075	86428	117108.57	130300
车船使用和牌照税	17554	19699	20722	20035.99	22533
耕地占用税	24872	14905	12000	15981.5	295
契税	42681	46784	49329	56006.01	62892
其他各项收入	2260	209321	225923	202081	195481
上划收入	1540925	1679577	1791230	2154359	2598232
上划省收入	659462	743632	844160	877103	898805
上划中央收入	881463	935945	947070	1277256	1699427
基金收入(老口径)	**894272**	**738168**	**634707**	**1086574**	**1502773**

注：从2012年开始财政总收入(来源地口径)更改为全口径公共财政预算收入，基金收入(老口径)更改为政府性基金收入。

13—3 财政支出

单位：万元

指　　标	1987年	2000年	2004年	2005年	2006年
地方财政支出	**9808**	**149115**	**286396**	**324721**	**377159**
地方一般预算支出	9808	149115	248661	283927	322454
1、基本建设支出	445	25369	38501	21280	18468
2、支援农业生产支出	701	1550	9591	6794	9433
3、企业挖潜改造支出	1081	50			681
4、城市维护费	529	12911	24167	32106	35608
5、文教卫生事业费	1414	29844	53100	64057	72109
6、其他部门事业费	218	18364	19904	23350	25270
7、行政管理费	1370	16113	30691	42628	44822
8、公检法司支出		12868	18186	20760	26333
9、政策性补贴支出	1120	1261	961	1220	4380
10、其他各类支出	2930	30785	53560	71732	85350
基金支出			**37735**	**40794**	**54705**

注:从2007年起口径变动以13-3续表口径为准.

13—3 续

单位：万元

指　　标	2013年	2014年	2015年	2016年	2017年
地方一般预算支出	**1319978**	**1509200**	**1709331**	**2003000**	**1983183**
1、一般公共服务	169151	175703	173346	196839	175003
2、国防	6517	6668	6933	3623	3436
3、公共安全	117459	129087	126532	104065	112431
4、教育	242335	234735	337138	313432	315243
5、科学技术	19313	10406	8284	28162	10528
6、文化体育与传媒	24144	21695	28533	30506	31283
7、社会保障和就业	125369	208848	214891	217971	237916
8、医疗卫生	126948	165099	188588	179959	183307
9、节能环护	27794	27454	49837	148977	52917
10、城乡社区事务	106516	134980	207227	253497	210642
11、农林水事务	111601	137668	145521	184059	201815
12、交通运输	88831	75173	22667	43429	42957
13、工业商业金融等事务					37407
14、地震灾后恢复重建支出					
15、采掘电力信息等事务					
16、粮油物资管理事物支出	3451	3838	2638	4466	4602
17、其他支出	35681	32269	26168	11932	27823
基金支出	**918113**	**863184**	**707124**	**1173652**	**1483409**

13—4 金融机构年末人民币存、贷款情况

单位：万元

指　　标	2017年
一、年末存款余额	**53180343**
（一）境内存款	53042316
1.住户存款	15555630
（1）活期存款	8384263
（2）定期及其他存款	7171367
2.非金融企业存款	24933708
（1）活期存款	9879332
（2）定期及其他存款	15054376
3.广义政府存款	10817307
（1）财政性存款	2446490
（2）机关团体存款	8370817
4.非银行业金融机构存款	1735670
（二）境外存款	138026
二、年末贷款余额	**45382161**
（一）境内贷款	45341689
1.住户贷款	9691074
（1）短期贷款	1023666
#消费贷款	788345
#经营贷款	235321
（2）中长期贷款	8667408
#消费贷款	7493367
#经营贷款	1174041
2.非金融企业及机关团体贷款	35650615
（1）短期贷款	7711206
（2）中长期贷款	27040726
（3）票据融资	896814
（4）融资租赁	
（5）各项垫款	1869
3.非银行业金融机构贷款	
（二）境外贷款	40472

13—5 国内保险业务量

单位：万元

指 标	保费收入		赔款及给付	
	2016年	2017年	2016年	2017年
总 计	**799548.03**	**1054305.12**	**366196.68**	**343708.59**
财产保险公司	**309064.25**	**464939.88**	**216243.30**	**206584.67**
#企业财产保险	18749.62	20825.23	6632.31	5869.53
机动车辆保险	192901.40	277936.46	135908.59	137418.35
工程保险	6710.91	8931.34	5933.91	3779.63
责任保险	9739.43	15695.27	5559.50	6962.80
保证保险	19939.10	63902.14	3320.63	6630.75
船舶保险	2857.96	4212.45	616.30	868.06
货运保险	2207.05	3250.85	2730.61	1075.10
特殊风险保险	14652.79	19292.24	2557.68	17592.52
其他保险	41306.02	51194.58	52883.78	26447.62
人寿保险公司	**490483.77**	**589365.24**	**149953.38**	**137123.92**
寿险	377818.66	471514.99	90206.67	96518.57
健康保险	96342.50	93330.20	57576.72	38268.69
人身意外伤害险	16323.60	24520.06	2169.99	2336.67

主要统计指标解释

财政收入 国家财政参与社会产品分配所得的收入，是实现国家职能的财力保证。财政收入所包括的内容几经变化，目前主要包括：

（1）各项税收包括增值税、营业税、消费税、土地增值税、城市维护建设税、资源税、城市土地使用税、印花税、固定资产投资方向调节税、个人所得税、企业所得税、关税、农牧业税和耕地占用税等。

（2）专项收入包括征收排污费、征收城市水资源费收入，教育费附加收入等。

（3）其他收入包括基本建设贷款归还收入、国家能源交通重点建设基金收入、国家预算调节基金等。

（4）国有企业计划亏损补贴这项为负收入，冲减财政收入。

财政支出 国家财政将筹集起来的资金进行分配使用，以满足经济建设和各项事业的需要，主要包括：

（1）基本建设支出指按国家有关规定，属于基本建设范围内的基本建设有偿使用、拨款、资本金支出以及国家批准对专项和政策性基建投资贷款，在部门的基建投资额中统筹支付的贴息支出。

（2）企业挖潜改造资金指国家预算内拨给的用于企业挖潜改造资金和企业挖潜改造贷款资金，为农业服务的县办"五小"企业技术改造补助，挖潜改造贷款贴息支出。

（3）支援农村生产支出国家财政支援农村集体（户）各项生产的支出。包括对农村举办的小型农田水利和打井、喷灌等的补助费；对农村水土保持措施的补助费；对农村举办的小水电站的补助费；特大抗旱的补助费；农村开荒补助费；扶持乡镇企业资金；农村农技推广和植保补助费；农村草场和畜禽保护补助费；农村造林和林木保护补助费；农村水产补助费；发展粮食生产专项资金。

（4）农林不利气象等部门的事业费用国家财政用于农垦、农场、农业、畜牧、农机、林业、森工、水利、水产、气象、乡镇企业的技术推广、良种推广（示范）、植物（畜禽、森林）保护、水质监测、勘探设计、资源调查、干部训练等项费用，园艺特产场补助费，中等专业学校经费，飞播牧草试验补助费，营林机构、气象机构经费，渔政经费以及农业管理事业费等。

（5）文教科学卫生事业费国家预算用于文化、出版、文物、教育、卫生、中医、公费医疗、体育、档案、地震、海洋、通讯、广播电影电视、计划生育、党政群干部训练、自然科学、社会科学、科协等项事业的经费支出和高技术研究专项经费。主要包括工资、补助工资、福利费、离退休费、助学金、公务费、设备购置费、修缮费、业务费、差额补助费。

（6）抚恤和社会福利救济费国家预算用于抚恤和社会福利救济事业的经费，包括由民政部门开支的烈士家属和牺牲病故人员家属的一次性、定期抚恤金，革命伤残补助费、烈军属、复员退伍军人生活补助费、退伍军人安置费，优抚事业单位经费，烈士纪念建筑物管理、维修费，自然灾害救济事业费和特大自然灾害灾后重建补助费等。

（7）行政管理费包括行政管理支出，党派团体补助支出，外交支出，公安安全支出，司法支出，法院支出，检察院支出和公检法办案费用补助。

（8）价格补贴支出经国家批准，由国家财政拨给的政策性补贴支出，主要包括粮食加价款，粮、棉、油差价补贴，棉花帐购价外奖励款，副食品风险基金，市镇居民的肉食价格补贴，平抑市场物价，蔬菜价差补贴等，以及经国家批准的课本、报刊新闻纸等价格补贴。

中央财政收入和地方财政收入 按财政体制划分的中央本级收入和地方本级收入。1994年分税制财政体制以后，属于中央财政的收入包括关税、海关代征消费税和增值税，消费税，中央企业所得税，地方银行和外资银行及非银行金融企业所得税，铁道、银行总行、保险总公司等集中缴纳的营业税、所得税、利润和城市维护建设税，增值税的75%部分，海洋石油资源税和证券（印花）税50%部分。属于地方财政的收入包括营业税，地方企业所得税，个人所得税，农牧业税，农业特产税，耕地占用税，契税，增值税的25%部分，证券交易税（印花税）的50%部分和除海洋石油资源税以外的其他资源税。

存款余额 存款是指企业、机关、团体和个人根据可以收回的原则，把货币资金存入银行或其他信用机构保管并取得一定利息的一种信用活动形式。存款余额是指在某一时点上的存款账户上结存的金额，它反映在一定时点上的存款数量。银行存款主要来源：企业存款、财政存款、机关团体存款、城镇居民存款和农村存款等。

农村存款 农村存款是指农村集体、个体等单位在银行的存款。它包括：1.乡镇企业事业存款；2.农村集体农业和个体户存款；3.信用社存款。

贷款余额 贷款是银行或其他信用机构根据必须归还的原则，按一定的利率和期限，为企业、个人等提供货币资金的一种信用活动形式。贷款余额是指在某一时点上贷款帐户上的结欠金额，它反映在一定时点上的贷款数量。银行贷款主要有工商企业和建筑安装企业流动资金贷款、固定资产贷款、农业贷款等。

城镇居民储蓄存款 是指城镇居民个人在银行的存款。城镇居民包括城市和农村集镇居民人数。

农村居民储蓄存款 是指农村居民个人在信用合作社的存款，它不包括农村居民个人直接存入银行的资金。

承保额 保险人承担赔偿或者给付保险金责任的最高限额。

保费 投保人为取得保险保障，按保险合同约定向保险人支付的费用。

赔款 保险人对保险事故造成的损失，根据合同约定向被保险人或受益人给予的经济补偿。

14

物　价

PRICE

14—1 物价指数

单位：%

年　份	以1950年价格为100		年　份	以上年价格为100	
	居民消费价格指数	零售物价指数		居民消费价格指数	零售物价指数
1957	104.70	100.30	1980	106.80	107.20
1962	172.40	173.60	1981	107.00	107.40
1965	116.40	112.30	1982	103.80	103.90
1970	110.70	106.40	1983	102.10	101.90
1975	110.90	106.70	1984	102.70	101.40
1978	111.30	107.00	1985	116.90	117.20
1985	173.70	166.70	1986	103.20	103.00
1987	196.30	188.40	1987	109.50	109.70
1988	259.90	249.60	1988	132.40	132.50
1989	334.80	319.20	1989	128.80	127.90
1990	336.80	317.00	1990	100.60	99.30
1991	343.90	321.80	1991	102.10	101.50
1992	374.20	350.10	1992	108.80	108.80
1993	467.80	440.40	1993	125.00	125.80
1994	585.20	530.20	1994	125.10	120.40
1995	648.40	576.30	1995	110.80	108.70
1996	680.80	593.00	1996	105.00	102.90
1997	689.70	591.20	1997	101.30	99.70
1998	669.00	569.30	1998	97.00	96.30
1999	663.00	557.90	1999	99.10	98.00
2000	672.90	563.50	2000	101.50	101.00
2001	664.80	550.00	2001	98.80	97.60
2002	659.50	544.50	2002	99.20	99.00
2003	658.20	544.00	2003	99.80	99.90
2004	677.90	558.10	2004	103.00	102.60
2005	686.70	560.30	2005	101.30	100.40
2006	695.35	563.55	2006	101.26	100.58
2007	726.22	582.99	2007	104.44	103.45
2008	768.34	615.64	2008	105.80	105.60
2009	767.57	610.71	2009	99.90	99.20
2010	799.81	633.31	2010	104.20	103.70
2011	843.00	664.98	2011	105.40	105.00
2012	870.82	683.60	2012	103.30	102.80
2013	896.07	694.54	2013	102.90	101.60
2014	915.69	703.15	2014	102.19	101.24
2015	926.68	704.56	2015	101.20	100.20
2016	954.40	710.80	2016	103.00	100.90
2017	985.90	722.88	2017	103.30	101.70

14—2 居民消费价格指数

（以上年价格为100） 单位：%

类别及名称	2017年
居民消费价格指数	**103.3**
食品烟酒类	100.2
#食　品	99.5
#粮　食	101.1
食用油	100.7
菜	94.6
#鲜　菜	94.1
畜肉类	98.4
禽肉类	102.8
水产品	100.3
蛋　类	97.1
烟　酒	100.5
衣着类	97.0
#服　装	96.0
服装材料	105.7
鞋　类	98.5
居住类	107.8
生活用品及服务类	99.4
交通和通信类	101.9
教育文化和娱乐类	103.9
医疗保健类	114.8
其他用品和服务类	104.4

14—3 居民消费价格指数

（以2000年价格为100） 单位：%

类别及名称	2017年
居民消费价格指数	**148.6**
食品烟酒类	199.3
#食 品	234.2
#粮 食	199.8
食用油	159.4
菜	301.0
#鲜 菜	310.4
畜肉类	302.1
禽肉类	185.2
水产品	227.0
蛋 类	202.1
烟 酒	113.0
衣着类	79.9
#服 装	72.7
服装材料	148.5
鞋 类	87.2
居住类	160.4
生活用品及服务类	111.6
交通和通信类	91.7
教育文化和娱乐类	114.9
医疗保健类	141.3
其他用品和服务类	151.4

14—4 商品零售价格指数

（以上年价格为100）　单位：%

指　　标	2017年
商品零售价格指数	**101.7**
食品类	100.2
#粮　食	101.0
食用油	100.7
菜	94.6
#鲜　菜	94.1
畜肉类	98.3
禽肉类	102.8
水产品	100.3
蛋类	97.1
饮料、烟酒类	101.0
服装、鞋帽类	97.0
纺织品类	87.2
家用电器及音像器材类	99.5
文化办公用品类	99.2
日用品类	100.0
体育娱乐用品类	99.5
交通、通信用品类	99.2
家具类	100.7
化妆品类	102.4
金银饰品类	101.5
中西药品及医疗保健用品类	113.2
书报杂志及电子出版物类	103.0
燃料类	107.6
建筑材料及五金电料类	107.1

14—5 居民消费分月价格指数

（2017年，以上年同月价格为100）

单位：%

类别及名称	1月	2月	3月	4月	5月	6月
居民消费价格指数	**104.6**	**101.5**	**102.2**	**103.1**	**104.2**	**103.6**
食品烟酒类	104.8	97.9	99.1	99.9	101.0	100.5
#食　品	105.8	95.8	97.6	98.6	100.0	99.3
#粮　食	101.5	100.9	101.6	102.1	101.4	100.6
食用油	104.2	102.6	102.0	101.6	98.9	99.8
菜	96.8	73.7	78.5	84.5	96.3	101.6
#鲜　菜	96.5	72.3	77.2	83.5	96.0	101.7
畜肉类	109.9	102.1	102.3	99.2	98.8	95.6
禽肉类	107.4	103.6	103.3	102.7	103.1	100.3
水产品	112.0	97.6	99.9	102.5	101.0	100.3
蛋　类	99.4	99.4	97.4	95.0	94.4	94.1
烟　酒	99.7	100.9	99.9	97.7	100.0	100.7
衣着类	93.6	92.2	95.3	96.3	97.4	97.3
#服　装	92.1	90.3	93.8	96.2	97.1	96.5
服装材料	92.1	92.1	96.7	110.0	110.0	110.0
鞋　类	95.3	94.5	97.2	94.9	96.7	98.2
居住类	108.1	107.9	107.7	108.9	110.6	109.3
#水电燃料	103.9	105.1	104.7	104.9	105.0	102.1
生活用品及服务类	99.4	97.6	98.8	98.5	100.9	100.2
交通和通信类	102.0	100.5	102.4	102.1	101.5	100.0
教育文化和娱乐类	103.8	102.3	100.6	102.7	104.9	104.3
#教育	101.4	101.6	100.8	100.9	105.0	105.0
文化娱乐	107.0	103.1	100.4	105.2	104.8	103.4
#旅游	111.9	101.1	94.7	109.0	109.1	104.9
医疗保健类	111.5	112.1	112.4	114.3	114.0	116.2
#药品及医疗器具	106.6	108.1	108.7	111.9	111.4	115.2
#中药	116.2	116.1	118.8	118.5	115.7	116.1
西药	105.1	108.1	109.1	112.2	111.8	117.3
医疗服务	115.0	115.0	115.0	116.0	116.0	116.9
其他用品和服务类	107.1	104.9	104.1	104.7	103.5	104.0

14—5 续

单位：%

类别及名称	7月	8月	9月	10月	11月	12月
居民消费价格指数	**103.9**	**103.8**	**103.4**	**103.4**	**102.9**	**102.8**
食品烟酒类	101.3	100.2	99.6	99.7	99.2	99.9
#食　品	100.6	99.9	99.1	99.2	98.8	99.6
#粮　食	100.8	101.4	101.1	101.1	99.9	100.6
食用油	101.0	100.9	98.7	99.6	100.1	99.3
菜	110.8	105.2	99.4	101.0	99.2	99.5
#鲜　菜	111.5	105.4	99.2	100.8	99.0	99.1
畜肉类	96.7	96.8	95.3	95.4	95.1	95.0
禽肉类	100.8	100.6	101.6	103.1	103.7	104.0
水产品	97.2	97.9	97.9	98.0	99.0	101.3
蛋　类	94.6	98.1	97.0	97.2	98.2	100.6
烟　酒	100.5	101.5	101.9	101.3	100.2	101.2
衣着类	98.2	98.7	99.2	99.2	99.8	97.3
#服　装	97.3	97.9	98.5	98.4	98.9	95.7
服装材料	110.0	110.0	110.0	110.0	110.0	110.0
鞋　类	99.7	100.1	100.5	101.2	101.8	101.7
居住类	108.9	108.3	107.2	106.5	106.0	104.8
#水电燃料	103.2	102.0	102.2	102.1	103.0	105.7
生活用品及服务类	99.7	99.8	99.9	99.0	98.8	100.2
交通和通信类	100.9	103.4	101.8	102.6	102.7	102.7
教育文化和娱乐类	104.0	104.1	105.1	105.8	104.9	104.2
#教育	105.0	105.0	109.4	108.5	108.5	108.5
文化娱乐	102.8	102.9	99.8	102.2	100.2	98.7
#旅游	101.7	107.0	98.1	104.0	97.9	93.3
医疗保健类	116.4	116.8	116.9	116.8	115.2	114.8
#药品及医疗器具	115.7	117.2	117.2	117.1	113.3	112.5
#中药	116.5	119.3	119.3	119.3	114.3	115.1
西药	117.3	118.2	118.4	118.0	115.2	113.1
医疗服务	116.9	116.6	116.6	116.6	116.6	116.6
其他用品和服务类	101.5	102.8	105.3	106.4	104.0	104.0

14—6 居民消费分月价格指数

（2017年，以2015年价格为100）

单位：%

类别及名称	1月	2月	3月	4月	5月	6月
居民消费价格指数	**106.1**	**106.0**	**104.9**	**105.2**	**106.1**	**105.7**
食品烟酒类	107.5	107.5	105.5	105.2	105.9	105.4
#食　品	109.1	109.0	106.1	105.6	106.4	105.6
#粮　食	101.9	102.0	102.9	103.3	102.5	101.7
食用油	102.9	101.4	100.8	100.7	100.3	101.4
菜	113.7	110.4	103.4	103.0	105.1	105.9
#鲜　菜	114.7	111.1	103.5	102.9	105.3	106.2
畜肉类	114.4	113.3	109.3	106.6	106.9	106.3
禽肉类	108.2	108.9	107.1	106.2	106.8	105.4
水产品	111.7	113.3	109.1	109.6	111.3	109.0
蛋　类	98.7	98.1	97.0	94.9	94.4	94.9
烟　酒	101.5	102.1	102.5	100.4	102.7	103.3
衣着类	92.7	90.2	91.4	91.5	91.0	90.6
#服　装	91.6	87.8	88.7	89.3	88.8	88.3
服装材料	92.1	92.1	96.7	101.3	101.3	101.3
鞋　类	92.8	93.9	96.2	96.5	95.5	95.6
居住类	109.9	109.8	109.3	110.0	112.4	111.6
#水电燃料	104.4	104.8	103.8	103.8	104.7	101.1
生活用品及服务类	100.8	98.4	99.3	99.3	101.0	100.6
交通和通信类	100.7	101.9	100.5	100.0	99.2	98.6
教育文化和娱乐类	106.7	106.5	104.1	105.4	107.1	106.5
#教育	104.3	104.3	104.3	104.4	108.5	108.5
文化娱乐	109.7	109.4	103.8	106.8	105.3	103.8
#旅游	114.7	114.3	98.1	106.6	103.6	99.3
医疗保健类	112.7	113.4	113.7	115.9	116.0	118.4
#药品及医疗器具	109.5	111.2	111.9	115.8	116.0	120.6
#中药	123.0	123.0	125.8	125.8	125.9	128.3
西药	108.2	111.7	112.9	117.3	117.3	123.4
医疗服务	114.9	114.9	114.9	116.0	116.0	116.9
其他用品和服务类	108.8	109.1	108.3	108.6	108.2	108.4

14—6 续

单位：%

类别及名称	7 月	8 月	9 月	10 月	11 月	12 月
居民消费价格指数	**106.2**	**106.5**	**106.8**	**107.3**	**107.4**	**107.8**
食品烟酒类	105.7	105.8	106.2	107.0	106.6	106.8
#食　品	106.1	106.3	106.8	107.9	107.5	107.6
#粮　食	102.0	102.4	102.3	102.7	102.6	103.0
食用油	101.1	101.1	101.0	101.8	102.4	101.7
菜	113.0	116.2	118.3	121.4	121.0	117.9
#鲜　菜	113.7	117.3	119.5	122.9	122.4	118.9
畜肉类	105.7	106.4	106.6	107.8	107.5	107.4
禽肉类	105.7	105.8	107.4	109.1	110.0	110.4
水产品	106.3	106.0	104.7	105.2	104.2	105.6
蛋　类	94.7	97.8	99.3	99.5	100.2	101.0
烟　酒	102.9	103.4	103.5	103.9	103.5	103.9
衣着类	90.5	90.5	92.9	93.3	94.8	94.8
#服　装	88.1	88.1	90.8	91.2	93.2	93.1
服装材料	101.3	101.3	101.3	101.3	101.3	101.3
鞋　类	95.6	95.6	97.9	98.2	98.2	98.2
居住类	111.8	111.7	111.7	112.0	113.3	114.1
#水电燃料	102.1	101.1	101.6	102.1	104.3	107.0
生活用品及服务类	99.9	100.2	100.5	100.0	100.2	101.5
交通和通信类	99.5	100.2	99.4	100.4	100.3	101.5
教育文化和娱乐类	108.9	109.2	110.5	110.9	109.9	109.1
#教育	108.5	108.5	113.0	113.0	113.0	113.0
文化娱乐	109.5	110.1	107.2	108.0	105.8	104.0
#旅游	115.2	115.7	107.3	108.5	101.9	96.4
医疗保健类	118.6	119.2	119.3	119.3	119.3	119.4
#药品及医疗器具	121.2	122.7	122.7	122.7	122.7	123.0
#中药	129.2	132.4	132.4	132.4	132.4	133.3
西药	123.4	124.2	124.4	124.4	124.4	124.5
医疗服务	116.9	116.9	116.9	116.9	116.9	116.9
其他用品和服务类	107.7	109.1	111.7	111.2	111.4	110.8

14—7 物价指数

（2017年）　　单位：%

年　份	居民消费价格指数	零售物价指数
以1978年价格为100	857.47	664.64
以1980年价格为100	748.09	451.43
以1985年价格为100	549.59	426.56
以1986年价格为100	532.36	413.74
以1987年价格为100	486.35	377.59
以1988年价格为100	366.26	284.83
以1989年价格为100	285.08	222.55
以1990年价格为100	283.55	224.06
以1991年价格为100	277.73	220.89
以1992年价格为100	255.18	202.88
以1993年价格为100	204.05	161.38
以1994年价格为100	163.18	134.35
以1995年价格为100	147.61	123.44
以1996年价格为100	140.26	119.91
以1997年价格为100	138.29	120.28
以1998年价格为100	142.75	124.84
以1999年价格为100	144.01	127.38
以2000年价格为100	141.80	126.12
以2001年价格为100	143.58	128.12
以2002年价格为100	144.70	130.57
以2003年价格为100	144.97	130.67
以2004年价格为100	140.81	127.38
以2005年价格为100	138.99	126.88
以2006年价格为100	137.28	126.15
以2007年价格为100	131.43	121.95
以2008年价格为100	124.23	115.47
以2009年价格为100	124.35	116.40
以2010年价格为100	119.34	112.25
以2011年价格为100	113.22	106.90
以2012年价格为100	109.61	103.99
以2013年价格为100	106.52	102.36
以2014年价格为100	104.24	101.10
以2015年价格为100	103.00	100.90
以2016年价格为100	103.30	101.70

14—8 2016年当月住宅销售价格指数

（以上年同期为100）　　单位：%

指　　标	1月	2月	3月	4月	5月	6月	7月	8月	9月	10月	11月	12月
新建住宅价格指数	99.6	100.4	100.6	101.4	102.3	102.6	103.4	103.4	104.1	104.9	105.8	106.2
新建商品住宅价格指数	99.6	100.4	100.6	101.4	102.3	102.6	103.4	103.5	104.1	105.0	105.8	106.2
新建商品住宅分类价格指数	99.6	100.4	100.6	101.4	102.3	102.6	103.4	103.5	104.1	105.0	105.8	106.2
1、90㎡及以下	99.2	100.4	100.5	101.3	102.2	103.1	104.2	104.7	105.6	106.7	108.1	108.4
2、90-144㎡	99.9	100.5	101.0	101.6	102.5	102.6	103.6	103.6	104.1	105.1	105.9	106.2
3、144㎡以上	99.2	100.3	100.0	101.1	102.1	102.2	102.2	102.1	102.5	103.1	103.7	104.3
二手住宅价格指数	96.6	97.5	98.7	99.4	100.4	101.1	101.5	101.9	102.3	102.8	103.2	103.5
二手住宅分类价格指数	96.6	97.5	98.7	99.4	100.4	101.1	101.5	101.9	102.3	102.8	103.2	103.5
1、90㎡及以下	96.2	96.9	98.2	99.0	100.1	101.0	101.3	101.8	102.0	102.7	103.0	103.3
2、90-144㎡	97.1	98.3	99.2	99.9	100.8	101.3	101.8	102.3	102.8	103.1	103.5	103.8
3、144㎡以上	97.2	97.8	99.0	99.6	100.5	100.5	100.9	101.6	101.8	102.4	102.8	103.2

注：2016年当月住宅销售价格指数以此表为准。

14—9 2017年当月住宅销售价格指数

（以上年同期为100）

单位：%

指 标	1月	2月	3月	4月	5月	6月	7月	8月	9月	10月	11月	12月
新建住宅价格指数	106.5	107.1	109.6	108.7	107.4	108.5	108.4	106.7	105.9	105.0	104.2	105.9
新建商品住宅价格指数	106.5	107.2	109.6	108.8	107.4	108.5	108.4	106.7	105.9	105.1	104.2	105.9
新建商品住宅分类价格指数	106.5	107.2	109.6	108.8	107.4	108.5	108.4	106.7	105.9	105.1	104.2	105.9
1、90㎡及以下	109.0	109.6	112.2	110.2	108.4	108.9	108.9	106.7	105.2	104.3	100.5	102.8
2、90-144㎡	106.6	107.4	110.0	109.0	107.7	109.2	108.5	107.0	106.5	105.1	106.4	107.9
3、144㎡以上	103.9	104.5	106.6	107.0	105.9	106.6	107.7	106.0	105.3	105.6	102.3	104.0
二手住宅价格指数	104.0	104.5	104.6	104.5	104.4	104.7	104.3	103.6	102.7	101.8	100.9	100.7
二手住宅分类价格指数	104.0	104.5	104.6	104.5	104.4	104.7	104.3	103.6	102.7	101.8	100.9	100.7
1、90㎡及以下	104.0	104.7	105.0	104.8	104.8	105.2	104.6	103.8	103.0	101.6	100.9	100.6
2、90-144㎡	104.1	104.3	104.1	104.2	103.9	104.1	103.9	103.3	102.5	102.2	101.1	100.9
3、144㎡以上	103.5	104.2	104.6	104.3	104.3	104.5	103.6	103.1	102.5	101.4	100.3	100.1

14—10 2017年工业生产者出厂价格指数

单位：%

指标	2017年
全部工业品	**100.4**
其中:轻工业	102.2
以农产品为原料	100.8
以非农产品为原料	105.9
重工业	99.5
其中:生产资料	103.0
生活资料	98.7
按工业行业大、中类分	
农副食品加工业	100.2
食品制造业	100.6
酒、饮料和精制茶制造业	101.9
烟草制品业	100.0
木材加工和木、竹、藤、棕、草制品业	110.5
造纸和纸制品业	100.9
印刷和记录媒介复制业	100.2
文教、工美、体育和娱乐用品制造业	102.2
化学原料和化学制品制造业	100.0
医药制造业	102.0
橡胶和塑料制品业	100.1
非金属矿物制品业	107.6
有色金属冶炼和压延加工业	100.0
金属制品业	111.2
通用设备制造业	100.0
专用设备制造业	100.2
汽车制造业	90.4
铁路、船舶、航空航天和其他运输设备制造业	105.0
电气机械和器材制造业	106.5
计算机、通信和其他电子设备制造业	100.2
废弃资源综合利用业	100.0
金属制品、机械和设备修理业	100.0
电力、热力生产和供应业	99.7
燃气生产和供应业	101.0
水的生产和供应业	104.9

14—11 2017年分月工业生产者出厂价格指数

（以上年同月价为100）

单位：%

指 标	1月	2月	3月	4月	5月	6月
全部工业品	**100.6**	**99.5**	**100.1**	**99.8**	**99.7**	**99.9**
其中:轻工业	100.9	101.1	100.7	99.5	99.9	100.5
以农产品为原料	101.1	101.2	101.0	100.9	100.9	100.3
以非农产品为原料	99.7	100.1	99.1	94.6	96.1	100.2
重工业	100.4	98.6	99.7	100.0	99.6	99.6
其中:生产资料	101.5	102.1	103.0	102.1	101.6	102.1
生活资料	99.9	97.7	98.1	98.3	98.4	98.4
按工业行业大、中类分						
农副食品加工业	103.4	103.3	102.3	102.3	102.7	101.1
食品制造业	100.0	100.5	101.4	100.9	100.8	100.8
酒、饮料和精制茶制造业	100.1	100.3	100.5	100.4	100.4	100.1
烟草制品业	100.0	100.0	100.0	100.0	100.0	100.0
木材加工和木、竹、藤、棕、草制品业	107.9	107.9	106.2	112.0	115.1	110.1
造纸和纸制品业	97.5	98.0	99.4	99.4	99.7	99.9
印刷和记录媒介复制业	99.4	99.3	99.3	99.3	99.9	99.9
文教、工美、体育和娱乐用品制造业	96.8	104.7	105.5	105.5	109.1	103.0
化学原料和化学制品制造业	99.8	99.8	99.8	99.8	99.8	99.8
医药制造业	99.8	100.6	101.4	102.0	102.2	102.3
橡胶和塑料制品业	99.9	99.7	99.6	99.7	100.2	100.0
非金属矿物制品业	105.0	105.3	106.2	106.1	106.4	106.1
有色金属冶炼和压延加工业	100.0	100.0	100.0	100.0	100.0	100.0
金属制品业	111.5	114.6	115.7	119.8	112.4	111.7
通用设备制造业	100.0	100.0	100.0	100.0	100.0	100.0
专用设备制造业	100.0	100.0	99.5	99.5	99.5	99.5
汽车制造业	99.1	90.5	90.6	90.2	90.2	90.1
铁路、船舶、航空航天和其他运输设备制造业	100.1	105.5	105.5	105.5	105.5	105.5
电气机械和器材制造业	99.0	99.9	100.7	98.1	99.8	103.3
计算机、通信和其他电子设备制造业	100.0	100.0	100.2	100.2	100.2	100.2
废弃资源综合利用业	100.0	100.0	100.0	100.0	100.0	100.0
金属制品、机械和设备修理业	100.0	100.0	100.0	100.0	100.0	100.0
电力、热力生产和供应业	100.0	100.0	104.5	102.2	99.8	99.1
燃气生产和供应业	100.4	99.5	100.5	100.6	99.6	100.3
水的生产和供应业	104.9	104.9	104.9	104.9	104.9	104.9

14—11 续

单位：%

指　　标	7月	8月	9月	10月	11月	12月
全部工业品	**99.4**	**100.7**	**100.4**	**101.5**	**102.2**	**101.4**
其中:轻工业	99.4	102.8	103.1	105.7	107.6	105.3
以农产品为原料	100.0	99.8	100.0	100.9	101.6	101.5
以非农产品为原料	97.1	112.5	113.3	123.2	131.0	118.6
重工业	99.3	99.6	99.0	99.3	99.4	99.3
其中:生产资料	100.2	103.5	103.8	105.4	106.7	104.5
生活资料	98.8	98.9	98.2	99.0	99.3	99.4
按工业行业大、中类分						
农副食品加工业	98.6	97.9	98.1	98.1	97.4	96.9
食品制造业	100.7	100.6	100.8	100.6	100.4	100.4
酒、饮料和精制茶制造业	101.2	101.4	101.5	103.9	106.5	106.8
烟草制品业	100.0	100.0	100.0	100.0	100.0	100.0
木材加工和木、竹、藤、棕、草制品业	112.7	114.0	113.3	112.1	108.0	106.8
造纸和纸制品业	101.6	102.6	101.9	104.1	103.9	103.4
印刷和记录媒介复制业	99.9	100.0	100.7	101.1	101.4	101.5
文教、工美、体育和娱乐用品制造业	102.1	100.5	101.0	101.3	98.9	98.6
化学原料和化学制品制造业	99.8	100.6	100.3	100.0	100.0	100.0
医药制造业	102.9	103.0	102.0	102.8	102.7	102.8
橡胶和塑料制品业	99.9	100.2	100.6	100.5	100.2	100.2
非金属矿物制品业	101.7	105.2	110.9	111.5	111.4	115.1
有色金属冶炼和压延加工业	100.0	100.0	100.0	100.0	100.0	100.0
金属制品业	109.5	109.5	108.9	107.1	108.5	106.5
通用设备制造业	100.0	100.0	100.0	100.0	100.0	100.0
专用设备制造业	100.0	100.0	100.0	100.0	102.0	102.0
汽车制造业	89.3	89.7	88.7	88.7	88.7	88.5
铁路、船舶、航空航天和其他运输设备制造业	105.5	105.5	105.5	105.5	105.3	105.3
电气机械和器材制造业	101.2	111.6	112.5	119.0	123.7	116.2
计算机、通信和其他电子设备制造业	100.2	100.2	100.2	100.2	100.2	100.2
废弃资源综合利用业	100.0	100.0	100.0	100.0	100.0	100.0
金属制品、机械和设备修理业	100.0	100.0	100.0	100.0	100.0	100.0
电力、热力生产和供应业	98.1	98.1	97.7	98.3	99.3	99.0
燃气生产和供应业	100.4	102.7	102.4	102.0	101.7	101.6
水的生产和供应业	104.9	104.9	104.9	104.9	104.9	104.9

14—12 2017年工业生产者购进价格指数

单位：%

指　　标	2017年
全部原材料	**102.8**
(一)燃料、动力类	100.0
(二)黑色金属材料类	116.7
其中：钢材	116.7
其它	
(三)有色金属材料和电线类	119.4
(四)化工原料类	95.3
(五)木材及纸浆类	105.0
(六)建筑材料及非金属矿类	103.6
(七)其它工业原材料及半成品类	102.2
(八)农副产品类	95.1
(九)纺织原料类	99.9
按行业分:	
农业	93.6
畜牧业	98.9
渔业	100.1
非金属矿采选业	104.8
农副食品加工业	102.8
食品制造业	102.6
酒、饮料和精制茶制造业	107.0
烟草制品业	115.1
纺织业	99.9
皮革、毛皮、羽毛及其制品和制鞋业	99.0
木材加工和木、竹、藤、棕、草制品业	102.3
造纸和纸制品业	105.9
印刷和记录媒介复制业	100.0
石油加工、炼焦和核燃料加工业	104.8
化学原料和化学制品制造业	94.5
医药制造业	102.8
橡胶和塑料制品业	97.5
非金属矿物制品业	103.3
黑色金属冶炼和压延加工业	116.8
有色金属冶炼和压延加工业	119.4
金属制品业	124.6
通用设备制造业	97.4
汽车制造业	92.4
铁路、船舶、航空航天和其他运输设备制造业	108.7
电气机械和器材制造业	104.4
计算机、通信和其他电子设备制造业	100.0
废弃资源综合利用业	100.0
电力、热力生产和供应业	100.0
燃气生产和供应业	99.6
水的生产和供应业	110.7

14—13 2017年分月工业者购进价格指数

（以上年同月价为100）　　单位：%

指　　标	1月	2月	3月	4月	5月	6月
全部原材料	**103.0**	**102.4**	**103.8**	**103.7**	**104.1**	**103.3**
(一)燃料、动力类	100.0	100.1	100.4	99.5	99.4	100.0
(二)黑色金属材料类	115.6	118.9	121.6	118.4	114.7	111.1
其中：钢材	115.6	118.9	121.6	118.4	114.7	111.1
其它						
(三)有色金属材料和电线类	120.5	121.6	122.7	123.6	119.2	119.0
(四)化工原料类	91.3	92.7	94.5	92.9	91.8	92.3
(五)木材及纸浆类	101.3	104.0	104.2	104.2	104.1	104.5
(六)建筑材料及非金属矿类	106.2	106.0	104.5	107.3	105.7	104.7
(七)其它工业原材料及半成品类	103.2	102.0	103.3	103.5	104.5	103.7
(八)农副产品类	93.5	90.1	91.2	93.2	96.7	97.5
(九)纺织原料类	99.7	99.7	100.0	100.0	100.0	100.0
按行业分:						
农业	91.8	87.3	88.8	91.2	95.6	96.6
畜牧业	97.4	97.4	97.4	97.4	97.4	97.4
渔业	99.4	100.0	99.8	99.8	100.7	100.6
非金属矿采选业	107.0	107.2	104.3	105.4	106.5	104.3
农副食品加工业	108.1	107.7	106.4	105.8	105.9	104.2
食品制造业	105.1	104.8	105.4	108.3	106.8	106.5
酒、饮料和精制茶制造业	98.6	107.0	107.0	106.8	106.8	107.0
烟草制品业	135.6	135.6	135.6	135.6	135.6	135.6
纺织业	99.7	99.7	100.0	100.0	100.0	100.0
皮革、毛皮、羽毛及其制品和制鞋业	99.0	99.0	99.0	99.0	99.0	99.0
木材加工和木、竹、藤、棕、草制品业	102.4	102.4	102.4	102.4	101.5	100.6
造纸和纸制品业	101.0	104.5	104.7	104.8	104.9	105.7
印刷和记录媒介复制业	100.0	100.0	100.0	100.0	100.0	100.0
石油加工、炼焦和核燃料加工业	105.6	107.4	108.4	108.3	107.6	104.9
化学原料和化学制品制造业	89.3	90.7	93.0	91.5	90.3	91.1
医药制造业	98.8	98.7	99.8	101.2	101.2	102.0
橡胶和塑料制品业	97.1	98.4	98.8	96.7	96.0	95.4
非金属矿物制品业	106.0	105.7	104.5	107.8	105.6	104.8
黑色金属冶炼和压延加工业	115.6	118.9	121.6	118.4	114.8	111.1
有色金属冶炼和压延加工业	120.5	121.6	122.7	123.6	119.2	119.0
金属制品业	103.8	109.2	126.7	126.7	143.9	142.8
通用设备制造业	94.1	94.1	95.3	95.3	95.3	95.3
汽车制造业	99.9	93.3	93.6	93.1	93.1	90.9
铁路、船舶、航空航天和其他运输设备制造业	104.5	104.5	104.5	109.5	108.0	114.3
电气机械和器材制造业	100.2	102.7	103.0	103.1	105.2	105.5
计算机、通信和其他电子设备制造业	100.0	100.0	100.0	100.0	100.0	100.0
废弃资源综合利用业	100.0	100.0	100.0	100.0	100.0	100.0
电力、热力生产和供应业	99.5	99.6	100.3	98.5	98.4	99.7
燃气生产和供应业	100.1	100.0	100.0	100.0	100.0	100.0
水的生产和供应业	101.1	101.2	111.2	111.3	111.6	111.6

14—13 续

单位：%

指　　标	7月	8月	9月	10月	11月	12月
全部原材料	**101.9**	**102.4**	**103.2**	**103.1**	**101.6**	**101.3**
(一)燃料、动力类	99.6	100.6	100.8	99.9	99.6	99.6
(二)黑色金属材料类	116.0	116.7	118.3	118.3	117.4	114.4
其中：钢材	116.0	116.7	118.3	118.3	117.4	114.4
其它						
(三)有色金属材料和电线类	121.8	122.4	118.7	119.4	115.6	110.2
(四)化工原料类	93.7	95.8	100.4	100.9	99.7	98.9
(五)木材及纸浆类	104.8	105.2	106.3	106.7	107.8	107.3
(六)建筑材料及非金属矿类	98.4	100.0	102.1	102.1	103.1	102.7
(七)其它工业原材料及半成品类	101.2	101.6	101.9	101.7	99.7	100.0
(八)农副产品类	95.1	94.5	96.5	96.8	99.3	97.2
(九)纺织原料类	100.0	100.0	100.0	100.0	99.8	99.7
按行业分:						
农业	93.4	92.7	95.3	95.9	99.2	96.5
畜牧业	97.4	100.0	100.0	100.0	102.7	102.7
渔业	101.0	101.0	100.7	99.9	99.3	99.3
非金属矿采选业	101.6	101.7	102.9	104.7	105.8	106.4
农副食品加工业	102.1	100.2	101.3	99.4	97.2	96.9
食品制造业	107.2	108.1	106.1	105.5	96.7	94.1
酒、饮料和精制茶制造业	107.5	107.6	107.9	109.6	110.1	108.4
烟草制品业	100.0	100.0	100.0	100.0	100.0	100.0
纺织业	100.0	100.0	100.0	100.0	99.8	99.7
皮革、毛皮、羽毛及其制品和制鞋业	99.0	99.0	99.0	99.0	99.0	99.0
木材加工和木、竹、藤、棕、草制品业	100.0	102.2	102.2	102.2	104.6	104.6
造纸和纸制品业	106.2	106.2	107.5	108.1	108.8	108.1
印刷和记录媒介复制业	100.0	100.0	100.0	100.0	100.0	100.0
石油加工、炼焦和核燃料加工业	100.8	104.1	103.2	103.7	101.9	102.1
化学原料和化学制品制造业	92.9	95.4	101.1	101.8	100.0	98.9
医药制造业	102.4	104.4	104.9	106.9	105.9	107.5
橡胶和塑料制品业	95.9	96.9	98.4	98.7	98.8	99.0
非金属矿物制品业	97.8	99.7	102.0	101.6	102.7	101.9
黑色金属冶炼和压延加工业	116.0	116.7	118.3	118.4	117.4	114.5
有色金属冶炼和压延加工业	121.8	122.4	118.7	119.4	115.6	110.2
金属制品业	134.9	141.0	137.4	128.1	108.5	108.5
通用设备制造业	95.3	99.9	101.1	101.3	101.3	101.3
汽车制造业	90.9	90.5	90.9	91.2	91.0	91.0
铁路、船舶、航空航天和其他运输设备制造业	112.3	105.6	105.6	107.1	116.9	112.0
电气机械和器材制造业	105.5	105.5	105.6	105.6	105.6	105.6
计算机、通信和其他电子设备制造业	100.0	100.0	100.0	100.0	100.0	100.0
废弃资源综合利用业	100.0	100.0	100.0	100.0	100.0	100.0
电力、热力生产和供应业	99.3	101.1	101.9	100.7	100.2	100.4
燃气生产和供应业	99.8	99.7	99.4	98.9	98.8	98.7
水的生产和供应业	111.6	111.6	113.0	113.3	115.7	115.6

主要统计指标解释

居民消费价格指数（CPI）：反映一定时期内居民所消费商品及服务项目的价格水平变动趋势和变动程度。居民消费价格水平的变动率在一定程度上反映了通货膨胀（或紧缩）的程度。编制居民消费价格指数的目的，是了解全国各地价格变动的基本情况，分析研究价格变动对社会经济和居民生活的影响，满足各级政府制定政策和计划、进行宏观调控的需要，以及为国民经济核算提供参考依据。

商品零售价格指数（RPI）：反映工业、商业、餐饮业和其他零售企业向城乡居民、机关团体出售的生活消费品和办公用品的价格变动趋势和变动程度。编制商品零售价格指数的目的在于掌握商品价格的变动趋势，为国家宏观调控和国民经济核算提供参考依据。

15

科技、教育、卫生、文化和体育

SCIENCE AND TECHNOLOGY,EDUCATION,PUBLIC HEALTH CULTURE AND SPORTS

15—1 市属国有单位各类专业技术人员年龄状况

（2017年）

单位：人

指　　标	合　计	35岁及以下	36岁—45岁	46岁—54岁	55岁以上
合　　计	**1228**	**330**	**302**	**504**	**92**
工程技术人员	451	121	111	190	29
农业技术人员	14		4	9	1
科学研究人员					
卫生技术人员	51	3	22	18	8
教学人员	26		7	18	1
经济人员	275	72	55	129	19
会计人员	177	43	58	69	7
统计人员	15	2	5	5	3
翻译人员	2		1	1	
图书、档案、文博人员	7	3	1	3	
新闻、出版人员	2				2
律师、公证人员	8	3	2	3	
播音人员					
工艺美术人员	1				1
体育人员					
艺术人员	101	70	9	16	6
政工人员	98	13	27	43	15
其 他					

15—2 市属国有单位各类专业技术人员学历状况

（2017年）　　　　单位：人

指　标	合 计	研究生及以上	大学本科	大学专科	中专	高中及以下
合　计	**1228**	**34**	**543**	**378**	**168**	**105**
工程技术人员	451	8	268	118	55	2
农业技术人员	14		9	3	1	1
科学研究人员						
卫生技术人员	51		1	2	6	42
教学人员	26		2	12	12	
经济人员	275	19	126	96	20	14
会计人员	177	3	68	85	13	8
统计人员	15		3	6	5	1
翻译人员	2		1	1		
图书、档案、文博人员	7		4	3		
新闻、出版人员	2		1	1		
律师、公证人员	8	4	4			
播音人员						
工艺美术人员	1					1
体育人员						
艺术人员	101		19	22	48	12
政工人员	98		37	29	8	24
其 他						

15—3 各类学校情况

指 标	单位	1987年	2011年	2012年	2013年	2014年	2015年	2016年	2017年
高等院校									
学校数	所	2	11	11	11	18	11	12	11
毕业生数	人	989	27995	27942	36517	44792	42857	44204	42182
招生数	人	2591	33084	35749	44285	55940	42933	44609	42846
在校学生数	人	6223	107167	115496	146231	180565	150559	147969	146597
教职工数	人	2106	9103	9426	9891	13973	10407	10750	10575
#专任教师	人	846	5569	5788	5885	8894	6312	6481	6732
中等职业学校									
学校数	所	8	51	51	54	54	54	53	53
毕业生数	人	461	21096	25866	25384	28048	26123	23390	21793
招生数	人	709	37412	33539	32827	27832	28140	27857	28003
在校学生数	人	1931	96402	93868	90143	82198	76547	74350	76158
教职工数	人	601	3760	3895	4180	4166	4176	4299	3929
#专任教师	人	311	2312	2496	2491	2596	2597	2564	2621
普通中学									
学校数	所	52	94	96	98	100	101	104	109
毕业生数	人	13755	43554	42242	40216	39298	33903	39040	37828
招生数	人	14699	42639	39302	40708	38937	38971	40133	43208
在校学生数	人	46810	129048	123157	120404	118514	102355	116555	121425
教职工数	人	3432	11792	12214	12359	12855	8811	13217	13898
#专任教师	人	2408	9606	9992	10166	10508	8016	8926	9305

15—3 续

指　标	单位	1987年	2011年	2012年	2013年	2014年	2015年	2016年	2017年
职业高中									
学校数	所	8	30	30	36	31	31	31	31
毕业生数	人	363	6388	6729	10739	6932	6587	6417	6097
招生数	人	996	8755	10024	14371	8130	8559	7918	8105
在校学生数	人	2138	23379	24931	40488	23072	21114	21553	21873
教职工数	人	219	1488	1534	2613	1444	1270	1324	1473
#专任教师	人	137	1013	1104	1775	978	993	941	1470
小学									
学校数	所	643	295	228	171	170	200	160	157
毕业生数	人	16256	27269	26735	26767	25661	26248	26394	27645
招生数	人	20665	28707	25333	30704	33227	31298	34686	36395
在校学生数	人	103003	170186	166685	168041	173573	179440	187961	195935
教职工数	人	5195	8741	8674	8477	8288	10325	9811	8889
#专任教师	人	4370	8034	7979	7818	7729	9797	9288	8271
小学学龄人口入学情况									
校内外学龄人口	人	93535	169798	167031	163403	171316	179491	184292	193586
在校学龄人口	人	93095	169500	165702	162160	168213	179440	184419	192382
学龄儿童入学率	%	99.5	100.0	100.0	100.0	100	100	100	100

注：2013年起职业高中学校数(含技工学校数)

15—4 普通高等、中等职业学校一览表

（2017年）　　单位：人

指　　标	毕业生数	招生数	在校学生数	教职工数	专任教师
高等学校					
海南大学	10385	10442	38708	3577	1912
海南医学院	5946	5631	18877	1206	753
海南师范大学	5827	6241	23155	1405	1004
海南经贸职业技术学院	2539	2426	7957	517	381
琼台师范高等专科学校（琼台师范学院）	2539	3126	8709	646	467
海南政法职业学院	1520	1602	4690	285	163
海南工商职业学院	2698	1960	5827	402	281
海南职业技术学院	2002	2763	8521	561	301
海口经济学院	5760	6148	22489	1225	866
海南省广播电视台（广播电视大学）	98	76	180	186	96
海南科技职业学院	2842	2431	7484	565	425
海南体育职业技术学院		170	170	147	46
中等职业学校					
海南思乐职业学校					
海南南方民族艺术学校	102	205	615	58	36
海南文理中专技术学校	452	200	772	33	14
海南同文外国语职业学校	156	269	670	36	25
海南省商业学校	1189	1448	4318	216	150
海南省卫生学校	1789	2113	6036	231	158
海南省交通学校	609	807	1931	116	75
海南旅游经济贸易学校	302	329	872	32	20
海南省农垦海口中等专业学校	735	940	2376	140	71
海南省供销学校					
海南省银行学校	548	1008	2674	106	72
海南省农业学校	2495	2832	7946	185	156
海南广播电视中等专业学校					
海口市第一职业中学	752	697	2140	186	157
海南欧鼎商业艺术学校	644	1132	2629	118	65
海南荟艺舞蹈学校	44	34	174	35	19
海南城市工程技术学校	113	264	600	39	19
海南金盘中等职业技术学校	544	807	2015	150	122
海南黄冈传奇职业高级中学	329		282	19	10
海南省第四卫生学校	351	618	1838	125	72

15—4 续

（2017年）　　　　单位：人

指　　标	毕业生数	招生数	在校学生数	教职工数	专任教师
海南珠江源高级职业技术学校	617	946	2347	76	54
海南省机电工程学校	1454	1876	4993	332	219
海南职业外语旅游学校	28	99	140	29	17
海南省华侨商业学校	379	960	2064	136	88
海南省农业广播电视学校	1030	1211	3233	55	27
海南省经济技术学校	1606	1910	5189	247	160
海口经济学院附属中等专业学校					
海南服装工艺美术学校	273	405	941	61	38
海南科技经贸职业学校	22	109	189	29	17
海南医药职业技术学校	157		227	20	11
海南涉外高级职业学校		320	320	30	20
海南雅典艺术学校	23		46	18	8
海南省财税学校	662	1001	2400	76	68
海南实验外国语学院	46			6	4
海南江南职业技术学校	78		141	42	34
海南省文化艺术学校	171	275	784	135	89
海南旅游烹饪技术学校					
海南省电力学校	61		70	65	38
海南立有美术职业技术学校	139	339	851	31	22
海南省海口旅游职业学校	870	1113	3540	215	174
海南省歌舞团附属芭蕾舞蹈学校		37	147	46	25
海口华健幼师职业学校		299	1169	53	41
海南华南高级职业技术学校	377	413	1230	89	42
海南城市建设学校					
海南现代工贸职业学校	48		75	10	5
海南商务旅游学校					
海口市中医药学校	171	141	519	40	30
海南省旅游学校	1596	1762	5001	220	116
海南农工商职业学校					
琼台师范高等专科学校（琼台师范学院）	745	587	1881		
海口经济学院附属艺术学校	31	402	466	32	26
海南精英职业技术学校		25	126	11	7
海南职业技术学院		26	65		
海南体育职业技术学院	55	44	116		
省高级技工学校					
海口市高级技工学校					
海南省交通技工学校					
海南省龙泉技工学校					
海南丽波美容美发学校					
海南食品药品技工学校					

15—5 平均每万人口在校学生数和大中小学生构成

指　　标	1987年	2011年	2012年	2013年	2014年	2015年	2016年	2017年
各级学校在校学生占全市人口(%)	19.2	24.0	23.3	26.04	26.26	23.84	24.44	24.73
平均每万人有大学生(人)	74.10	510.98	539.37	673.53	820.49	677.28	659.52	645.20
平均每万人有中专生(人)	35.10	459.65	438.37	601.68	371.94	439.32	427.45	431.46
平均每万人有中学生(人)	582.50	615.31	575.15	554.58	536.26	460.44	519.5	534.42
平均每万人有小学生(人)	1225.80	811.45	778.43	773.99	785.40	807.20	837.79	862.35
各级学校学生占学生总数(%)								
大学生	3.9	21.3	23.1	25.90	31.24	28.41	26.98	26.09
中专生	1.8	19.2	18.8	23.10	18.22	18.43	17.49	17.44
中学生	30.4	25.7	24.7	21.30	20.51	19.31	21.25	21.61
小学生	63.9	33.8	33.4	29.7	30.03	33.86	34.28	34.86

15—6 各级学校教师负担学生数

单位：人

指　　标	1987年	2011年	2012年	2013年	2014年	2015年	2016年	2017年
高等学校								
教师人数	846	5569	5788	5885	8894	6312	6481	6732
平均每个教师负担学生数	7.4	19.2	19.95	24.9	20.3	23.85	22.83	21.78
中等学校								
教师人数	426	2312	2496	2491	2596	2597	2564	2621
平均每个教师负担学生数	6.9	41.7	37.6	36.19	31.66	29.48	29	29.06
中学								
教师人数	2545	9606	9992	10166	10508	8016	8926	9305
平均每个教师负担学生数	19.2	13.4	12.3	11.84	11.28	12.77	13.06	13.05
小学								
教师人数	4370	8034	7979	7818	7729	9797	9797	8271
平均每个教师负担学生数	23.6	21.2	20.9	21.49	22.46	18.32	19.19	23.69

15—7 幼儿园情况

指 标	单位	1987年	2012年	2013年	2014年	2015年	2016年	2017年
幼儿园数	所	171	492	558	594	635	738	763
在园幼儿数	人	21143	84307	89522	94016	91051	108615	111682
教职工人数	人	902	8561	9818	10782	12634	13453	14894
教养员	人	506	4584	1943	2172	4169	2785	3179

注：2013年教养员为保育员数

15—8 卫生事业情况

（2017年）

机构分类	机构个数	床位数	在岗职工											
			合计	卫生技术人员								其他技术人员	管理人员	工勤技能人员
				小计	执业(助理)医师		注册护士	药师(士)	技师(士)		其他			
						执业医师				检验师				
总 计	**1298**	**16062**	**87944**	**34061**	**12417**	**11175**	**16471**	**1515**	**2050**	**1314**	**2150**	**1214**	**2135**	**3442**
医院	123	12860	64062	24404	8869	8295	12001	1068	1573	952	1598	859	1628	2815
社区卫生服务中心(站)	116	856	4732	1991	587	486	1073	145	53	47	133	66	98	53
卫生院	27	706	2462	1021	368	220	450	101	67	55	35	33	35	77
村卫生室	258	0	292	210	47	15	20	0	0	0	143	0	0	0
门诊部	96	0	2007	847	297	260	424	44	33	26	49	1	1	25
诊所.卫生所.医务室	640	0	5655	2364	1175	937	1169	10	0	0	10	0	0	11
疾病预防控制中心	7	0	1353	400	214	193	48	8	107	104	23	40	99	117
专科疾病防治院(所、站)	7	152	1220	428	197	184	144	39	42	29	6	9	52	90
妇幼保健院(所、站)	6	798	3953	1598	485	419	770	70	97	39	176	117	96	86
急救中心(站)	2	0	260	75	32	31	39	1	1	1	2	33	42	3
采供血机构	1	0	528	194	28	25	114	0	33	33	19	18	22	42
卫生监督所(中心)	6	0	176	75	0	0	0	0	0	0	75	0	22	4
计划生育技术服务机构	5	0	73	27	8	5	6	2	5	4	6	4	3	3
疗养院	3	690	1139	411	110	105	213	27	33	24	28	29	33	126
临床检验中心（所、站）	1	0	32	16	6	0	0	0	6	6	0	5	4	1

注：机构个数不含部队医院。

15—9 文化艺术、体育、广播电视事业情况

指　标	单位	1987年	2011年	2012年	2013年	2014年	2015年	2016年	2017年
电影放映单位	个	39	8	8	11	11	11	26	30
#电影院(场)	个	9	7	7	9	11	11	26	30
电影放映场次	场	16885	64982	57803	72830	100838	104646	153949	430481
电影观众	万人次	890.81	469.96	260.87	428	433.3	587.8	614	923.1
艺术表演团体	个	4	35	35			30		37
文化事业机构数	个								
文化馆	个	2	3	3	3	3	3	4	4
全国体育比赛获奖牌	枚	5	29	41		38	49	149	91
金牌	枚	1	16	13		11	5	31	16
银牌	枚	3	9	16		15	8	20	14
铜牌	枚	1	4	12		12	10	13	24
公共图书馆	个	2	2	2	2	2	2	3	4
公共图书馆总藏量	千册		451	460	573	510	2045	484	490
图书出版印数	亿册		0.73	0.78			0.98	0.62	0.49
杂志出版印数	亿册						0.24	0.0006	
报纸出版印数	亿印张	0.97					3.49	0.68	
博物(纪念)馆	个	4	1	1		1	1	3	6
广播电台	座	2	1	1	1	1	1	1	1
电视台	座	1	1	1		1	1	1	1

15—10 广播电视事业发展情况

指　　标	单 位	2017年
广播		
广播节目综合人口覆盖率	（%）	99.16
#农村	（%）	98.27
广播节目套数	（套）	4
全年制作广播节目时间	（小时）	29200
全年公共广播节目播出时间	（小时）	29200
电视		
电视节目综合人口覆盖率	（%）	99.11
#农村	（%）	98.26
有线广播电视用户数	（户）	
#农村	（户）	
数字电视用户数	（户）	
有线广播电视入户率	（%）	
#农村	（%）	
电视节目套数	（套）	3
全年制作电视节目时间	（小时）	7371
全年公共电视节目播出时间	（小时）	22156.9
全年电视剧播出数	（部）	210
全年电视剧播出数	（集）	6205
广播电视技术及其他		
广播电视总收入	（万元）	14285
广播电视从业人员数	（人）	622
中、短波转播发射台	（座）	
调频转播发射台	（座）	1
电视转播发射台	（座）	1
有线广播电视传输干线网络总长	（公里）	

15—11 广播、电视节目制作情况

单位：小时

指　　标	2017年
广播节目制作	
新　闻	6616:30
专　题	6505:20
综　艺	1008:40
广　告	1475
其　他	4324
电视节目制作	
新　闻	4504
专　题	1074
综　艺	52
影视剧	
广　告	1741
其　他	0

15—12 广播、电视节目播出情况

单位：小时

指　　标	2017年
广播节目播出	
新　闻	6616:30
专　题	6505:20
综　艺	3438:40
广播剧	306
广　告	2838:20
其　他	6890
电视节目播出	
新　闻	6973
专　题	2094
综　艺	10
影视剧	4234
广　告	2961
其　他	100

15—13 交通、火灾事故

指　　标	单位	2010年	2012年	2013年	2014年	2015年	2016年	2017年
交通事故								
交通事故	次	305	574	601	629	585	658	731
死亡人数	人	92	88	115	119	128	121	130
受伤人数	人	374	736	789	739	725	748	758
直接经济损失	万元	120.38	105.60	102.5	96.1	70.1	142	115.3
火灾事故								
火灾	次	339	220	369	421	412	353	404
死亡人数	人	1		5	6	2	2	8
受伤人数	人			1	4	5	7	11
经济损失	万元	135.00	808.70	1118.10	189.4	556.2	560.2	456.8

15—14 婚姻登记情况

单位：对

指　　标	2011年	2013年	2014年	2015年	2016年	2017年
结婚登记	17525	15842	15570	17231	13593	15530
#内地居民登记结婚	16752	15176	14916	16719	13165	15196
涉外登记结婚	773	666	654	512	428	334
离婚登记	3689	2783	3154	3306	3507	4093
#内地居民登记离婚	2690	2693	3061	3201	3429	4010
涉外登记离婚	99	90	93	105	78	83
复婚		251	419		490	784
补办	1820			3378		1256

15—15 各类医疗卫生机构医疗服务及床位利用情况

机构名称	诊疗人次数(万人次)	入院人数(万人)	实际开放总床日数(日)	平均开放病床(张)
总计	**16477232**	**445374**	**5317784**	**14569**
医院	8001022	369778	4424584	12122
#综合医院	6263378	292210	3074629	8424
中医医院	832065	37224	468769	1284
中西医结合医院	20717	1306	19775	54
专科医院	884862	39038	861411	2360
基层医疗卫生机构	6950416	16384	372754	1021
#社区卫生服务中心(站)	2405398	7495	198266	543
卫生院	1777276	4733	174488	478
村卫生室	1282013	0	0	0
门诊部	165702	4156	0	0
诊所、卫生所、医务室	1320027	0	0	0
专业公共卫生机构	1425803	46386	319851	876
#专科疾病防治院(所、站)	275951	2882	42314	116
妇幼保健院(所、站)	1132458	43504	277537	760
急救中心	17394	0	0	0
其他机构	99991	12826	200595	550
#疗养院	99991	12826	200595	550

15—15 续1

机构名称	实际占用总床日数(日)	出院者占用总床日数(日)	病床工作日(日)	病床使用率(%)	平均住院日(日)
总　计	**4422498**	**4188435**	**303.5**	**83.16**	**9.4**
医院	3872371	3691280	319.4	87.52	10.0
#综合医院	2863150	2847521	339.9	93.12	9.8
中医医院	368245	361398	286.7	78.56	9.6
中西医结合医院	7974	7955	147.2	40.32	6.1
专科医院	633002	474406	268.2	73.48	12.0
基层医疗卫生机构	121809	84041	119.3	32.68	5.2
#社区卫生服务中心(站)	79054	50730	145.5	39.87	6.8
卫生院	42755	33311	89.4	24.50	7.0
村卫生室	0	0	0	0	0
门诊部	0	0	0	0	0
诊所、卫视所、医务室	0	0	0	0	0
专业公共卫生机构	275132	259215	214.0	86.02	5.6
#专科疾病防治院(所、站)	32390	21638	279.4	76.55	7.6
妇幼保健院(所、站)	242742	237577	319.2	87.46	5.5
其他机构	153186	153899	278.7	76.37	12.0
#疗养院	153186	153899	278.7	76.37	12.0

主要统计指标解释

普通高等学校　按照国家规定的审批程度批准举办、通过全国统一招生考试、招收中等学校高中毕业生及具有同等学历者，实施高等教育，培养高等专门人才的学校。包括大学、专门学院、专科学校和短期职业大学。

成人高等学校　按照国家规定的审批程序批准举办、招收高中毕业或同等学历者，利用多种形式对成人实施高等教育，培养相当普通高等学校专科或本科专业水平的专门人才的学校。包括广播电视大学、农民高等学校、干部管理学院、教育学院、独立函授学校以及普通高等学校、职工高等学校举办的函授、夜大学等。

中等学校　按照国家规定的审批程序批准设立的、招收小学、初中（或部分高中）毕业生或同等学历者，实施普通中学教育或中等专业技术、职业技术教育的学校。包括中等专业学校、农业中学和职业中学、技工学校、普通中学。

中等中专学校　经国务院部、委或省人民政府批准举办，招收初中（或部分高中）毕业生或同等学历者，实施中等专业教育，培养中等专门人才学校。招收高中毕业生的，修业年限一般为二至三年。中等专业学校分为中等技术学校和中等师范学校两大类。中等技术学校包括工业、农业、林业、医药、财经、大法、体育、艺术等学校；中等师范学校包括培养小学教师的普通师范学校，培养小学外语课师资的外国语师范学校，培养幼儿园教养员的幼儿师范学校等。

农业中学和职业中学　是经县以上教育行政部门批准设立，招收初中和小学毕业生或同等学历者，进行职业（技术）教育和普通教育的学校。

技工学校　经国务院部、委或省人民政府批准设立，招收具有初中毕业文化程度的在职工人或初中、高中毕业生，进行技术培训，培养具备中等技术水平的熟练工人的学校。

普通中学　是经县以上教育行政部门批准设立的，招收小学、初中毕业生，实施普通中学教育的学校。

小学校　经县以上教育部门批准设立，招收学龄儿童，实施初等教育的学校。

幼儿园　指招收三周年以上学龄儿童进行学前教育，并具有三个班以上规模的学前教育单位。

毕业生数　指上学年度内，具有学籍的学生学完教学计划规定的全部课程，考试及格，实际毕业的学生数。不包括结业生和肄业生数。

招生数　新学期开始时，一年级实际招收入学的新生数。

在校学生数　学年初具有学籍的在校学生总数。

教职工数　在学校中工作的固定教职工人数。包括校本部、科研机构、校办工厂、农（林）和附属机构的人员。但不包括：离休、集体所有制的退休、退职人员；学校办的集体所有制单位和学校附属机构中属于集体职工；代课教师和各种临时工。

专任教师　主要从事教学工作的人员。包括临时（一年以内）调去帮助做其他工作的教学人员。但不包括调离教学岗位，担任行政领导工作或其他工作的原教学人员。

学龄儿童入学率　学年初已入小学的学龄儿童数占校内外学龄儿童总数的百分比。

计算公式为：

$$\text{学龄儿童入学率}=\frac{\text{学年初已入学学龄儿童数}}{\text{学年初校内外学龄儿童总数}}\times 1000‰$$

卫生机构　从事医疗保健事业的医院，疗养院、所门诊部、所，专科防治所、站，卫生防疫站，妇女保健所、站，药品检验所、室等的总称。

卫生技术人员　卫生事业机构支付工资的全部固定工和合同制职工中现任职务从事卫生技术工作的人员。包括中医师、西医师、中西医结合高级医师、护师、中药师、西药师、检验师、其他技师、中医士、西医士、护士、助产士、中药剂士、西药剂士、检验士、其他技士、其他中医、护理员、中药剂员、西药剂员、检验员、其他初级卫生技术人员。

医生　经卫生部门审查合格，从事医疗工作的专业人员，包括中医师、西医师、中西结合高级医师、中医士、西医士和其他中医。

电影放映单位　拥有放映机器设备、有固定或不固定的放映场所与专职或兼职的电影放映技术人员，经文化行政部门登记批准，经常为观众放映电影的单位。包括：电影院、影剧院、电影放映队、对外开放的礼堂、俱乐部、对内的礼堂、俱乐部等。

艺术表演团体　从事戏曲、音乐、舞蹈、杂技等专业艺术表演，有独立账户，实行独立核算的团体。

研究与发展经费支出 指用于研究与发展课题活动(基础研究、应用研究、实验发展)的全部实际支出，包括用于研究与发展课题活动的直接支出和间接用于研究与发展活动的支出（如研究院、所管理费，维持研究院、所正常运转的必需费用和与研究发展有关的基本建设支出）。

科学家和工程师 指具有大学本科及以上学历和不具备上述学历但有高、中级职称的人员。

16

城市建设、海洋开发和环境保护

URBAN CONSTRUCTION,MARINE EXPLOITATION AND ENVIRONMENTAL PROTECTION

16—1 自来水生产经营状况

指　　标	单位	2013年	2014年	2015年	2016年	2017年
水 厂	个	**3**	**3**	**3**	**3**	**3**
自来水生产能力	万吨/日	**74**	**74**	**74**	**70**	**62**
各单位自备水源能力	万吨/日	**4**	**20**	**20**	**16**	**14.7**
自来水管道长度	公 里	**1017.44**	**1040.94**	**1056.83**	**1090.35**	**1207.41**
供水总量	万 吨	**20292.88**	**21193.31**	**22062.67**	**22785.87**	**23421.36**
#生产用水	万 吨	2096.20	2131.84	5707.42	5721.46	6239.42
生活用水	万 吨	9635.39	10129.53	11092.63	11530.49	12173.88
生活用自来水普及率	%	**99.99**	**99.8**	**99.9**	**99.9**	**99.9**
人均日生活用水量	升/人日	**172.41**	**185.01**	**217.07**	**210.59**	**210**

注：2002年以后自来水生产经营状况、公共交通、城市建设、海洋开发和环境保护等指标按新海口口径计算，其他年份为原海口数，下同。人均日生活用水量按市区常住人口口径计算.

16—2 公共交通

指　　标	单位	2013年	2014年	2015年	2016年	2017年
年末营运公共汽车	辆	1624	1515	1563	1597	2140
年末出租汽车营运车辆	辆	2761	2947	2780	2680	2895
公共汽车客运总量	万人次	31066	31281	23597.3	20365.5	20752.7
公共汽车营运路线长度	公 里	1452	1776	1805	2411	2727

16—3 市 政 设 施

指　　标	单位	2013年	2014年	2015年	2016年	2017年
年末实有铺装道路长度	公 里	353.17	357.77	419.58	440.1	400.7
年末实有铺装道路面积	万平方米	1466.1	1482.64	1722.2	1552.8	1842.35
年末实有桥梁数	座	86	86	112	127	129
城市排水管道长度	公 里	1085	1146	1525	1684	1741
城市路灯盏数	千盏	34.46	34.65	35.5	37.72	37.91

16—4 城 市 环 境 卫 生

指　　标	单位	2013年	2014年	2015年	2016年	2017年
清扫运输机械数	**辆**	**294**	**319**	**415**	**727**	**656**
#清扫车	辆	28	25	44	202	141
垃圾车	辆	249	277	341	372	360
粪便车	辆	5	5	3	8	10
洒水车	辆	12	12	27	145	145
清除垃圾粪便	**万吨**	**67.15**	**76.97**	**83.49**	**99.6**	**111.6**
#垃圾	万吨	61.51	72.07	78.19	94.5	104.35
粪便	万吨	5.64	4.9	5.3	5.1	7.25
清扫街道面积	**万平方米**	**3760**	**3760**	**3918**	**4656**	**4656**
公　厕	**座**	**294**	**294**	**358**	**442**	**442**

16—5 城 市 绿 化

指　　标	单位	2013年	2014年	2015年	2016年	2017年
城市园林绿地总面积	公顷	4672	5745	5806	5708	5736
建成区绿化覆盖率	%	42.5	42.7	42.9	40.6	40.8
公园数	个	19	19	19	19	19
公园面积	公顷	852.70	852.7	852.7	852.7	922.7
人均公共绿地面积	平方米	11.5	12.5	12.8	12.1	12.3

16—6 海洋开发与管理

指　　标	单位	2013年	2014年	2015年	2016年	2017年
管理人数	人	27	27	24	23	28
海洋废弃物倾倒量	万立方米	3		24.69	50.23	
征收海洋废弃物倾倒费	万 元	0		1.23	15.07	
年度批准海域使用面积	公 顷	255.96	151.94	38.03	28.92	1.69
征收海域使用费	万 元	26331.93	15107.17	793.9	1253.82	51.1

16—7 重点监测海域环境质量状况

年份 / 水质等级 / 海域位置	2013年	2014年	2015年	2016年	2017年
秀英滨海浴场	B	B	B	B	B
假日海滩浴场	B	B	B	B	B

备 注 A：--海滩水　　B：二类海水　　C：三类海水

下标：1、接近该级标准下限值

下标：2、接近该级标准上限值

16—8 工业“三废”排放及处理情况

指　　标	单位	2013年	2014年	2015年	2016年	2017年
废水						
废水排放总量	万 吨	11944.30	12452.43	13113.8	16368.2	16069.2
工业废水排放总量	万 吨	824.36	775.88	696.32	506.58	597.78
工业废水处理量	万 吨	816.15	690.08	637.84	506.58	509.75
工业废水排放达标量	万 吨	824.36	775.88	696.32	506.58	509.75
工业废水处理达标量	万 吨	816.15	690.08	637.84	506.58	509.75
废气						
废气排放量	万标立方米	499457.12	643260①	780194	1184172	830234
燃料燃烧过程中废气排放量	万标立方米					
#经过消烟除尘的	万标立方米					
生产工艺过程中废气排放量	万标立方米					
#经过净化处理的	万标立方米					
工业二氧化硫排放量	吨	1797.84	1772.75	2517.37	593.48	501.82
烟尘排放量	吨	1229.68	938.93	854.38	155.9	112.79
废物						
工业固体废物产生量	万 吨	6.57	5.22	4.60	3.74	5.21
工业固体废物综合利用量	万 吨	6.16	4.02	4.10	3.35	4.62
“三废”综合利用产品产值	万 元					
污染治理						
资金来源合计	万 元	1161.9	3805	2065.1	9563	6593.2
环保补助资金	万 元	224				6198.95
其他	万 元	937.9	3805		9563	394.25
资金使用合计	万 元	1161.9	3805	2065.1	9563	6593.2
治理废水	万 元	707	1748		3995	520.25
治理废气	万 元	108.5	2057		4978	6027.95
治理固体废物	万 元	270.4			480	
治理噪声	万 元	76			110	
排污收费和污染赔(罚)款						
排污费交纳单位	个	479	385②	120	192	235
排污费征收额	万 元	513	500③	1474.96	499.94	666.31
排污费支出额	万 元					

注：①2014年海口市工业废气排放量较2013年增大的原因主要是海口市多家煤矸石砖厂排放的废气量较去年有所增加；
②2014年排污收费单位合计385家，其中，工业排污收费单位110家，建筑工地收费单位275家；
③2014年排污收费合计500万元，其中，工业排污收费93万元，建筑工地排污收费417万元。

16—9 自然资源

	2017年
地理位置	
东经(度)	110°10'-110°41'
北纬(度)	19°32'-20°05'
土地和海洋	
国土面积(万平方公里)	0.3119
陆地面积(万平方公里)	0.2289
海洋面积(万平方公里)	0.083
岛屿个数(个)	15
岛屿面积(平方公里)	22.27
水利资源	
独流入海河流(条)	9
水力资源理论蕴藏量(万千瓦)	1.2
#可开发量	0.613
地下水资源储量(万立方米)	
淡水总面积(万公顷)	11520
水库库容（万立方米）	31303.07
森林资源	
森林覆盖率（%）（2012年底数）	38%
红树林（万公顷）	0.1771
野生植物（种）	1356
野生动物（种）	140
旅游资源	
自然保护区（个）	1
国家级	1

16—10 森林资源情况

项　　目	2017年
林地面积（万公顷）	8.9870
森林面积（万公顷）	8.6795
人工林	5.4898
森林覆盖率（%）	38
活立木总蓄积量（万立方米）	280
森林蓄积量（万立方米）	257

16—11 植树造林情况

单位：公顷

项　　目	2017年
荒山荒(沙)地造林面积	136.86
用材林	20.47
经济林	434.21
防护林	869.76
薪炭林	
特种用途林	15.84
有林地造林面积	
更新造林面积	1190.09
零星(四旁)植树(万株)	10.95

主要统计指标解释

自来水厂生产能力 是指自来水取水、净化、送水、出厂输水干管等环节的综合生产能力，按实际生产能力计算。供水高峰阶段、超负荷增加的生产能力不予计算。不包括各单位自备水源能力，但包括厂矿企业为全市服务的自备水源能力。

各单位自备水源能力 是指城建部门供水系统以外的厂矿、企业、服务行业、机关、学校等的自备水源能力（如厂矿企业自备水源为全市服务，已计算在公用自来水厂生产能力内，则不重复计算）。

供水总量 是指自来水厂供出厂外的全部水量，包括有效供水量及损失水量。

年末营运汽车 是指经上级主管机关核准用于营运业务的全部车辆数。包括技术完好的、在修的、待修的、长期停驶的以及拟报废尚未经批准的车辆。

客运总量 是指城市公共交通企业实际运送的乘客人数，包括月票乘客人次、普通乘客人次和团体包车乘客人次。

年末实有铺装道路长度与面积 城市道路是指城区和郊区范围内修筑的交通路线，包括全市性干道、高速道路、工业区道路和住宅区道路，但不包括土路和街坊内部的胡同、里弄。道路长度与面积是指除土路外的路面经过铺装的道路，包括高级、次高级道路和普通道路。

城市下水道长度 下水道是凡是超汇集排除户院、街坊、工厂、学校雨污水作用，埋在地下各种结构的管道。下水道总长度是所有排水总管、干管、支管及暗渠、检查井、连接井进出水口等长度之和。

城市园林绿地总面积 是指城市公共绿地、专用绿地、生产绿地、防护绿地、郊区风景名胜区的全部面积。

公共绿地是指供游览休息的各种公园、动物园、植物园、陵园以及花园、游园和供游览休息用的林荫道绿地，广场绿地，不包括一般栽植林荫道的面积；专用绿地是指居住区以及工厂、机关、学校、医院、部队等单位的绿地；生产绿地是指为城市园林绿化生产苗木、花草的苗圃、草圃以及果园、竹园等；防护绿地是为保护和改善城市环境的各种防护林带；郊区风景名胜区是指城市郊区的风景名胜区。包括市区构不成风景区的风景林面积。

废水排放总量 包括生产废水和生活污水。生产废水指企、事业单位在生产、科研过程中向外环境排放的所有热电厂放口的废水量总和。生活污水指城镇居民区和企、事业单位职工集中居住区排放的污水量。

工业废水排放量 指经过工业企业所有排放口排到企业外的生产废总量，包括外排的直接冷却水和矿区超标排放有毒有害矿井地下水，但不包括外排的间接冷却水（清污不分流的应计算在内）。

工业废水达标量 指全面达到国家排放标准的外排工业废水量（包括经营处理和未经处理的），但不包括虽经处理仍未达到国家排水标准的工业废水。国家尚未正式颁布标准的，以地方制订的标准为准。

工业废水处理量 指经过各种处理装置净化处理后的外排工业废水量（包括虽经处理仍未达到国家或地方标准的外排工业废水量）。

废气排放总量 指燃料燃烧和生产工艺过程中排放的各种废气总量，以标准状态下每年万标立方米表示。

燃料燃烧过程中废气排放量 指燃煤、油、气锅炉及工业窑炉在燃烧过程中所排废气的总量。

消烟除尘的废气量 指经过消烟除尘装置处理的烟气量。

工业粉尘排放量 指生产工艺过程中排放的固体粉状物重量。

工业粉尘加收量 指经过各种回收处理装置回收的工业粉尘和尘泥量（包括干法和湿法）。

工业固体废物生产量 指工矿企业、事业单位在生产（试验）过程中产生的固体废弃物总量，不包括矿山开采的剥离废石和掘进废石（煤矸石除外）。

工业固体废物综合利用量 指已用作农业肥料、造田、生产建筑材料，以及其他方式综合利用的工业固体废物量（不包括填埋和焚烧量）。

“三废”综合利用产品产值 指企业利用“三废”作为主要原料生产和回收利用的产品出售后所得的利润额。

17

人民生活

PEOPLE'S LIVELIHOOD

17—1 城镇常住居民家庭抽样调查基本情况

指　　标	单位	2012年	2013年	2014年	2015年	2016年	2017年
调查户数	户	300	312	310	325	331	325
平均每户家庭人口	人	3.08	3.08	3.28	3.22	3.31	3.33
平均每户就业人口	人	1.35	1.45	1.59	1.55	1.7	1.7
平均每户就业面	%	43.8	47.1	48.5	48.1	51.4	51.1
平均每人家庭总收入	元	23952.91	26145.19	28803.62	29056.54	36271.08	37171.92
#可支配收入	元	22331.00	24461	26530	28535	30775	33320
平均每人借贷收入	元	8071.43	8306.74	708.94	1374.06	3482.33	3665.62
#提取储蓄款	元	7776.46	7841.55	648.91	1185.15	3205.33	3665.25
平均每人家庭总支出	元	19164.02	20973.13	26742.82	25073.1	29166.11	29598.72
#消费性支出	元	15759.98	16855.56	20097	21809	23780	26110
平均每人借贷支出	元	12687.10	12796.99	2980.72	1726.93	655.23	852.56
#存入储蓄款	元	12198.64	11376.87	2046.84	956.31	177.39	145.06
平均每人居住面积	平方米	29.75	29.95	29.99	30.1	30.12	30.16
平均每户净存款	元	13620.30	10888.79				
平均每户年末手存现金	元	1915.76	1735.68				

注：2000年、2009年、2010年城市居民居住面积指标为使用面积,2011年以后的居住面积指标为建筑面积。2014年统计口径变化，收支数据与上年不可比，平均每户净存款和平均每户年末手存现金两个指标不再统计。

17—2 城镇常住居民家庭基本情况

（2017年）

指　　标	单 位	总 计	低收入户	中低收入户	中等收入户	中高收入户	高收入户
基本情况							
调查户	户	325	64.00	66.00	65.00	65.00	65.00
平均每户家庭人口	人	3.33	4.11	3.39	3.60	2.92	2.61
平均每户就业人口	人	1.7	1.82	1.76	1.77	1.58	1.55
平均每户就业面	%	51.1	44.30	51.90	49.20	54.10	59.40
平均每人家庭总收入	元	37171.92	15115.19	23517.46	32148.56	46914.42	91782.51
#可支配收入	元	33320	14128.91	21579.36	30015.68	41361.95	76364.54
平均每人借贷收入	元	3665.62	1476.46	1487.32	5774.88	3984.19	7953.79
#提取储蓄款	元	3665.25	1476.46	1487.32	5774.88	3984.19	7951.25
平均每人家庭总支出	元	29598.72	14462.09	18520.32	28861.89	35371.64	66004.23
#消费性支出	元	26110	12947.37	15602.43	20462.74	25103.45	42373.23
平均每人借贷支出	元	852.56	33.02	199.83	608.51	1640.38	1648.95
#存入储蓄款	元	145.06	17.33		165.05	386.46	542.56
平均每人总建筑面积	平方米	30.16	16.97	16.15	29.59	25.08	40.55
平均每户净存款	元						
平均每户年末手存现金	元						

17—3 不同收入水平的城镇常住居民家庭人均收入和支出

（2017年）

指　　标	单 位	总平均	低收入户	中低收入户	中等收入户	中高收入户	高收入户
家庭总收入	元	**37171.92**	**15115.19**	**23517.46**	**32148.56**	**46914.42**	**91782.51**
#工薪收入	元	23535.68	11680.36	16674.74	21361.20	25245.86	61784.74
经营性收入	元	4919.87	1374.65	1857.89	2032.19	6335.53	13063.81
财产性收入	元	2078.84	932.45	1189.27	2771.26	2142.97	4236.35
转移性收入	元	6637.52	1127.74	3795.55	5983.91	13190.05	12697.61
出售财物收入	元	461.42	0.12			2.23	3174.49
借贷收入	元	3665.62	1476.46	1487.32	5774.88	3984.19	7953.79
消费支出	元	**26110.00**	**12947.37**	**15602.43**	**20462.74**	**25103.45**	**42373.23**
食品	元	9167.00	5235.85	7171.73	8346.43	10185.22	11244.33
衣着	元	989.00	370.01	540.98	876.28	940.67	2374.03
设备用品及服务	元	1545.00	434.71	559.42	823.58	1499.00	3342.04
医疗保健	元	1488.00	1564.61	620.21	962.51	1334.59	3969.95
交通与通讯	元	4455.00	924.80	1541.51	2041.64	3903.58	7287.35
娱乐教育文化服务	元	2763.00	1313.83	1669.74	2378.43	1609.49	4988.98
居住	元	5244.00	3000.29	3342.92	4751.97	5109.05	7511.61
杂项商品与服务	元	459.00	103.27	155.92	281.90	521.85	1654.94
消费支出构成	%	100.00	100.00	100.00	100.00	100.00	100.00
食品	%	35.11	40.44	45.97	40.79	40.57	26.54
衣着	%	3.79	2.86	3.47	4.28	3.75	5.60
设备用品及服务	%	5.92	3.36	3.59	4.02	5.97	7.89
医疗保健	%	5.70	12.08	3.98	4.70	5.32	9.37
交通与通讯	%	17.06	7.14	9.88	9.98	15.55	17.20
娱乐教育文化服务	%	10.58	10.15	10.70	11.62	6.41	11.77
居住	%	20.08	23.17	21.43	23.22	20.35	17.73
杂项商品与服务	%	1.76	0.80	1.00	1.38	2.08	3.91

17—4 城镇常住居民家庭人均可支配收入和消费性支出

（按收入水平分组）　　单位：元

指　标	2012年	2013年	2014年	2015年	2016年	2017年
人均可支配收入	22331.00	24461.00	26530.00	28535.00	30775.00	33320.00
最低收入户	6575.38					
#更低收入户	5189.33					
低收入户	10703.65	9589.99	10449.74	11220.55	13295.03	14128.91
中等偏下户	15263.14	14794.35	17021.01	18844.43	19906.14	21579.36
中等收入户	20962.13	20814.99	23179.99	26249.24	27121.34	30015.68
中等偏上户	27656.26	31372.17	32883.39	36165.35	38205.91	41361.95
高收入户	40339.15	59021.90	60551.97	63438.44	73136.85	76364.54
最高收入户	69337.31					
人均消费性支出	15759.98	16855.56	20097.00	21809.00	23780.00	26110.00
最低收入户	6382.15					
#更低收入户	5958.90					
低收入户	10055.83	7908.94	10688.27	11376.91	11818.57	12947.37
中等偏下户	12057.48	10771.42	12187.31	13951.29	15003.46	15602.43
中等收入户	14494.76	15987.90	17143.75	18360.77	18554.69	20462.74
中等偏上户	19461.71	21615.34	26391.89	27531.81	26181.31	25103.45
高收入户	27186.84	35539.10	41631.58	35850.96	45175.87	42373.23
最高收入户	38080.19					

注：2013年最低收入户及最高收入户指标取消。

17—5 不同收入水平的城镇常住居民家庭人均年主要消费品购买量

（2017年）

指　标	单 位	总平均	低收入户	中低收入户	中等收入户	中高收入户	高收入户
鲜　菜	千克	117.94	117.49	119.09	118.6	140.72	99.18
食用植物油	千克	8.91	7.65	8.74	9.72	11.94	9.18
猪　肉	千克	30.85	31.74	32.68	30.59	33.38	20.03
牛 羊 肉	千克	4.51	3.42	4.02	5.47	6.11	4.81
家　禽	千克	23.41	22.11	26.11	24.62	26.11	14.92
鲜　蛋	千克	4.47	3.53	4.59	4.57	5.00	7.17
鱼　虾	千克	26.54	21.62	28.03	31.07	30.19	18.98
酒	千克	49.29	18.84	33.47	83.76	67.06	85.85
瓜　果	千克	46.86	32.44	48.90	45.96	59.81	60.01
糕　点	千克	4.21	2.77	3.69	3.18	5.28	8.73
奶　品	千克	7.80	5.51	7.84	10.57	6.56	14.12
鞋　类	双	1.47	1.03	1.55	1.8	1.33	2.14
液化石油气	千克	17.76	16.65	22.24	18.70	21.80	6.56

17—6 不同收入水平的城镇常住居民家庭主要耐用消费品购买量

（2017年）

指　标	单 位	总 计	低收入户	中低收入户	中等收入户	中高收入户	高收入户
助力车	辆	16	2	1	3	6	4
家用汽车	辆	4		1	1	1	1
洗衣机	台	20	1	4	4	3	8
电冰箱	台	15		3	3	2	7
彩色电视机	台	11	1	2	3	1	4
组合音响	套	1				1	
照相机	台						
空调器	台	24	1	2	4	9	8
电炊具	台						
沐浴热水器	台	18	4	5		3	6
普通电话	部	10	2	3	1	4	
移动电话	部	107	18	14	23	29	23

17—7 不同收入水平的城镇常住居民家庭年末主要耐用消费品拥有量

（2017年）

指 标	单 位	总 计	低收入户	中低收入户	中等收入户	中高收入户	高收入户
摩托车	辆	7	2	2	1		2
助力车	辆	325	79	71	72	56	46
家用汽车	辆	92	7	8	16	22	39
洗衣机	台	260	45	42	57	55	61
电冰箱	台	295	55	56	62	60	61
彩色电视机	台	329	67	62	67	65	67
家用电脑	台	264	36	46	50	54	77
组合音响	套						
摄像机	台						
照相机	台	60	3	5	8	18	26
中高档乐器	件	21	1	3	4	6	7
微波炉	台	124	15	16	23	28	42
空调器	台	388	49	60	67	82	130
电炊具	台						
沐浴热水器	台	296	54	53	63	60	65
普通电话	部	161	19	27	41	36	38
移动电话	部	815	161	161	180	166	147

17—8 城镇常住居民居住情况

（2017年）

指　　标	调查户数（户）
总　　计	325
一、按使用面积分	325
无房户	
1.10平方米以内	
2.10-20平方米	29
3.20-30平方米	12
4.30-60平方米	58
5.60-90平方米	92
6.90-120平方米	93
7.120-200平方米	23
8.200平方米以上	18
二、按房屋产权分	325
租赁公房	2
租赁私房	71
原有私房	47
房改私房	118
商品房	62
其它	25
三、按自来水使用情况分	325
无自来水	1
独用自来水	323
公用自来水	1
四、按卫生设备拥有情况分	325
无卫生设备	5
有浴室厕所	302
有厕所无浴室	8
公用卫生设备	10
五、按燃料使用情况分	325
管道天然气	136
罐装液化石油气	172
煤	
其他	17
六、按电话拥有情况分	325
无电话	
有电话	325
七、按住宅建设式样分	325
家庭单栋配套楼房	70
单元式配套住宅	242
一居室	38
二居室	84
三居室	107
四居室及以上	13
普通楼房	13
其他住宅	

17—9 农村常住居民家庭人均现金收入情况

单位：元

指　　标	2012年	2013年	2014年	2015年	2016年	2017年
总现金收入	**9048**	**10240**	**11489**	**12695**	**13964**	15284
家庭生产经营收入	4252	4770	5762	6257	6695	7044
第一产业收入	3303	3554	4123	4470	4686	4713
#农　业	1714	1052	1132	1223	1282	1537
林　业	444	428	170	65	74	121
牧　业	981	1831	2418	2774	2919	2989
渔　业	164	243	402	408	411	66
第二产业收入	45	229	369	395	414	275
#工　业		86	119	120		275
建筑业	45	143	250	275		
第三产业收入	904	987	1270	1392	1595	2056
#出售其他产品收入						
第三产业服务性现金收入	904	987	1270	1392	1595	2056
餐饮、批零业	339	656	693	764	893	1433
社会服务业		96	141	147	152	130
交通、运输业	399	235	357	391	448	332
其　他	166		79	90	102	161
工资性收入	3552	4093	4478	5060	5662	6228
在非企业组织中劳动得到收入	442					
在本乡地域内劳动得到收入	2475					
外出从业得到收入	635					
财产性收入	442	470	331	341	354	680
转移性收入	764	907	918	1037	1253	1332
非收入现金所得	**2495**	**1869**	**1914**	**2189**	**2469**	2490
非借贷性现金所得	2282	936	903	1391	1577	2087
借贷性现金所得	213	933	1011	798	892	403

17—10 农村常住居民家庭人均现金支出情况

单位：元

指　　标	2012年	2013年	2014年	2015年	2016年	2017年
总现金支出	**7213**	**8655**	**9997**	**11061**	**12295**	12304
生产费用支出	1282	1781	2148	2427	2803	2491
家庭生产经营费用支出	1271	1704	2125	2388	2752	2464
第一产业生产费用支出	1205	1533	1794	2033	2365	2304
#农　业	623	420	488	512	575	458
林　业	79	29	13	18	41	46
牧　业	448	962	1157	1356	1576	1774
渔　业	56	122	136	147	173	26
第二产业生产费用支出		59	130	146	163	24
#工　业		27	35	43	47	24
建筑业		32	95	103	116	
第三产业生产费用支出	66	112	201	209	224	136
餐饮、批零业	2	86	107	113	115	8
社会服务业		18	8	10	14	51
交通、运输业	63	7	70	68	73	76
其　他	1	1	16	18	22	1
购置生产性固定资产支出	11	73	23	39	51	27
建、造生产性固定资产雇工支出		4		5		
税费支出						
生活消费支出	5563	6370	7281	8040	8865	9362
食品	2805	3070	2852	3218	3676	3700
衣着	221	236	289	309	380	388
居住	828	992	1456	1516	1538	1584
家庭设备、用品及服务	264	312	453	475	502	507
交通和通讯	489	676	686	828	1039	1222
文化教育、娱乐用品及服务	411	509	978	1048	1151	1121
医疗保健	326	370	453	520	433	646
其他商品和服务	219	205	114	126	146	194
财产性支出				9	19	25
转移性支出	358	504	568	585	608	426
非消费性支出	**692**	**2715**	**1723**	**1780**	**2523**	2304

17—11 农村常住居民家庭人均收入情况

单位：元

指　　标	2012年	2013年	2014年	2015年	2016年	2017年
人均总收入	**9844**	**11078**	**12463**	**13771**	**18646**	18914
工资性收入	**3193**	**3680**	**5265**	**5937**	**9252**	9466
在非企业组织劳动得到	397					
在本地劳动得到	2225					
常住人口外出从业得到	571					
家庭经营收入	**5478**	**5971**	**5754**	**6257**	**7801**	7141
第一产业收入	4405	4477	4198	4470	5638	4810
第二产业收入	223	281	349	395	216	275
第三产业收入	850	1213	1207	1392	1947	2056
财产性收入	**404**	**430**	**322**	**373**	**371**	680
转移性收入	**769**	**997**	**1122**	**1204**	**1222**	1627
人均纯收入	**8134**	**9155**	**10290**	—		
工资性收入	**3193**	**3680**	**5265**	**5937**	**6644**	7414
在非企业组织劳动得到	397					
在本地劳动得到	2225					
常住人口外出从业得到	571					
家庭经营净收入	**3822**	**4221**	**3921**	**4132**	**4411**	4535
第一产业收入	2969	3200	2527	2729	2876	2413
第二产业收入	40	63	299	261	306	251
第三产业收入	813	958	1095	1142	1229	1871
财产净收入	**397**	**430**	**322**	**367**	**384**	444
转移净收入	**687**	**824**	**1122**	**1199**	**1240**	1370
可支配收入	**–**	**–**	**10630**	**11635**	**12679**	13763

注：2014年以前农村住户使用人均纯收指标，人均纯收入=工资性收入+家庭经营收入+财产性收入+转移性收入；2014年使用可支配收入，人均可支配收入=工资性收入+家庭经营收入+财产性收入+转移性收入

17—12 农村常住居民家庭人均支出情况

单位：元

指　　标	2012年	2013年	2014年	2015年	2016年	2017年
总支出	7538	8790	10109	11524	12619	13129
家庭经营费用支出	1271	1465	1889	2266	2691	2509
第一产业支出	1205	1255	1602	1938	2341	2349
第二产业支出		50	100	129	149	25
第三产业支出	66	160	187	199	201	135
购置生产性固定资产支出	12	40	23	39	51	27
建、造生产性固定资产雇工支出		6		5		
生活消费支出	5887	6740	7629	8428	9262	10142
食品	3093	3249	2988	3373	3825	4219
衣着	221	250	304	324	336	345
居住	865	1050	1526	1589	1713	1836
家庭设备、用品及服务	264	330	475	498	518	538
医疗保健	489	715	475	545	602	720
交通通讯	411	539	719	868	981	1115
文教娱乐用品及服务	326	391	1025	1099	1142	1217
其它商品及服务	218	216	119	132	145	152
财产性支出				9.3	11	25
转移性支出	368	539	568	585	604	426

17—13 农村家庭平均每百户年末主要耐用消费品拥有量

指　　标		2012年	2013年	2014年	2015年	2016年	2017年
洗衣机	台	24	30	33.8	33.7	40.8	44.9
电冰箱	台	41	44	51.3	54.2	65.5	69.4
空调机	台	21	23	27.5	28.9	43.9	47.2
热水器	台	59	51.4	58.3	59.4	69.7	71
摩托车	辆	74	75	81	74.3	71.4	71.7
电话机	部	15	23	28	16.5	17	15.9
移动电话机	部	280	250	277.5	265.9	300.6	301.6
彩色电视机	台	112	105	113	104.4	107.2	107.6
黑白电视机	台						
照相机	台	1	6	2.5	4	1.9	1.9
抽油烟机	台	4	11	9.6	10	15.8	17.9
微波炉	台	2	14	12.9	14.9	10	10.9
汽车	辆	1.4	7.7	8.8	11.2	11.1	12.9
影碟机	台	3					
家用计算机	台	8	20	23	23.3	26.9	29.6

17—14 农村常住居民人均主要食品消费量

单位：公斤

指　　标	2012年	2013年	2014年	2015年	2016年	2017年
粮食消费量	**167**	**165**	**158**	**152**	**156.8**	**153.07**
谷物消费量	168	160	153.7	147.4	145.3	146.6
薯类消费量		0.2	0.3	0.5	0.92	0.78
豆类消费量	1	5	4	4.1	7.2	5.69
油脂类消费量	6	6	7.5	7.1	7.1	7.56
蔬菜及菜制品类消费量	**100**	**102**	**98**	**101**	**109.5**	**102.95**
瓜 类	1	5	6.5	7.6	8.5	8.8
水果类	6	5	8.5	9.1	10.5	10.9
肉禽及其制品	44	37	41.5	42	58.9	55.38
猪 肉	15	17	18.9	20.1	28.48	25.71
牛 肉	1	1	1.1	1.1	1.81	1.89
羊 肉	1	1	1.1	1	1.86	2.08
家禽及其他	23	15	18.7	18.2	25.27	24.52
蛋类及蛋制品	2	1	2.2	2.3	2.6	1.78
水产品	17	15	15.1	16.7	21.21	20.79
食 糖	1	1	0.9	0.9	0.81	0.75
酒 类	4	6	5.7	5.3	4.98	3.84

17—15 农民家庭基本情况

指　标	单 位	2012年	2013年	2014年	2015年	2016年	2017年
调查户数	**户**	**140**	**220**	**240**	**249**	**259**	**256**
家庭常住人口	**人**	**624**	**920**	**935.5**	**946**	**1006**	**983**
平均每户常住人口	人	4.46	4.18	3.9	3.8	3.9	3.8
家庭劳动力人数	**人**	**354**	**554**	**561**	**594**	**658**	**641**
期末生产性固定资产原值	**元/人**	**694**	**2470**	**2731**	**2243**	**1602.6**	**1121.82**
农 业	元/人	308	96	690	454	406	602
住房面积	平方米/人	31.80	31.9	32	32.2	32.6	32.8
住房价值	元/平方米	1055	1054	1380	1498	1647	1606
居住条件							
住房有卫生设备的住户	户	121	182	196	205	212	211
使用安全饮用水的住户	户	140	220	229	231	238	237
燃料使用情况							
使用液化气的住户	户	84	81	96	100	149	150
使用柴草的住户	户	50	117	123	110	67	66
生活用电数量	**度/户**	**941**	**950**	**1102**	**1203.8**	**1162.8**	**1175.5**

主要统计指标解释

居民可支配收入：居民可支配收入指居民可用于最终消费支出和储蓄的总和，即居民可用于自由支配的收入。既包括现金收入，也包括实物收入。按照收入的来源，可支配收入包含四项，分别为：工资性收入、经营净收入、财产净收入和转移净收入。

工资性收入 指就业人员通过各种途径得到的全部劳动报酬和各种福利，包括受雇于单位或个人、从事各种自由职业、兼职和零星劳动得到的全部劳动报酬和福利。

经营净收入 指住户或住户成员从事生产经营活动所获得的净收入，是全部经营收入中扣除经营费用、生产性固定资产折旧和生产税之后得到的净收入。计算公式为：

经营净收入=经营收入-经营费用-生产性固定资产折旧-生产税

财产净收入 指住户或住户成员将其所拥有的金融资产、住房等非金融资产和自然资源交由其他机构单位、住户或个人支配而获得的回报并扣除相关的费用之后得到的净收入。财产净收入包括利息净收入、红利收入、储蓄性保险净收益、转让承包土地经营权租金净收入、出租房屋净收入、出租其他资产净收入和自有住房折算净租金等。财产净收入不包括转让资产所有权的溢价所得。

转移净收入 计算公式为：转移净收入=转移性收入-转移性支出

转移性收入 指国家、单位、社会团体对住户的各种经常性转移支付和住户之间的经常性收入转移。包括养老金或退休金、社会救济和补助、政策性生产补贴、政策性生活补贴、救灾款、经常性捐赠和赔偿、报销医疗费、住户之间的赡养收入，本住户非常住成员寄回带回的收入等。转移性收入不包括住户之间的实物馈赠。

转移性支出 指调查户对国家、单位、住户或个人的经常性或义务性转移支付。包括缴纳的税款、各项社会保障支出、赡养支出、经常性捐赠和赔偿支出以及其他经常转移支出等。

居民消费支出：居民消费支出是指居民用于满足家庭日常生活消费需要的全部支出，既包括现金消费支出，也包括实物消费支出。消费支出可划分为食品烟酒、衣着、居住、生活用品及服务、交通通信、教育文化娱乐、医疗保健以及其他用品及服务八大类。

食品烟酒 指用于各种食品和烟草、酒类的支出。

衣着 指与居民穿着有关的支出，包括服装、服装材料、鞋类、其他衣类及配件、衣着相关加工服务的支出。

居住 指与居住有关的支出，包括房租、水、电、燃料、物业管理等方面的支出，也包括自有住房折算租金。

生活用品及服务 指家庭及个人的各类生活品及家庭服务。包括家具及室内装饰品、家用器具、家用纺织品、家庭日用杂品、个人用品和家庭服务。

交通通信 指用于交通和通信工具及相关的各种服务费、维修费和车辆保险等支出。

教育文化娱乐 指用于教育、文化和娱乐方面的支出。

医疗保健 指用于医疗和保健的药品、用品和服务的总费用。包括医疗器具及药品，以及医疗服务。

其他用品及服务 指无法直接归入上述各类支出的其他用品与服务支出。

城镇居民家庭就业人口 指从事社会劳动并取得劳动报酬或经营收入的人口。不论在国有经济单位、集体所有制单位、其他各种经济类型单位工作或从事个体经营，不论有固定性职业或临时性职业都是就业人口。各学校在校学生在假期参加劳动，虽然领取一定的报酬，但不计算为就业人口。

“就业人口”包括“国有经济单位职工”、“集体所有制单位职工”、“其他各种经济类型单位职工”、“个体经营者”、“个体被雇人员”、“离退休再就业人员”及“其它就业人口”等七项。

18

社会服务及其他

SOCIAL SERVICE AND OTHERS

18—1 优抚、社会救济和福利事业情况

项　　目	2017年
优抚事业	
优抚收养性事业单位数（个）	1
#编制登记	
优抚收养性单位收养人数(人次)	9
优抚事业费用(万元)	5685
社会救济	
社会救济总人数(人)	25878.0
城乡居民最低生活保障人数(人)	22207
城镇	4626
农村	17581
城乡居民最低生活保障家庭户数(户)	10151
城镇	2605
农村	7546
城乡居民最低生活保障金支出(万元)	92260.14
城镇	2334.15
农村	6991.99
社会救济福利事业费（万元）	14156
自然灾害冬春救助费（万元）	378
社会福利	
社会福利收养性事业单位数(个)	2
编制登记	2
工商登记	
民政登记	
未登记	
社会福利收养性事业单位收养人数	203
编制登记	
工商登记	
民政登记	
未登记	
社会福利企业单位（个）	
安排“四残”人员就业数（人）	
编制登记	
工商登记	
城乡基层社会保障	
农村建立社会保障网络乡镇数(个)	
城镇社区服务设施数(个)	
社区服务中心数	210
社区服务站数	210
城镇社区服务设施数	210

18—2 优抚对象人员情况

项　　目	2017年
享受定期抚恤金人数	425
烈属	375
因公牺牲军人家属	16
病故军人家属	34
优待优抚对象人数	4210
优待军属户数	1716
享受定期补助人数	473
在乡复员军人	428
红军失散人员	2

18—3 革命伤残人员享受抚恤情况

单位：人

项　　　目	2017年
合计	**726**
一级	4
二级	1
三级	4
四级	7
五级	42
六级	109
七级	169
八级	207
九级	128
十级	55

18—4 自治组织情况

单位：个、人

项　　　目	2017年
单位数(个)	458
#村民委员会	248
社区居委会	210
年末成员数(人)	2971
#女性	913
村民委员会	1717
社区居委会	1254

18—5 社会保险基本情况

单位：人、万元

年份	失业保险			城镇职工基本医疗保险		工伤保险		年末参加生育
	年末参保人数	全年发放失业保险金人数	全年发放失业保险金	年末参保职工人数	年末参保退休人员	年末参保人数	年末享受工伤待遇的人数	
1995	90051	2923	74	25797	4078	82378	3	
1996	85249	4703	108	28540	5236	85062	9	
1997	82552	1742	249	30268	6439	76043	58	
1998	80530	1945	222	32865	8201	75296	6	
1999	81801	2566	108	39728	9902	79232	18	
2000	75285	6533	894	49070	13632	84277	3	
2001	78206	17194	1225	57736	15816	79685	8	
2002	65600	16484	682	65710	19600	81750	127	65710
2003	66861	22793	851	69135	22017	79976	141	69135
2004	102578	45074	1840	102599	33477	99269	245	100500
2005	82231	59614	1985	106453	38397	113612	313	103353
2006	108249	100320	3953	115593	40989	107509	293	106400
2007	115774	111362	4238	126851	45457	114318	355	114124
2008	127517	76942	3832	142951	59609	127276	367	127294
2009	234110	79259	4595	249761	63401	149127	559	142265
2010	270510	65387	4899	283945	66536	155095	507	157977
2011	316326	57447	4541	329549	69496	180855	617	181309
2012	359956	65222	5534	353926	72872	223425	649	217558
2013	388735	88981	12680	379255	78925	235282	778	229476
2014	415950	94142	10156	489470	83058	250063	720	244347
2015	468101	75063	8967	319134	87192	272318	678	267210
2016	488739	66393	8646	388944	91554	357506	731	298573
2017	462180	69122	13927	435300	94832	405359	826	400167

18—6 社会保险基金收支及累计结余

单位：万元

年 份	合 计	基本养老保险	失业保险	城镇基本医疗保险	工伤保险	生育保险
1993	5067.79	4924.24	187.27		143.55	
1994	8151.24	7931.04	350.03		220.20	
1995	9315.42	8304.58	395.34	780.45	230.39	
1996	11092.75	8397.81	541.88	2480.92	214.02	
1997	15359.31	11913.85	471.76	3153.40	292.06	
1998	15887.58	12613.03	555.33	3005.07	269.48	
1999	18492.18	14033.55	1021.60	4136.93	321.70	
2000	23331.75	16367.63	1110.19	6530.22	433.90	
2001	26217.77	19235.74	1705.60	6579.08	402.95	
2002	29522.12	21735.31	1922.40	6970.35	404.28	412.18
2003	33097.57	24161.50	2176.97	8051.49	486.26	398.32
2004	50407.62	35800.47	2745.00	13213.87	770.43	622.85
2005	56326.47	41801.85	3906.72	12950.89	909.99	663.74
2006	75329.74	56368.19	4567.57	16965.46	1173.75	822.34
2007	92459.95	68689.65	5472.83	21457.52	1324.11	988.67
2008	105423.67	76939.87	6869.80	25595.50	1651.42	1236.88
2009	141608.70	103303.82	6747.20	35754.24	1519.88	1030.76
2010	151642.56	111591.53	6840.89	37521.36	1506.83	1022.84
2011	228619.18	168092.33	14214.33	54802.25	3324.31	2400.29
2012	249718.56	180182.21	15664.92	63095.40	3497.56	2943.39
2013	276652.33	197288.39	9897.91	71815.89	3842.95	3705.10
2014	136883.17	19114.68	1137.73	107949.11	4294.57	4387.08
2015	415413.45	265072.29	13103.64	127571.68	4656.12	5009.72
2016	537403.42	357019.81	13477.31	152720.94	8762.55	5422.81
2017	678408.98	454132.79	13081.24	184709.18	14759.25	11726.52

注：2007年及以后城镇基本医疗保险基金中包括城镇职工基本医疗保险和城镇居民基本医疗保险。

18—6 续 1

单位：万元

年 份	合 计	基本养老保险	失业保险	城镇基本医疗保险	工伤保险	生育保险
1993	3702.29	3677.77	91.55		24.52	
1994	4848.70	4819.30	208.28		29.40	
1995	7929.84	7698.26	243.11	173.29	58.29	
1996	11494.14	10321.20	325.61	1117.00	55.94	
1997	15200.37	11504.32	460.17	3495.06	200.99	
1998	16745.63	13304.67	570.47	3359.61	81.35	
1999	18127.65	14452.90	508.60	3605.52	69.23	
2000	21394.01	15283.76	893.75	6003.05	107.20	
2001	24335.91	17975.65	1225.40	6207.56	152.70	
2002	26786.08	21517.74	681.74	4895.41	246.89	126.04
2003	29625.15	23386.79	850.38	5801.10	274.83	162.43
2004	47549.71	37180.97	1738.76	9832.95	298.12	237.67
2005	54067.91	40778.51	1985.44	12587.84	350.14	351.42
2006	66643.89	47411.03	3925.53	18368.21	495.07	369.58
2007	81218.67	58886.99	4237.94	21452.00	452.24	427.44
2008	93731.18	67421.85	3832.21	25133.76	599.01	576.56
2009	129118.31	94406.02	4595.40	33211.83	780.37	720.09
2010	159159.75	117319.81	5182.52	40128.40	866.80	844.74
2011	187684.69	136103.14	4883.82	48112.70	1417.86	2050.99
2012	234525.89	169124.47	8327.68	60835.49	1362.65	3203.28
2013	272907.76	193316.56	13427.59	73716.02	2113.86	3761.32
2014	124854.26	19572.48	1444.72	97896.58	2014.14	3926.34
2015	381139.24	255306.36	12901.52	106000.18	2300.92	4630.26
2016	436378.17	291867.94	12538.40	122419.02	2981.41	6571.40
2017	527844.04	368919.74	13927.05	130012.48	3181.28	11803.49

18—6 续 2

单位：万元

年份	合计	基本养老保险	失业保险	城镇基本医疗保险	工伤保险	生育保险
1993	3779.22	3495.36	95.72		283.86	
1994	7081.76	6607.10	141.75		474.66	
1995	8467.34	7213.42	152.62	607.16	646.76	
1996	8065.95	5290.03	216.27	1971.08	804.84	
1997	8224.89	5699.56	11.59	1629.42	895.91	
1998	7366.84	5007.92	15.14	1274.88	1084.04	
1999	7731.37	4588.57	518.40	1806.29	1336.51	
2000	9669.11	5672.44	216.44	2333.46	1663.21	
2001	11550.97	6932.53	480.20	2704.98	1913.46	
2002	14287.01	7150.09	1240.70	4779.92	2070.86	286.14
2003	17759.42	7924.79	1326.13	7030.30	2282.29	522.04
2004	23173.69	6938.13	3173.24	11560.01	3699.16	976.39
2005	25432.25	7961.47	1921.28	11923.06	4259.01	1288.71
2006	34118.10	16918.63	615.04	10520.31	4937.69	1741.47
2007	45168.71	26530.61	1234.89	10525.83	5809.56	2302.71
2008	56861.21	36048.64	3037.60	10987.57	6861.96	2963.04
2009	69566.74	44946.43	2151.80	13529.99	7804.91	3285.41
2010	62062.61	39218.17	1658.36	10936.01	8444.93	3463.50
2011	102997.10	71207.35	9330.51	17625.55	10351.39	3812.81
2012	118189.77	82265.10	7337.24	19885.46	12486.30	3552.91
2013	121934.35	86236.93	3529.68	17985.33	14215.39	3496.70
2014	178905.80	78199.08	30184.30	50069.16	16495.83	3957.43
2015	213181.05	87966.00	30386.43	71640.68	18851.05	4336.89
2016	314206.31	153117.86	31325.34	101942.61	24632.20	3188.30
2017	464771.26	238330.92	30479.53	156639.31	36210.17	3111.33

18—7 参加城镇职工基本养老保险人数

单位：人

年 份	合 计	职 工		离退休人员	
			企 业(含其他)		企 业(含其他)
1994	96162	80477	80477	15685	15685
1995	104069	86329	86329	17740	17740
1996	107463	89038	89038	18425	18425
1997	95667	76241	76241	19426	19426
1998	96492	75494	75494	20998	20998
1999	102505	80346	57706	22159	18299
2000	111038	88558	64371	22480	19144
2001	105070	81444	62283	23626	20032
2002	107686	82665	62800	25021	21100
2003	111770	85197	65071	26573	22276
2004	168816	130609	95291	38207	30150
2005	172249	132036	95444	40213	31645
2006	210903	168765	126198	42138	33137
2007	227210	182210	146692	45000	37619
2008	258831	210819	172748	48012	40116
2009	326053	260289	212900	65764	56140
2010	357276	288391	239870	68885	57128
2011	406233	333719	283491	72514	59360
2012	439624	356366	292947	83258	70536
2013	469477	378841	315639	90636	75407
2014	504716	408872	343524	95844	79790
2015	531680	431791	367322	99889	83096
2016	523792	415791	360756	108001	85136
2017	632028	520344	480279	111684	92874

18—8 劳动争议处理情况

项　目	2012	2013	2014	2015	2016	2017
上期未结案数(件)	**362**	**37**	**20**	**78**	**21**	**8**
案件受理情况						
当期案件受理数 (件)	507	582	531	393	504	399
#集体劳动争议案件数						
劳动者申诉案件数	506	575	525	393	500	397
按争议原因分 (件)	507	582	531	393	504	399
劳动报酬	33	26	178	26	30	10
社会保险	64	9	6	6	9	10
变更劳动合同						
解除、终止劳动合同	198	281	157	161	274	220
其 他	211	266	190	200	191	159
劳动者当事人数 (人)	507	582	531	393	504	399
#集体劳动争议						
案件处理情况						
结案数 (件)	832	599	473	420	517	384
按处理方式分						
仲裁调解	160	74	63	44	30	45
仲裁裁决	617	447	307	309	362	316
其他方式	55	78	103	67	125	23
按处理结果分						
用人单位胜诉	75	12	8	8	44	4
劳动者胜诉	54	56	23	41	58	66
双方部分胜诉	703	531	442	371	415	314
案外调解案件数						

注：2011年起，解除、终止劳动合同的类型进行合并统计。

18—9 调解民间纠纷分类

项　目	调解纠纷(件)		各类纠纷所占比重(%)	
	2017	2016	2017	2016
合　计	**6415**	**6667**		
#婚姻家庭	488	382	7.6	5.7
房屋、宅基地	410	635	6.4	9.5
邻　里	1455	1385	22.7	20.8
损害赔偿	351	313	5.5	4.7

18—10 律师、公证和调解工作基本情况

项　目	2013	2014	2015	2016	2017
律师工作					
律师事务所(个)	39	39	39	40	40
律师工作人员 (人)				580	633
#专职律师	431	471	487	562	613
兼职律师	9	11	13	12	20
聘请担任常年					
法律顾问的单位 (处)	625	491	685	906	833
民事诉讼代理 (件)	3258	4078	4664	6117	6203
经济诉讼代理 (件)				2976	
刑事诉讼辩护及代理(件)	584	650	776	920	987
行政诉讼代理 (件)	190	243	289	556	1295
非诉讼法律事务(件)	317	387	397	621	700
涉外及涉港澳台法律事务(件)					
解答法律询问 (人次)	5072	5143	4166	4264	972
代写法律事务文书(件)	834	888	715	807	972
公证工作					
公证处 (个)	2	2	2	2	2
公证人员(人)					
#公证员	13	13	12	15	15
公证员助理	9	9	9	14	13
办理公证文书(件)	7840	10080	10182	13150	19517
人民调解工作					
专职司法助理员(人)	38	33	37	39	41
人民调解委员会(个)	520	525	540	556	507
调解人员　(人)	3373	3384	3487	3746	3305
调解民间纠纷 (件)	8145	10384	9033	6667	6415

注：2011年起，专职司法助理员统计口径有所调整，地方司法所事业编制专职司法助理员纳入统计。

19

35个大中城市主要经济指标

MAIN ECONOMIC INDICATORS OF 35 LARGE AND MEDIUM-SIZED CITIES

19—1 35个大中城市主要经济指标

（2017年）

城市名称	生产总值(亿元)	规模以上工业增加值(亿元)	社会消费品零售总额(亿元)	进出口总额(亿美元)
北京	28000.40	--	11575.44	3237.20
成都	13889.39	--	6403.50	583.20
大连	7363.90	--	3722.50	617.90
福州	7104.02	2202.69	4193.87	345.49
广州	21503.15	--	9402.59	1432.32
贵阳	3537.96	817.80	1335.28	30.36
哈尔滨	6355.00	--	4044.80	33.50
海口	1390.48	130.29	726.12	31.09
杭州	12556.16	3204.63	5717.43	750.65
合肥	7213.45	--	2728.51	249.59
呼和浩特	2743.72	--	1570.95	15.99
济南	7201.96	--	4146.10	104.72
昆明	4857.64	--	2590.95	78.18
兰州	2523.54	583.69	1358.72	--
南昌	5003.19	--	2096.96	98.97
南京	11715.10	3166.63	5604.66	611.87
南宁	4118.83	1159.08	2204.16	89.78
宁波	9846.94	3266.70	4047.80	1122.00
青岛	11037.28	--	4541.00	744.42
厦门	4351.18	1437.16	1446.74	860.15
上海	30133.86	--	11830.27	4761.23
深圳	22438.39	8087.62	6016.19	4139.50
沈阳	5865.00	--	3989.80	128.50
石家庄	6460.90	2355.80	3296.00	127.51
太原	3382.18	631.23	1767.82	135.27
天津	18595.38	--	5729.67	1130.91
乌鲁木齐	2743.82	602.81	1317.00	68.07
武汉	13410.34	--	6196.30	285.97
西安	7469.85	1361.77	4329.51	376.45
西宁	1284.91	--	560.79	4.87
银川	1803.17	--	562.31	40.02
长春	6530.00	2654.60	2922.80	140.87
长沙	10535.51	3533.26	4547.68	138.86
郑州	9130.20	3191.31	4057.22	596.35
重庆	19500.27	--	8067.67	666.04

注:各大中城市主要经济指标为快报数。

19—1 续1

（2017年）

城市名称	外商直接投资(亿美元)	固定资产投资额(亿元)	#房地产开发投资(亿元)	城市居民人均可支配收入(元)	农村居民人均可支配收入(元)
北京	243.30	8948.10	3745.88	62406.00	24240.00
成都	62.00	9404.20	2487.90	38918.00	20298.00
大连	32.50	1652.80	566.60	40587.00	16865.00
福州	--	5823.39	1694.18	40973.00	17865.00
广州	62.89	5919.83	2702.89	55400.00	23484.00
贵阳	13.45	3850.60	1026.43	32186.00	14264.00
哈尔滨	34.40	5395.50	494.30	35546.00	15614.20
海口	0.29	1415.50	603.25	33320.00	13763.00
杭州	66.10	5856.65	2734.00	56276.00	30397.00
合肥	30.20	6351.43	1557.41	37972.00	18594.00
呼和浩特	--	1490.78	238.40	43518.00	15710.00
济南	--	4363.60	1232.60	46642.00	16594.00
昆明	8.01	4217.94	1683.33	39788.00	13698.00
兰州	--	1315.35	432.20	32331.00	11305.00
南昌	31.81	5115.18	790.69	37675.00	16364.00
南京	36.73	6215.20	2170.21	54538.00	23133.00
南宁	9.60	4307.95	958.09	33217.00	12515.00
宁波	40.30	5009.60	1374.50	55656.00	30871.00
青岛	77.40	7777.10	1330.50	47176.00	19364.00
厦门	--	2381.46	879.86	50019.00	20460.00
上海	170.08	7246.60	3856.53	62596.00	27825.00
深圳	74.01	5147.32	2135.86	52938.00	--
沈阳	10.10	1484.00	814.20	41359.00	15461.00
石家庄	12.90	6310.10	1212.70	32929.00	13345.00
太原	1.07	964.86	478.14	31469.00	15595.00
天津	106.08	11274.69	2233.39	40278.00	21754.00
乌鲁木齐	--	2020.00	428.74	37028.00	17839.00
武汉	96.50	7871.66	2686.34	43405.00	20887.00
西安	53.07	7556.47	2333.34	38536.00	16522.00
西宁	--	1600.03	351.33	30043.00	10548.00
银川	--	1719.05	402.82	32981.00	13087.00
长春	14.00	5194.80	573.80	33167.71	13431.00
长沙	52.50	7567.77	1489.69	46948.00	27360.00
郑州	40.50	7573.44	3358.84	36050.00	19974.00
重庆	22.20	17440.57	3980.08	32193.00	12638.00

19—1 续2

（2017年）

城市名称	地方财政一般预算收入(亿元)	金融机构存款余额(亿元)人民币	金融机构贷款余额(亿元)人民币	居民消费价格总指数(%)
北京	5430.80	137952.12	63382.55	101.9
成都	1275.50	34423.00	28359.00	102.0
大连	657.70	13562.20	11212.80	102.1
福州	634.16	13136.68	13320.41	101.1
广州	1533.06	49332.53	33312.73	102.3
贵阳	377.77	10814.51	10403.12	101.0
哈尔滨	368.10	10512.60	9968.30	101.6
海口	125.36	5318.03	4538.22	103.3
杭州	1567.42	35321.94	28573.63	102.5
合肥	655.90	13881.72	12865.46	101.4
呼和浩特	201.63	6312.61	7646.01	101.4
济南	677.20	15957.70	12883.70	102.0
昆明	560.86	13492.69	14830.89	100.5
兰州	234.20	8513.59	9643.55	101.5
南昌	417.08	10011.39	10209.28	102.1
南京	1271.91	29944.86	24578.25	101.9
南宁	332.15	9367.53	10470.44	102.3
宁波	1245.30	17392.53	17125.29	101.8
青岛	1157.10	14388.00	13265.00	102.0
厦门	696.78	10015.12	8850.58	102.0
上海	6642.26	105098.80	61188.87	101.7
深圳	3332.13	64487.38	41046.78	101.4
沈阳	656.20	15559.20	12952.50	101.4
石家庄	460.70	11702.97	8924.98	101.4
太原	311.85	11621.28	11340.29	101.8
天津	2310.11	29746.16	30103.05	102.1
乌鲁木齐	400.78	8320.71	6235.78	102.8
武汉	1402.93	23967.69	22558.03	101.9
西安	654.50	20047.62	16954.81	102.0
西宁	79.16	3883.79	5109.15	101.4
银川	177.46	3587.23	4460.31	101.7
长春	450.10	11467.60	10341.90	101.3
长沙	800.35	--	--	101.3
郑州	1056.67	20349.56	17992.36	101.8
重庆	2252.40	33718.98	27871.89	101.0

中国统计出版社最新图书简目

(仅供参考,以实际出版为准)

统计资料

中国统计年鉴　中国统计摘要　中国第三产业统计年鉴
中国第三次全国农业普查综合资料　国际统计年鉴　金砖国家联合统计手册
中国-东盟国家统计手册　中国农村统计年鉴　中国县域统计年鉴
中国农产品价格调查年鉴　中国城市统计年鉴　中国价格统计年鉴
中国贸易外经统计年鉴　中国零售和餐饮连锁企业统计年鉴　中国商品交易市场统计年鉴
大中型批发零售和住宿餐饮企业统计年鉴　中国住户调查年鉴　中国工业统计年鉴
中国环境统计年鉴　中国能源统计年鉴　中国建筑业统计年鉴
中国房地产统计年鉴　中国固定资产投资统计年鉴　中国对外直接投资统计公报
中国人口和就业统计年鉴　中国劳动统计年鉴　中国社会统计年鉴
中国科技统计年鉴　中国高技术产业统计年鉴　全国企业创新调查年鉴
中国文化及相关产业统计年鉴　2018年时间利用调查资料　中国妇女儿童状况统计资料
中国基本单位统计年鉴　中国教育统计年鉴　中国教育经费统计年鉴
中国民族统计年鉴　中国残疾人事业统计年鉴

省级综合统计年鉴系列

北京 天津 河北 山西 内蒙古 辽宁 吉林 黑龙江 上海 江苏 浙江 安徽 福建 江西 山东 河南 湖北 湖南 广东 广西 海南 重庆 四川 贵州 云南 西藏 陕西 甘肃 青海 宁夏 新疆 新疆生产建设兵团

市(县)级综合统计年鉴系列

滨海新区 石家庄 唐山 邯郸 保定 沧州 邢台 廊坊 承德 衡水 秦皇岛 张家口 太原 大同 阳泉 长治 晋城 朔州 晋中 运城 忻州 临汾 吕梁 呼和浩特 呼和浩特新城区 鄂尔多斯 包头 沈阳 大连 长春 吉林 延吉 四平 通化 松原 哈尔滨 齐齐哈尔 黑龙江垦区 上海浦东新区 南京 无锡 徐州 常州 苏州 南通 连云港 淮安 盐城 扬州 镇江 泰州 宿迁 江阴 丹阳 海门 杭州 宁波 温州 嘉兴 湖州 绍兴 金华 衢州 舟山 台州 丽水 合肥 安庆 马鞍山 福州 厦门 宁德 漳州 龙岩 南昌 九江 上饶 新余 抚州 萍乡 赣州 吉安 景德镇 济南 青岛 潍坊 枣庄 日照 滕州 郑州 洛阳 平顶山 三门峡 商丘 信阳 济源 汝州 武汉 十堰 荆州 宜昌 荆门 咸宁 长沙 广州 深圳 惠州 东莞 汕尾 南宁 柳州 桂林 梧州 来宾 河池 防城港 海口 三亚 成都 贵阳 黔南 毕节 昆明 西安 咸阳 延安 宝鸡 安康 铜川 汉中 榆林 兰州 庆阳 银川 乌鲁木齐 兵团一师 兵团十师

调查年鉴系列

天津 内蒙古 上海 浙江 福建 河南　湖北 湖南 广东 广西 重庆 四川　云南 甘肃 宁夏

统计方法应用/实用手册

实用SAS统计分析教程　Python数据分析基础　统计公文知识问答　领导干部统计知识问答
乡镇统计人员岗位知识培训系列教材：辅助调查员岗位基础知识　乡镇统计人员岗位基础知识
县级统计人员岗位知识培训系列教材：Excel在统计工作中的应用　简明统计分析
地市级统计人员岗位知识培训系列教材：统计报告与演示　中国国民经济核算体系（2016）基础知识
全国统计专业技术资格考试系列考试用书: 统计业务知识（第四版）　统计业务知识学习指导与习题
全国统计专业技术资格考试系列考试用书: 统计相关知识（第四版）　统计相关知识学习指导与习题

统计通俗读物/统计科普图书

我国20个统计指标的历史变迁　联合国工业发展组织：2016年工业发展报告
中国古代统计发展史　理解国民账户

重点图书

波澜壮阔四十年　砥砺奋进铸就辉煌——改革开放40年与时俱进的中国统计
新编英汉汉英统计大词典　中国国民经济核算体系2016　国民经济行业分类注释
挑大学选专业2019—考研择校指南　挑大学选专业2019—高考志愿填报指南　中华医学统计百科全书

中国统计出版社发行部电话：（010）63376907 63376908　同楫行书店电话：68783171 68783172
地址：北京市丰台区西三环南路甲6号　邮政编码：100073　网址：http://www.zgtjcbs.com